查良镛 萧乾 ◎ 等著

一笔一天下，一报一世界

胡政之

中国文史出版社

图书在版编目（CIP）数据

胡政之：一笔一天下，一报一世界 / 查良镛等著 .
-- 北京：中国文史出版社，2020.1
（百年中国记忆 . 报人系列）
ISBN 978-7-5205-1266-4

Ⅰ . ①胡… Ⅱ . ①查… Ⅲ . ①胡政之（1889 ~ 1949）
—传记 Ⅳ . ① K825.42

中国版本图书馆 CIP 数据核字（2019）第 186221 号

责任编辑：徐玉霞

出版发行：**中国文史出版社**
社　　址：北京市海淀区西八里庄 69 号院　　邮编：100142
电　　话：010—81136606　81136602　81136603（发行部）
传　　真：010—81136655
印　　装：北京新华印刷有限公司
经　　销：全国新华书店
开　　本：16 开
印　　张：22.75
字　　数：350 千字
版　　次：2020 年 1 月北京第 1 版
印　　次：2020 年 1 月第 1 次印刷
定　　价：69.00 元

目录

contents

第一辑

非凡经历：三十年《大公报》，不离不弃

回忆父亲

胡济生　黄　敏[*]

变卖银镯自费留学日本

我的父亲胡政之（霖，1889—1949），出身于没落的官僚地主家庭，他早年丧父，与寡母、兄弟姐妹共五人寄寓在成都大家庭中，境况清寒。他自幼勤奋颖悟，青少年时值清朝政府维新，承他贤嫂变卖自己的一副银镯资助，他随姐夫去日本勤工俭学，在日本东京帝国大学攻读科学、法律和外国语。六年后回到上海，值清政府倒台，他任职律师、教师和孙中山先生资助的《大共和日报》编辑和主编等，以后又任职北洋政府幕僚，以其才华和勤奋深受赏识。他通晓六国语言

＊　胡济生系胡政之长子，中国农业科学院研究员（已退休）。黄敏系胡济生夫人，此文由她整理。

（中、日、英、法、德、意），与当时北京的中外各界人士颇多交往。他洞察事物，能文善辩，具有办企业、事业的才能，对新闻事业有浓厚的兴趣。他承受孔、孟之道的教育，受日本明治维新后勤俭办企业的精神影响颇深。

全心全意为民间办报

北洋政府时期，全国分崩离析，帝国主义压迫，民众痛苦。他看透了官场沉浮，对上拍马、对下骄横的腐败情状，立志文字报国，自筹资金创办了"国闻通信社"及《国闻周报》，并对外发行英文版。中、英文版均油印发售，当时颇有名声，渐能自给自足。20世纪20年代中期一偶然的机会，由他挚友财阀吴达诠（鼎昌）筹款5万元，与张季鸾（炽章）共同接办了天津已歇业的《大公报》。他任经理和副总编辑，从此以民间企业家、政论家的身份与吴、张二人通力合作，创立了具有独特风格的《大公报》，读者对象是中产知识阶层或企业知识界人士。《大公报》纯属商业报纸，因为只靠发行和广告收入来维持，它不重视一般社会新闻，不求哗众取宠。当时中国人民处于灾难深重、内忧外患的困苦时代，民间办报是极其艰难危险的事。我父亲每日工作至少12个小时，往往通宵不眠，他在编辑部写社评，看大样，讨论局势。他没有什么节假日和公休，事无大小均亲自体察过问，他的工作精神和魅力是非凡的。他主张发扬国人的良知，科学救

国和实业救国。他说："我与社会上层人物和达官权贵虽多交往，但只有公谊而无私交，所谈皆国内外时势大事，从不涉私。这样对于事业是有利的。"政府多次邀请他当官，他辞谢。他说："为政在人，人存政举，人亡政废。"

他终生不治产，他对《大公报》同人说："我只有从社会取来的《大公报》的事业，将来也要还给社会。我的子女近亲都不学、不干我这一行，你们谁有本事谁来接班。"张季鸾在抗战时期与蒋介石甚为接近，我父亲也不以为然，担心会失去《大公报》的一贯风格。张去世后，父亲与蒋只采取一种若即若离的态度。

父亲是爱国者，在日本学习到许多长处，但痛恨日本人器量狭隘，多疑狡黠，他誓死不当亡国奴，毁家纾难在所不惜。从抗日战争开始到1945年胜利，《大公报》事业几次遭到摧毁，几次又重建，这也体现了《大公报》同人共甘苦，力撑危局，重整旗鼓的精神。1941年，美国密苏里新闻学院向《大公报》授予奖章，但是他漠然视之。他说："抗日战争把中国的地位提高了，《大公报》恪尽自己的职责，也说明社会是公允的。《大公报》是一个民间报纸，抗日战争毁掉了工厂和资财，人员也遭冲击，将来用什么恢复并与其他官办和私营大报竞争啊！"又说："无论个人或事业，名实必须相符，实高于名则稳，否则便要垮台。"

培养人才　不拘一格

他为人热情、严肃、喜怒不形于色，不能容忍手下的人无智识（智慧和见解）和志大才疏却贪图个人享受，这也许是他严肃、疾恶如仇的一面吧。他知人善用，他说："我只要和某人见个面，谈谈话，就可知此人如何，然后量才度用，随时考验和培养……"30年代初，范长江原是《大公报》的旅行记者，后经父亲支持，他才有条件把困居在延安的中国共产党领导首先如实地报道于社会（国际上首先报道延安的是斯诺，但晚于范）。抗日战争开始，以范为首的战地记者撰写的报告文学十分出色，为《大公报》和他个人增添了光彩。后来范退出了《大公报》，我父亲说："范之离去，使我很伤心，我原来对他的重视程度不亚于王芸生。"又说："三军易得，一将难求。"

他用人不疑，疑人不用，更不拘于资历、学历，《大公报》内没有形成同学帮派。他尽量培养自己报社的有为青年，使其自学成才，只要有才有德，又埋头苦干，总要让他发挥其所长。无论是编辑、记者，还是经理事务人才，都能施展各自的才能，这是《大公报》人才辈出的主要原因。《大公报》是私人企业，知识分子成堆，各式人物都有，均能团结于共同事业之下。他说，作为领袖，没有宽宏的气度和奉献的精神是不行的。熊掌与鱼不可兼得，事业发展到一定程度，负责人要与同人分名、分利还要分权，这样事业才兴盛。《大公报》

不同于官办，也不同于纯为赚钱的商办报纸，它有自己办报的理想和风格。他说：中国人讲骨气，要"富贵不能淫，贫贱不能移，威武不能屈""不义而富贵于我如浮云"。他又说："新闻记者要站在时代的前面，敏于度察时势，抢先报道，要像猎犬一样嗅觉敏锐，行动迅速，要有忠于事业的献身精神。"他鄙视那种只顾贪图享受、好逸恶劳的"能人""才子"，他对手下的骨干人才和新生力量都有精确的评价，赏罚分明，恰当地给予使用、培养和提拔，对不称职者则斥责或辞退。

政治活动

巴黎和会

1918年，第一次世界大战结束，父亲以中国唯一新闻记者的身份去采访"巴黎和会"，之后，他又访问了许多西方国家，每到一处均及时发回电讯报道重要新闻及见闻，例如关于日本向当时北洋政府要挟的"二十一条"以及会上的辩论和列强分赃情况。他的印象是"强权即公理"，战败国只有俯首听命，国家不富强，没有自由可言。

访英国

1943年，他作为中国访英团成员之一（代表无党派社会贤达）去英国，曾与丘吉尔等会晤，访问见闻均以长文及时报道给《大公报》。记得他对我说："英国一般人士知识较高，具有绅士风度，严肃拘谨，言不及私，颇似中国的士大夫。"

旧金山会议（联合国成立大会）

1945年，第二次世界大战以德、意、日轴心国战败投降而结束，我父亲作为中国代表团成员之一赴旧金山参加联合国成立大会。中国代表团团长是宋子文，副团长是顾维钧。因我国在抗日战争中作出了重大牺牲，所以在大会中起着重要作用，但暗中却受到美国钳制。中国代表团团员所代表的党派不同，立场观点有异。我父亲是无党派人士，他说："我简直不是办外交的，而是办内政的。"又说："将来的世界是共产党的，因为世界上穷人多。"

会议结束后，他在美颇为活跃，主要是为重振《大公报》事业购置机器设备、纸张和网罗人才。他在美广交华侨人士，对于办《大公报》美洲版很感兴趣。他结交了侨商李国钦，李告知父亲他的挚友范旭东先生病故，父亲悲痛地说，他是受国民党官僚资本排挤而气死的。

1945年11月，父亲从美国回到重庆，即参与国共和谈。各方面都很重视这位走中间路线的人士，特别是美国特使马歇尔和大使司徒雷登，他们希望国共里面的"开明人士"联合社会上层知识分子共同参与国政，我父亲奔走其间，却徒劳无益。他看透了内战不可免，曾对中共在渝的代表说："要改变蒋是不可能的。"又曾对我说："中国的事情复杂难办，人们老于世故，难得真诚爽利，像马歇尔这样有声望的人物把纳粹打败了，可是在中国却栽跟头。蒋、毛皆历史上的英雄人物也。"他又说："美国人期望的中间路线人士迟迟不能出来，他们惊讶为什么中国知识分子对于国家大事如此冷淡，其实他们不

了解中国情况，知识分子不能抓住军队，而军队在中国是极其重要的。"此外，他不主张国共依靠美、苏，而主张中国走自己的路。

对子女的教育

我幼年时，他力促我熟读孔、孟和《三国演义》，他说小时记忆力强，虽然读了不懂其义，长大了自然懂得。他经常教我"言笃信、行笃敬""君子不重则不威""夫子之道忠恕而已矣"。他十分鄙薄只追求个人名利贪图享受的人。他不要我坐汽车、穿西装，不许炫耀自己的家庭。一位报馆同事鼓励自己的孩子与一位将军来往，父亲很不赞成，说道："孩子大了，将军骨头都烂了。"他要我勤俭自励，初中毕业后即转读寄宿学校，避免养尊处优。他常对我说："自己要有出息，社会都是势利的。"他又说："君子言于义，小人及于利。"他很重视诚信，对朋友以诚相待，不允许为人谋而不忠、与朋友交而不信。

父亲很忙，我们见面的机会不多。我中学将毕业时，他不愿我学社会科学，说："一个人的生命短促，糊口并不难，但是总要做些于社会有益的实事，'食之者众、生之者寡，可乎？'中国吃亏就是不重视生产财富，生活享受又高，谁来养啊！农业工作接触大自然，而且少有政治和社会的干扰，何乐而不为？如果能够自己办得到农场或者研究科学技术，造福广大农民，则将是最愉快的事。我们并不比别人聪明和勤奋，是要以平凡的人做不平凡的事，个人荣辱也要淡然视之，因为有很大程度要靠机缘。无论如何切不要当新式的官僚，这是我最不喜欢的……"几十年来，我们以及我们的子女确是遵循他的教导而做的。

晚年

1947年以后，国内形势每况愈下，通货膨胀，国统区内风气败坏，贪污腐化，只图个人私利和物质享受，此风也反映到《大公报》这个民办企业来。他担心一些工作人员老化，失去勤俭向上的事业心，为此组织了较年轻的班子，选用了一支朝气蓬勃、有事业心和理想的队伍，亲自带队到香港恢复了《大公报》，以求异日向外发展，最终因条件十分艰难而积劳成疾。

回上海后，他因肝硬化卧床不起，病中非常痛苦，于1949年4月上海解放前夕溘然逝世。他生平不治产，没有房子，也没有积蓄，数十年历尽艰辛，仅每年终从《大公报》盈利中分得股金，以维持生活，一生勤俭自持。

中华人民共和国成立后，我作为一名农业科学工作者发挥了自己所长，为人民服务，力求作出贡献，得到了大家的尊重。这一切都体现了父亲对我的教导与期望。

我们的继母顾俊琦（老外交家顾维钧的胞侄女）上海解放后与我们失去联系，以后她历经艰辛，辗转赴美（她娘家全家在美），在纽约一家银行中任小职员，每日乘坐地铁上下班，以菲薄的收入抚养我们的幼弟成人，并维持她自己的生活。她40年艰苦奋斗自力更生的精神，也是十分难能可贵的，同样也给我们以及我们的子女以深远的影响。

（原载于香港《大公报》，1988年8月）

胡政之生平

胡 玫*

　　"一个良好的新闻工作者对自己的事业与工作"要"有极热烈的兴趣与志向"，这是报业巨子胡政之晚年对同人说的话（《对桂林馆编辑同人的讲话》1943年6月13日）。而他自己就是凭着对新闻事业"极热烈的兴趣"和炽热的爱，胸怀理想与"志向"不停地追求着，矢志不渝，最终完成了他新闻生涯辉煌的一生。在我国近代新闻史上，被称为"新闻奇才""报业巨擘"，胡政之是当之无愧的。

　　胡政之，名霖，1889年6月25日（农历五月二十七日）出生于四川成都一个封建官僚地主大家庭中。童年时，他就随去安徽做官的父亲离开了家乡。后来，他曾在安庆高等学堂读书，他聪颖好学，受到西方文明教育，同时打下了扎实的语言功底。

---

　　* 胡政之孙女。中学语文高级教师（已退休）。

1906年，父亲病逝于安徽任上，他即退学和母亲扶柩回成都原籍。

一年后，18岁的胡政之用嫂子一副银镯变卖后换作的川资和表兄一起东渡日本求学。在日本，"前后六年中，每天都进两个学校拼命读书"（《胡政之谈民元报业》1947年第11期《人物杂志》）。为了维持每年200元的费用，有时半年打工半年读书。他主修法律，德语、法语也是必修科目。他曾说：日本"实吾新智识之发源地"（《欧游漫记》1918年12月16日《大公报》）。六年的日本生活，使他对日本社会多有了解，也接触结识了很多日本人。后来胡政之在报海沉浮，在新闻战线打拼，这段日本的留学经历帮了他大忙，令许多和他同时代的报界同行们望尘莫及。

1911年，辛亥革命爆发，胡政之也结束了学业回到祖国。时年23岁。

不久，胡政之在上海进入章太炎主办的《大共和日报》先后任日文翻译、总编辑；之后，"民国四五年，本人在北平当特派员……因与《芝加哥论坛报》记者熟悉，关于'二十一条'秘密收获较多……本人为取得消息，曾和日本使馆官员小幡往来。"（《评新闻学术讲座》1947年8月13日《大公报》）。在消息发生一两天后，胡政之就以"万目睽睽之日本要索"为连续报道的总题目，在1915年3月2日至31日的《大共和日报》发表文章，及时、准确、全面地向国民报道了日本逼迫中国接受"二十一条"全过程及英美德等国的态度，一时成了《大共和日报》的独家新闻。至此，胡政之的新闻生涯也正式

开始了。

1916年10月，胡政之脱离了《大共和日报》，受聘担任天津《大公报》经理兼总编辑。从1916年到1920年近四年期间，他的新闻才华得到了初步显现。他大胆地对报纸进行内容和形式上的全方位改革。他提出了"改良新闻记事"的主张，认为"新闻事业之天职有二：一在报道真确公正之新闻，二在铸造稳健切实之舆论"（《本报之新希望》1917年1月3日《大公报》）。为充实新闻内容，他在全国十几个大城市招聘"访员"到新闻发生地"专司采访"，还经常亲自出马。这些新闻都用"专电""特约通讯"等形式发回报社登载。在他主持报社期间，全国乃至世界发生的大事，例如第一次世界大战，特别是其中中、美、德、日的关系，张勋复辟前后等大事都有及时详尽的报道。他大胆革新版面，顺应时代潮流，增设传播新思想的教育、文化、经济等专栏。很快，《大公报》重新赢得了当年创办时的声誉，不到一年，销量已过万份。

在此时期，胡政之以《大公报》记者身份曾有一次重要的采访活动。这是他一生引以为荣的，也是对我国近代新闻史作出了重大贡献的一次采访活动。这就是第一次世界大战结束后，作为战胜国新闻记者对巴黎和会的采访。1918年底，胡政之离开天津，经日本坐船先到纽约，后到巴黎，是唯一到和会现场的中国记者。从1919年4月到7月，他发回大量"巴黎专电"，撰写多篇"巴黎特约通讯"，对会议情况作了详尽叙述，并发表评论，这些均及时登载在《大公报》上。会后，他又到比利时、德国、意大利、瑞士参观访问，特别参观考察了法、德、意、英等著名通讯社，并加以研究，下定了回国创办通讯社的决心。这次出访前后近一年的时间，凭借着精通多国语言，耳闻目睹，胡政之开阔了眼界，增长了知识，得到了一笔日后在新闻事业上大展宏图难得的财富。

1920年5月，胡政之回国，复杂多变的形势使他辞去了《大公报》的工作，一段时间后加入北京林白水主持的《新社会报》。他笔耕不辍，短短的几个月就发表了上百篇评论文章。1921年6月，《新社会报》创刊一百号，他发表感言说："要改造世界，先要改造国家，改造社会。而改造人，又是改造世界国家社会的根本……我们做新闻记者的改良新闻事业，实是个人改造之一端。改造的前途无涯，个人的努力也不应有止境。"（《本报一百号的感想》1921年6月9日《新社会报》）。可以看出，胡政之通过新闻事业改造国家和社会的理想和信念是何等明确坚定！

1921年8月，上海《申报》《新闻报》刊登出署名胡霖的"国闻通讯社开办预告"，接着上海国闻通讯社总社在上海成立，并相继开设汉口、北京、天津、沈阳等分社。仅仅两年，胡政之就兑现了采访巴黎和会时心中许下的诺言。1924年8月，《国闻周报》在上海创刊。当时，国内政治形势险恶，"五卅惨案"的发生，两位正义敢言的著名报人邵飘萍、林白水相继被杀，都没有动摇胡政之办报的决心。刚刚过而立之年的胡政之毫不畏惧，单枪匹马开创着自己的事业。他曾对人谈起开创这一事业的动机："今天文人报国首先需求解除国家的桎梏，精神获得独立。""帝国主义者不但侵占中国领土的主权，而且也操纵中国人的视听……所以我之办通信社就是与外国通信社争取中国新闻报道的独立，办杂志是争取舆论的独立……我们是在外国钳制中国舆论、操纵中国新闻的情势下，改变了中国人读报、听新闻的信心，与建立了中国人论中国事的透彻的自尊。"（陈纪滢《胡政之与大公报》）

国闻通讯社的创办是成功的。它的起点高于当时国内其他民营通讯社，它的稿源来自全国乃至国外，发稿的范围也由国内扩展到国外。胡政之曾对人说过，看到了国外通讯社的发展，"使我坚定了创办国闻通讯社的信念。以全国新闻发扬中国新闻事业，以中国新闻提高国际新闻事业中的崇高地位"。（陈纪滢《胡政之与大公报》）所以，国闻通讯社"一开幕就是全国性和国际性的"。（陈纪滢《胡政之与大公报》）国闻通讯社于抗日爆发前结束，它是胡政之后来接办《大公报》的一次绝好准备和演习。

和国闻通讯社一样，《国闻周报》因其内容的真实、准确、公正，版面的灵活、丰富、创新，很受读者欢迎。如果说不同，国闻通讯社侧重的是刊载汇集而成的确实的消息和不加评论的事实，以供新闻界采用；而《国闻周报》则更重"秉独立之观察，发自由之意见"（发刊词）。《国闻周报》创刊一年后，发行量超过3000份，创办8年后，每期发行约20000份，是"国内同类刊物中发行量最大的"（陈纪滢《胡政之与大公报》）。著名记者陈纪滢在20世纪70年代曾说过："据我近15年来参观世界各大图书馆的经验，《国闻周报》是他们珍藏中国杂志的一种。出版了16年的《国闻周报》，遂成了检查中国历史最有参考价值的文献。"（陈纪滢《胡政之与大公报》）这份周报在胡政之接手《大公报》后仍坚持出版，并伴随着胡政之一起走入他一生报业生涯的鼎盛时期，直到抗战爆发才不得不停刊。

1926年9月1日，已经关闭多日的《大公报》在天津重新开张。这是吴达诠、张季鸾、胡政之联合以"新记公司"的名义开办的。这也是胡政之第二次进《大公报》。在此以后的23年中，吴达诠从政离开，张季鸾不幸病逝，只剩下胡政之始终坚守在他钟爱的这块沃土上，历经磨难、辛勤耕耘，倾注了全部心血。在他一生中，这23年，如果除去童年和早年求学的岁月，实际占去了他生命一半以上的时间。胡政之的理想和抱负，胡政之的才华和能力，胡政之的人格和操守，都得到了充分体现。

从《大公报》被接办到1936年4月上海馆开办前10年间，三人分工中，作为总经理的胡政之都有哪些业绩呢？

三人联合办报，而且越办越好，这本身就是个首创。而敢于开创，勇于创新从来都是胡政之人生的最大特点。

当时的中国，南北大战正酣，天津在旧式军阀统治下，反动潮流高涨。办报环境之恶劣可想而知。胡政之总揽经营管理大权。他在另两位合作人的充分信任和大力帮助下，迎难而上。他认真遵守他们共同制定的"不党""不私""不卖""不盲"的原则，不接受任何政治资本和个人金钱，不畏惧当局种种刁难和打压，巧妙周旋，精心擘画。"九一八"事变发生后，面对日本人对《大公报》所在地的寻衅滋事，他亲临现场指挥搬迁，在异地坚持出报。1932年"一·二八"

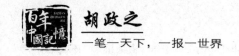

日军轰炸上海，他积极组织稿源，每天在《大公报》上用大号黑体字报道上海战况，并代收慰劳抗日军队的捐款。1933年"九一八"事变两周年后，他即安排记者到东三省采访，将采访文章和实地拍摄的照片一并在《大公报》9月18日增发的纪念特刊上发表。由此，我们可以看到胡政之的魄力与才干非同一般。

在报社人员上，胡政之除充分使用他带过来的"国闻"人马及原《大公报》的部分老员工外，他还善于发现人才，并大胆使用和培养。1935年5月，胡政之支持鼓励范长江以《大公报》旅行记者的名义赴川南、西北采访，这在当时是既具远见，又要有胆量的。在此之前范长江就曾在一些国内有影响的报社碰过钉子。随着《大公报》连续刊登范长江发回的旅行通讯，人们不仅了解了红军长征，陕北抗日根据地的情况，《大公报》声誉也随之高涨，而范长江本人也出了名，后来在胡政之的授意下，《大公报》将范的通讯结集成册，这就是曾经七次再版的著名通讯集《中国西北角》。就在这同一年里，刚结束学业的萧乾，也由五年的兼职撰稿人正式进入《大公报》，被胡政之委以重任，主持《大公报》重要的副刊《文艺》（原为《文艺副刊》和《小公园》）。

在胡政之的苦心经营、科学管理下，《大公报》实力、规模不断扩大，销量大增。复刊一周年日发行量由初期的2000份增至6000余份，广告收入千余元，在北方站稳了脚跟，且呈蒸蒸日上的趋势，至1936年沪版创刊，日销已达10万份。这一切当然也离不开《大公报》全体同人齐心努力的工作。特别是吴、张二位合作者。他们三人的精诚合作，亲密配合，"除依靠合理的制度外，还需要靠道义、修养、互信和那份坚贞不渝的感情……"（陈纪滢《胡政之与大公报》）。至于其各自的作用，有人这样评价："大公报之驰誉国际，虽系季鸾先生心血所致，而政之先生之擘画，大有力焉。"这是非常中肯的。

副总编辑，是胡政之在新记《大公报》的另一身份。已有过多年报业经验的胡政之，精心设计、安排扩大版面，增设多种专业性副刊，开辟"星期论文"，聘请社会名流、学者撰写文章等。而最有特色的《大公报》社评，往往是胡、张、吴三人商议后，一人执笔。据当时在场、熟悉《大公报》的人说："政之先生不徒长于办事且擅长文笔，尤其国际问题，往往剖析入微。"（陈纪滢《胡政之与大公报》）看来那一篇篇国际性政论文章，大约都是胡政之的手笔。

记者出身的他，外出采访更是轻车熟路。从接办《大公报》到1936年上海馆创办前的十年间，他离开报馆外出十余次：他曾远游南方考察北伐军、武汉国民政府，访孙科、宋子文；入京访东北军长官，见白崇禧、阎锡山；他曾三次出关作东北之游，见张学良等军政要人；"九一八"后他即刻入京至协和医院见张学良，是事变后记者中见张的第一人；他出访两粤，赴香港见胡汉民；赴南方五省两次面见蒋介石；赴香港见李宗仁、陈济棠等。

除国内出访，他还在1935年5月亲率《大公报》一队人马去日本。一个月的时间，胡等在大阪、京都、东京、名古屋等地马不停蹄、终日奔走，参观"朝日""每日"等报馆，会见报馆主笔和编辑局长，参观印刷所和印刷机器厂。同时，由于早年留学日本，这次还

见到了很多已成了日本政界、外交界、文化界要人的旧交。如胡政之所言，这次日本之行，是当"学生去的"，以"补充智识"为目的，他是一心以日本和发达国家为榜样，谋求《大公报》的不断创新、不断发展。

频繁的外出采访，加上繁重的管理经营工作，却从未让胡政之放下过笔杆。据统计，从1926年9月至1936年4月，胡政之写下的仅登载在《大公报》和《国闻周报》上的署名文章就有百余篇，其中"时评"和"新闻"最多。这还不包括他执笔而未署名的社评。在这些文章中，我们可以看到胡政之的思想主流始终是积极向上的：他赞扬孙中山，反对军阀混战，又在亲身的实地考察中逐渐转变思想，给北伐军和南方革命政府的成绩以较高评价；他在"九一八"事件后积极主张抗日救国，在《大公报》上多次撰文赞扬那些有民族气节、英勇抗战的民族英雄。

十年间，胡政之鞠躬尽瘁，"从未旁骛"，抵制住了各种高官厚禄的诱惑，牺牲了个人的享受，同人说他"犹如一机器人，自早至晚工作13个小时，全身心投入报馆事业中"。自1926年接办到1936年移师上海，《大公报》由一家濒于倒闭的地方报，发展成全国性大报，如此成就，纵然是全体同人共同努力的结果，而他们的老板胡政之身先士卒、呕心沥血，尤其功不可没！

如果说，从当年在上海进入《大共和日报》，到开办国闻通讯社、创办《国闻周报》和后来经营《大公报》这段生涯，胡政之是一个在近代新闻战线上披荆斩棘的执着开拓者，难得的新闻全才；那么，从抗战爆发前又来到上海，创办《大公报》上海馆，到最后结束生命于上海，这13年的岁月，我们看到的则是一名历经磨炼，更加成熟的报业家，一个坚定的爱国者；同时，也是一名为国家统一和民族的独立，为世界和平呼喊、效力的社会活动家。

这13年，大致可分四个阶段：

第一阶段：1936年2月至1937年12月

这一阶段，正值抗日战争全面爆发前后。国难当头，办报极为困难。这期间，天津馆关闭了；上海馆开创后又关闭；汉口馆刚创刊却又面临日军对武汉的进逼。但是，胡政之和张季鸾两位对国家和民族满怀热血的报人，没有退却。为了《大公报》能薪火相传，为了宣传抗日的心声能永不停歇，一方面，上海馆还在坚持出报，及时报道战地新闻，给抗日军民鼓劲；另一方面，胡政之调集人马前往武汉，由张季鸾带队，准备创办汉口版。1937年8月，并肩战斗多年的老友不得不第一次分开。临行前，胡政之对张季鸾说："我相信中国抗战免不了毁灭一下，但毁灭之后一定能复兴。本报亦然。我留沪料理毁灭的事，愿兄到内地努力复兴大业。"胡政之坚守到1937年底，接到日军要求"新闻检查"的通知，于是《大公报》发表了《暂别上海》《不投降论》的停刊社评："我们是中国人，办的是中国报，一不投降，二不受辱……昨天敌人通知使我们决定与上海读者暂时告别。"《国闻周报》也就此停刊。

第二阶段：1937年底至1941年9月

在这一阶段近四年时间里，抗日战争逐渐走入艰苦的相持阶段，这对胡政之和他的《大公报》同人都是一个严峻的考验。随着全国政治中心向大后方转移，1937年除夕，《大公报》部分骨干就奉胡、张之命到重庆筹备建馆。而胡政之本人则在1938年3月率人马赶赴香港，亲自领导港馆建设。香港环境生疏，开创基业可说是举步维艰。胡政之千方百计网罗人才，组建队伍，终于在8月13日上海抗战一周年纪念日出版了《大公报》香港版。胡政之在亲自撰写的《本报发行香港版的声明》中说道："在这一年的民族神圣自卫战之中，我们在津在沪的事业都玉碎以殉国。只余一汉口版……现时依然奋斗着……中国民族解放的艰难大业，今后需要南华同胞努力者更非常迫切。所以我们更要参加到港粤同业的队伍里来……虽然倍历艰危，而一支秃笔，却始终在手不放。"抗战到底的坚定信念，渗透在字里行间。不到两个月，销量激增到5万份。不但国内发行范围广，"世界各地，凡有中国使领馆、中华会馆和中华学校的地方，几乎没有一处不是本报港馆的直接订户。这种情形，为国内任何地点办报所未有"。（陈纪滢《胡政之与大公报》）

然而，胡政之凭着敏锐眼光和清醒头脑，已认清日军的野心，深知港九非久留之地。于是，继汉口馆闭馆，重庆馆开创后，胡政之又派人于1940年冬赴桂林筹建桂馆。并于年底亲临督阵。1941年3月15日，桂版创刊，抢在了日军发动太平洋战争、香港沦陷前。这就保证了《大公报》始终没有因战争形势的不断变化而停止一天出报。这时的胡政之已年过五十。他有时运筹帷幄，坐镇香港、重庆，和张季鸾等高层共商报业大计；有时风尘仆仆于港、渝、桂路上。在重庆，他曾赶上被敌机轰炸后的渝馆重建，亲自主持筹划、搬迁、复刊；在桂林，他带领同人在七星崖山洞编报，环境恶劣、设备简陋，其间辛苦不言而喻。他鼓励同人："本报与国家同命运。国若亡则报亦亡；可是国家前途绝对有希望，绝不会亡。所以本报前途很光明，责任很重大。"（《对桂林版经理部同人的讲话》1943年7月5日《大公报》）在他和《大公报》全体同人的共同努力下，抗战时期的《大公报》作出了突出的成绩，引起了各界的关注。1941年4月，美国密苏里新闻学院"将本学院今年颁赠外国报纸之荣誉奖章赠予《大公报》"。这是中国报纸获得此奖章的第一次，也是至今的唯一。

1941年9月，张季鸾不幸病逝，这对《大公报》是个致命的打击，胡政之更是痛心疾首。同时，他也知道，更沉重的担子在等着他。

第三阶段：1941年9月至1945年12月

为应对张季鸾逝世后的新局面，胡政之作出决定，成立董监事联合办事处，对《大公报》渝、港、桂馆实行集体领导。由自己担任办事处主任委员，总揽大权，掌握全局。然后，又陆续制定、颁布了《职员薪给规则》《大公报社职员任用及考核规则》等一系列规章制度，以保证报社的平稳、高效运行。

1941年底，太平洋战争爆发，《大公报》港馆宣告停刊。胡政之滞留香港，后又率同人冒险乘舢板渡海，辗转跋涉回到桂林。

1942年春，他安排好了桂馆，即携家眷赴重庆定居于歌乐山下红岩新村，一直到抗日战争结束。

1943年9月6日，张季鸾逝世两周年祭日，《大公报》同人在重庆

李子坝季鸾堂举行社祭后，胡政之即宣布董事会刚刚制定的《大公报同人公约》（以下简称《公约》）。《公约》中重申"不私不盲"的社训，并规定"每年9月1日为社庆日，纪念创办人吴达诠、胡政之、张季鸾三先生"。

不久，胡政之选任国民参政会参政员，递补张季鸾遗缺。此后，一些重大的社会活动胡政之时有参加，并发挥了积极作用。其中最重要的是两次出国访问。

第一次是1943年11月，胡政之以参政员身份参加访英团，访英后又赴美游历近一个月。在英国时，除了随代表团参加一系列政治活动外，胡政之还专门到剑桥大学找到萧乾，一次谈话使萧乾接受了胡政之的建议，从此学术界少了一个博士，而欧洲战场多了一名优秀的中国记者，《大公报》在第二次世界大战的欧洲开辟了一个办事机构。这就是胡政之，他的魅力，他的魄力，令人叹服！

1944年1月，在伦敦报人俱乐部，中英报界首次接触，胡政之代表中国新闻界向英国新闻界递交了一封中国新闻学会的函件。并用英语致辞，向伦敦报界介绍中国报界在抗日中的工作，特别介绍了《大公报》的情况。就在这次会上，胡政之宣布《大公报》驻伦敦办事处成立，并将它的负责人萧乾当众介绍给英国的同行。

1944年2月结束访英后，胡政之等又抵美国，在纽约、华盛顿等地访问。他曾访《纽约时报》《每日新闻》等报社，会见杂志发行人，应邀出席外籍记者招待会，发表演说，并谒见了当时的美国总统罗斯福等，直到3月中旬才回国。4月4日起，重庆《大公报》连载胡政之写的通讯《十万里天外归来——访英游美心影记》，这是继25年前访巴黎和会写下的《欧美漫游记》后又一篇脍炙人口的国外旅行游记。

第二次出访是在1945年4月，胡政之以中国代表团团员身份，赴美国旧金山参加联合国制宪大会。会前，他应邀在旧金山"美国之音"电台发表题为"世界是进步的，和平必须成功"的演讲。6月27日，胡政之和其他代表一样，在联合国宪章上签了字。会后，胡政之没有马上回国，而是为报社筹集资金，购买印报机、通信器材、纸张等，准备回国后大干一场。11月才回到重庆。

而此时，《大公报》上海版刚刚复刊，天津版复刊指日可待，在此前一年的8月，胡政之已根据当时形势果断关闭了桂林馆，将人员集中于重庆，迎接抗战最后阶段的到来。《重来上海》《重见北方父老》是沪、津两版的发刊社评，使《大公报》占据中华东西南北广袤大地，成为中国报界盟主，是《大公报》同人的理想，更是胡政之的理想。带着这一理想，胡政之等《大公报》高层于1946年1月飞抵上海。

第四阶段：1946年1月至1949年4月

这是胡政之生命的最后阶段。在这三年的时间里，胡政之有喜悦、有憧憬；同时，也经常陷入矛盾与苦闷之中。

1946年元旦，在胡政之的主持下，大公报社总管理处在上海成立了。他亲自起草的《大公报总管理处规则》获董事会通过，这意味着《大公报》的历史将揭开新的一页。

在此期间，胡政之文章写得不多，却频繁地往来于天津、重庆、上海各分馆之间，对经理部、编辑部、社评委员会同人讲话达十多次。他苦口婆心，谆谆告诫，特别是对青年人，他说："新闻事业应该不断求进步，至少得跟得上时代，最好能走在时代前面"（《在重庆对编辑人员的讲话》1943年10月20日）；要"富贵不能淫，贫贱不能移，威武不能屈"，并加上"毁誉不能动"（《对天津馆编辑部同人的讲话》1947年7月21日）。针对当时内战战火弥漫全国的险恶局势，他明确指出："大公报有坚定的主张，绝不同意打内战"（《对渝馆编辑部同人的讲话》1947年11月27日），并鼓励大家"我们的前途是漫长艰苦，曲折多变的。在前进的时候，我们要有无比的自信，无穷的忍耐……"（《在上海馆编辑部会上的讲话》1947年6月18日）他对同人说"我已经是六十岁的人了，自信老而不朽，庸而不昏，愿意继续努力……"（《港版第一次编辑会议上的讲话》1948年3月10日）他反复重申从事新闻事业"必须有抱负，有远大理想"，他是多么希望《大公报》全体同人能够按照他设计好的美好蓝图齐心合力奋斗下去啊！

为了他的蓝图能够实现，他在矛盾和痛苦中挣扎着：明明看出国民党大势已去，为了《大公报》的生存，在蒋介石的淫威下，他违心地去伪国民大会签了名；明明看到《大公报》的命运岌岌可危，却投入大量人力财力，在美国纽约筹办《大公报》周刊，结果不久即夭折。

1948年1月，胡政之率上海部分骨干赴香港作自己的"最后开创"：筹办香港版的复刊。经过两个月的连续苦战，五次试版，终于在桂林版创刊日3月15日正式复刊。港版"简直就成了他身后的一座丰碑"。（吴廷俊《新记大公报史稿》）

此时期，《大公报》沪、渝、津、港四馆同时发行总销量20余万份，总资产达60多万美元。回想22年前接办时惨淡经营的情景，这成果多么来之不易！

值得指出的是，《大公报》的成就绝不仅仅局限于此。它的传统之一，即是注重延揽人才，培养人才。在胡政之当然还有张季鸾的大力提携下，大批新闻界人才被造就出来。除了前面提到的范长江、萧乾，还有后来成了接班人的王芸生，成了《文汇报》领导人的徐铸成，以及早年就蜚声于时，曾在日本投降时亲赴密苏里舰采写投降签字仪式的著名记者朱启平，还有著名政论家、国际问题评论家、翻译家、文学家、优秀编辑、名记者等。周恩来总理曾说过，必须承认，《大公报》为中国的新闻事业"培养了很多人才"。

新闻史学界著名学者、中国人民大学教授方汉奇先生曾说："一家无权无勇没有得到过当局任何资助的民办报纸，完全依靠自己的力量，能够如此坚定的毁报纾难，如此执着地在物质条件十分匮乏的情况下坚持出报，恪尽言责，为振奋抗日精神和夺取抗日战争的胜利做舆论上的鼓吹，是十分难能可贵的。""大公报的爱国思想主要表现在他的坚决的毫不动摇的抗日态度上。"（方汉奇：《大公报百年史前言：再论大公报的历史地位》）同人这样评价他们的老板："事实上，我们看《大公报》在国难中由津而沪，而汉，而渝；又由沪而港，而桂，以及战后各馆的次第复刊，主要的都是由政之先生事先的决策，并经过细密的筹备，而最后实现的。他那高瞻远瞩的眼光，大气磅礴的行动，在现代中国报坛，相信是很少能有人和他并比的。"（杨历樵《政之先生精神不死》1949年4月21日《大公报》）

然而，长时期的身体透支，积郁于心的苦闷与不安，胡政之的身体垮了。香港复刊期间过度的疲劳成了导火索，复刊后一个多月病情忽然爆发，倒在香港报馆的办公桌上！立即送上海治疗后，仍无好转，终于在一年后，即1949年4月14日，离六十周岁还差80天时病逝于上海虹桥医院。胡政之永远离开了他视之为生命的《大公报》，"报业祭酒"这颗巨星陨落了！

早年，胡政之曾经这样教育他的儿子，"一个人的生命短促，糊口并不难，但总要做些对社会有益的实事……我们并不比别人聪明和勤奋，只要以平凡的人做不平凡的事，个人荣辱亦可淡然视之"。（胡济生黄敏《回忆父亲》）是的，胡政之其实一生就是脚踏实地地做着一件为国为民的"实事"——办报纸，而且办出了一份在中国报坛上"具有崇高的声望，在各个历史时期都产生过重大的影响""有较高的品位和质量""重视报格、严于律己的正派报纸"（方汉奇《大公报百年史前言：再论大公报的历史地位》），最终"以平凡的人"做出了"不平凡的事"！

和中国一切有爱国心、有正义感的知识分子一样，在他们身上，有一种救国、报国的使命感。胡政之的理想是"文章报国"，他是这样表述自己办报的动机的："我们这一代肩负了清末外交的耻辱，内政的腐败，以及国计民生艰难所加给的刺激，在原则上，是内求进步，外争独立；以公正舆论促进国家现代化，以翔实新闻协助民主制度的建立……怎样能使中国踏入进步的世界之林，是我们从事新闻事业人士所追求的最大目标；进而发扬中国文化，传布于全球各个角落，也是我们的责任。"纵观胡政之的一生，是无愧于他的理想的；作为后来人，我们更要学习、继承他的精神，为理想而奋斗！

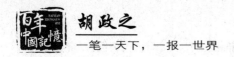

永远的怀念

——追忆我的公公胡霖

黄　敏[*]

　　"七七"事变后，我和母亲弟妹跟着在杭州浙江大学任教的父亲离开了风景如画的西子湖畔，随浙大一批教授及家属逃难到广西。到桂林后，见到了时任广西大学校长并兼任国民政府教育部门高职的马君武先生。他先是把这批教授安排在广西大学教书，后来，广西柳州成立了广西大学农学院，广西农事试验场和中央农业实验所的广西工作站也在那里，于是这批教授就到了柳州，继续从事各自的教学与研究工作。就是在那时，我结识了我的老伴儿，胡霖的长子胡济生。他是大学毕业后放弃留校任助教的职务，为继续深入研究和学习，奔他

----

　　*　胡政之长媳，她与胡政之夫妇感情深厚，写此文章时已87岁高龄。

所学专业的专家张信诚教授而来柳州的。我当时在图书馆工作。几年后，我们确定了恋爱关系。一次，他的继母顾俊琦女士（著名外交官顾维钧胞侄女）自香港返桂林途经柳州，她宴请同行的朋友，济生约我也去了。我这才知道他的父亲是报界赫赫有名的胡政之，难怪济生曾有个绰号叫"小公报"。

不久，济生父亲要他带我去桂林见面，并由他父亲和继母主持了我们的订婚仪式。那时的《大公报》在桂林七星岩山洞中，条件很差，时时遇到飞机轰炸。职工们在恶劣的条件下工作十分辛苦，我公公与婆婆也在同样艰苦条件下生活。记得那时德生弟弟出生不久，因缺奶水，饿得哭闹，我见公公夜里抱着他哄他睡觉，很是感动。在初次接触的这段时间里，我的印象是：公公人很严肃，说话不多，一旦说出很有分量、很尖锐。我和他谈过几次话，听出他有意要我留下助理当时任《大公晚报》副刊编辑的罗承勋。就在那时，我还结识了《大公报》的多位记者，谈话很投机。后来我还是决定离开，和济生回柳州。记得离桂林前，报馆记者陈凡先生还送我一双木屐，是用全国驰名的柳州木头旋制的，还漆了黑漆，很珍贵，穿着也很合脚。

1944年我与济生在他父母的寓所（重庆《大公报》为他父亲在化龙桥红岩村备置的新居）举行了简单的婚礼。证婚人是公公的好友张伯苓先生。三天后，我们就奔赴北碚各自的工作岗位了。济生在中央农业试验所工作，我则辞去了原在重庆的中央机关工作到北碚管理局任职。中农所为我们提供了简单的宿舍。济生与同事们每日带着饭翻山越岭去上班，很是辛苦。不久，他得到了公费去美留学和实习的机

会。这是美国根据"租借法案"提供给中国工业、交通和农业三个部门各400个名额而设置的，由美方提供学员生活费用。公公和济生都很高兴。但当时我已有身孕，济生走会给我日后带来很多不便。为了他的事业和日后的前途，我还是支持他了。

济生走后，我辞去了在北碚的工作，搬回重庆红岩村公公的寓所。当时公婆在旧金山（公公参加联合国制宪大会，婆婆陪同），家中无人居住，只有一当地老农叫老杨的看房子，并在楼下边角地种些蔬菜，为我做饭。房子在半山腰，大门是两扇玻璃门，外面还有一段石阶，然后是个栅栏门。这所房子离《大公报》社址李子坝不远，高处山上住有美军军事代表魏亚特将军，山下住有吴达诠的原配夫人，我们称她吴伯母，大女儿吴元俊和她同住。她家周边住的均为国民党政要及其家属。寓所客厅窗外有一石阶小路，隔窗可见身着灰色布军服的军人三三两两有说有笑走过，从不往窗这边张望。后来知道石阶顶上是共产党的八路军办事处。

吴伯母气度不凡，一身黑丝绒长旗袍，虽缠足却穿着一双小尖头黑皮鞋，走起路来"咯噔咯噔"响。她对我十分关照，特别是在我临产时她三番五次带着吴大姐来看我，后来又带来一位助产士，让她日夜陪护，并再三催促答应来照顾我的济生二姐（在金城银行下属的泸州一个酒精厂上班）速归。此时已临近暑假，在外读书的胡家四小姐、五小姐和公公舅母的外孙女等陆续回来了。我临产前二姐赶了回来，隔江的三姐带来了曾给她接生的德国留学的产科医生。1945年7月25日，大女儿出生了。同时传来了日本投降的消息。初秋时，公公也从美国回来了。婆婆因顾家人大都在美国，她暂时留在纽约。

公公回来后，除了节假日，平时就是我带着女儿和公公还有老杨在家。公公的卧室很大，站在阳台上可以眺望整个山城。经常可以看到他在卧室伏案工作，或是报社来车接，只见他那胖胖的身体钻进小小的黑色汽车去了李子坝。为了不影响他工作，我带着几个月大的女儿住在距他较远的书房。晚饭时，才能见面。一段时间，女儿一到晚饭时就要哭一阵。记得一次公公说起"我家有个夜哭郎"的谚语，令我很吃惊：没想到平日不苟言笑的公公居然还很风趣！为这个"夜哭郎"孙女取名字，公公冥思苦想，最后取名"渝华"。联想到济生和他三个姐姐两个妹妹的名字，发现公公给子女起名字都与他们的出生地相关（只两个小儿子例外）。女儿生在重庆，所以取名"渝华"。后来是她的二姑认为"渝"字不好写，改成一个字"玫"。女儿退休后，经过翻阅大量祖父的文章和与《大公报》相关的文章、走访《大公报》同人和亲友，编写了《胡政之年表》，为研究者提供方便；她还和表哥王瑾（济生大姐的儿子）奔波于全国各大图书馆，走访多处机构，拜会各种人员，多方收集资料，终于在2007年正式出版了《胡政之文集》，了却了她祖父的遗愿。

抗战胜利后，家人都纷纷离开了重庆。二姐因工作暂未离开。她退了红岩村的房子，与我搬进了金城银行所属公司的房子。1946年来自济生工作单位的信息，他们这批留美实习生将提前回国（到南京中农所）。我与济生的几个同事计议好搭乘中农所包租的驳船沿江回南京迎接济生，虽遭到二姐等人的反对，他们认为坐驳船太危险，但我

主意已定。出发后，才发现确实危险：用绳索拴在大船后面的木质驳船随时都有可能被巨浪冲走。船经三峡那惊险的一幕我至今难忘。但我们总算平安到了南京。我未作喘息就抱着女儿搭京沪旅行快车直奔上海。我当时不知道公公婆婆的住址，住在我干爹家。7月25日，正好是胡玫生日，我在上海黄浦江码头接到了济生，然后一起回到了在法租界的他家的寓所。不久，我们就到了南京孝陵卫济生的工作单位。当时的农业复兴委员会要留济生任第4科科长并兼职善后救济总署，均被济生婉拒。因为我们的目的地是北平。那里比起上海因国民党的腐败而造成的乌烟瘴气要清净些。而且北平有东亚第一的日本人所建的农业科学研究机构，济生去后可进一步提高所学专业（农业微生物），发挥他在美所学。他父母很支持我们的选择。公公为我们买下两张"奇美"号二等舱船票，这在当时属高等舱票，也很难买到。他说船要经"黑水洋"，风浪巨大，二等舱会舒服些。婆婆又带我去上海最有名的南货店买了许多南货，她担心我们到北平饮食不习惯。公公婆婆这些做法很令我感动：可怜天下父母心！

　　同船舱的有两位年轻女子，后来知道其中一位是陈布雷的女儿陈琏，听说是地下共青团书记；他的哥哥陈迟是我父亲在浙大任教时的高才生。船到塘沽，已有《大公报》的老工人贾德春来接，为我们周到地安排饮食住宿。第二天，我们坐火车到达北平。来接的是徐盈，他和夫人彭子冈都是《大公报》的名记者。我到过他们简朴的家。子冈为人洒脱，写出的文章笔锋泼辣。他们的儿子那时很小。大概现在的著名作家、民俗专家、戏曲研究家徐城北就是当年我们见到的那个跑来跑去的活泼的小男孩儿了。

虽然我们暂时离开了公公，但我仍能体会到他对我们关怀备至，一有机会就设法与我们见面。记得我们来北平前，在南京孝陵卫中农所时，有一次公公到南京公干，也为帮助《大公报》记者高集、高汾夫妇，百忙中他还抽空把我们接出来见面。还有一次是在北平，他约我和济生到"来今雨轩"餐馆，在座的有青年党党魁李璜，他是济生堂姐的公公。1947年公公又来北平，此次好像是应傅作义将军之邀，工作之余也与我们见了面。我知道傅的女儿名叫傅冬菊，是《大公报》记者，大家都叫她傅冬。她和济生四妹树荣还有一名叫翟一我的很要好。听说傅冬是中共地下党员，曾日夜劝说傅作义早日放下武器，争取北平和平解放，勿做历史罪人。

1947年夏，婆婆携幼弟德生也来到北平，主要是为四妹树荣举办婚礼。在北京饭店定了三间房，一间为树荣夫妇，一间为我和济生，一间为公婆自己。婚礼很隆重，发了不少请帖。公公历来主张婚嫁从简，这次是个例外，其中另有原因。当日公公长袍马褂，婆婆也是盛装。参加婚礼者不少达官贵人，其中傅作义将军等均在座。也有不少《大公报》的编辑、记者等同人，我和他们还能聊得拢。婚礼过后我陪公婆逛琉璃厂。那时日本人刚撤退，确实有真货，但也有不少赝品。公公说："主要看你自己的眼力。哪里都一样，三年不开张开张吃三年，包括你（指婆婆）在北京饭店和东安市场买的那些——生意人嘛！"说归说，他俩还是买了些，特别是字画。

公婆为人很讲礼数，要我们陪同去看望了住在北平远郊，那时叫

"新北京"的北京大学农学院宿舍的我的父母，也曾到我和济生住的西直门外家里去过，并把我和济生接出来去逛颐和园。记得接待我们的长者被称为侯九爷，他带我们参观了一些不公开开放的古迹。一天下来，看得出他们很累。那时公公肚大腰粗，血压也高，已不喝酒。婆婆说是那次去香港过于劳累累坏了腰子（肾脏）。我们催促他们尽早返回上海。

1948年初夏，徐盈忽然通知我们去上海，说是公婆要见我们。他为我们买了两张"空中霸王"号机票。我们有种不祥之感。到了上海，来接我们的是济生大姐夫王大哥。他平时爱说爱笑，这次一路却一言不发。到了家中，看见公公躺在床上，肚子鼓胀凸起，护士在出出进进。听说我们来了，公公吃力地睁开眼睛，面无表情。婆婆坐在床边握着他的手，见到我们，低声哭了起来。我也禁不住泪流满面悄悄走开了。公公是在香港版复刊时伏案工作中发病的。三天后才在同人劝说下飞沪就医。虽然住进了很好的医院，但医生也束手无策。转到家中，由两位护士日夜照看。后来听说民间有土方可治公公的病，婆婆就让我陪她去了远离上海市的乡下，找到了一位土郎中，得到了他的一偏方：用一小冬瓜挖去里面的瓤，放入他给的中草药，再用泥巴糊上，然后用木炭火烧软，把中草药连同冬瓜一齐服下。婆婆将制药的全部任务交给了我。我连续数日在天井（房子前门有一小天井）烧炭制药。公公服药后便泻肚不止，而后肚子便消了下去，但人显得更软了。此时家里人大都回来了，报馆的同人我只见到过李子宽先生。此期间因为家庭矛盾，婆婆赌气回了娘家。家中常在的只有两个护士和我还有女儿胡玫。她很乖，总是坐在爷爷床边的小凳子上陪爷爷聊天，不知这祖孙俩聊些什么。有一次见我过去，公公对胡玫说："让你妈妈给你生个弟弟才好。"这话我已听公公说过不止一次，说得我很不好意思，只好说："会的会的，您好好养病吧！"又有一次，他对我说："你让厨子每天做四样你姆姆（指我婆婆）爱吃的菜用提盒给她送去，不管她吃不吃。"我答应了。很理解公公对婆婆的一片心。他俩相差二十多岁，但感情很好，婆婆很爱公公，这我能体会得到。婆婆娘家在大福里附近，我每日提着红漆大提盒去送菜，果然婆婆很高兴。她家中有老母和一个妹妹，人都很好。连续数日后，我劝说婆婆："您还是回去吧，伯伯（即公公）确实很想你。"她的母亲也劝，这样，她才回了家。可好景不长，家中又为股票闹了起来。一说这事，我和济生就设法离开，去看电影或看朋友，婆婆说："黄敏完全是个学生，济生则是滑头。"

6月19日是婆婆生日，公公则比她晚，约在阴历五月二十七日。经家人商量，决定给他们合办。报馆的人积极操办，选了一个著名场所搞了一个隆重的堂会。会上吹拉弹唱俱有，除外面请来的，报馆同人也参与，记得有赵恩源夫人唱得一口好京剧，袁光中夫人也唱了起来，好不热闹。婆婆还定做了小银碗，上面刻有"政之六旬寿日纪念"等字样，家人每人一只。还一起切蛋糕、拍照片。可惜银碗照片等这些有纪念意义的东西，包括公公曾给我们写过的亲笔信，都在"文革"中被红卫兵抄走了，再也找不到了。

堂会后公公的病稍有好转，我们三口便匆匆回了北京。谁料到还

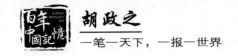
不到一周，徐盈又通知济生去上海，说公公病危。济生在上海待了几天，公公告诉他梦见了耶和华，并让济生快回北京，好好工作，照料好我们母女，还给我们生活补贴。济生回来很及时，再晚就南北交通阻断，回不来了。这是后来徐盈说的。这时北京城已被军队包围了，济生的单位大疏散，又是徐盈催促我们，并帮我们找来车子，匆匆忙忙连被子都没带就进了城。那时我又怀了孩子。

公公听说后很高兴，不知从哪里弄来一块拴着红绳的"雄精"（深红色，很精致，估计是块宝石），托人给我带来，让我挂在脖子上，说是既安胎又能生男孩儿。我虽不相信这个，但想到公公疼我爱我和盼孙子的心，还是把它戴上了。我是6月16日生下第二个女儿胡佳的。可我的公公却在4月14日就去世了。上海的家人在他临终前对他说我在北平已经生了一个男孩儿，他面带微笑说："他爸爸是学农的，就取名为'麦'吧！"后来我在一篇讣闻中似乎看到了孙"麦"的字样。不管怎样，这总算对他是一种安慰吧！

公公去世不久，报馆给了婆婆一份工作，大概是每日调查物价指数之类的，但被怀疑是特务，于是匆忙逃到了香港。她先是去找费彝民，费住在半山腰，她几次爬上去，均被拒见。无奈之下只好与她在美国的三阿叔顾维钧联系。顾以他雇用的保姆的名义把她弄到了美国。德生弟弟则被留在上海由家中的一个老奶妈照料着，直到9岁时才托人辗转带到美国与婆婆团聚。1954年我到上海出差，曾到大厂公墓祭奠公公，而婆婆我是又隔了30多年后才知道了她的下落。

记得在1975年，当时我和济生在山东德州农科院下放地，接到了一封上海来的信，署名周霞倩。原来她是婆婆的嫂子，急于和我们联系。当时"文革"尚未结束，我们考虑再三，因为非常想知道婆婆的情况，决定冒一冒风险。于是我和济生去了上海按地址找到了婆婆嫂子家。看到了婆婆的大哥大嫂，得到了婆婆的联系方式，也了解到原来公婆老房子的东西均被查抄，有的被盗。我们给婆婆写了信，她回信说"愿有生之年见你一面"，我凭此信于1988年拿到护照，并幸运地得到梁厚甫先生的胞弟梁鑫的帮助（他慷慨地帮我凑美元），然后到了美国夏威夷。当时我的小儿子正在那里读硕士学位。我接到了婆婆打来的电话，她正好那年退休，随顾家人到夏威夷度假。我真是喜出望外。第二天我们就在饭店见了面，双方拥抱，热泪盈眶，感慨万千！德生弟弟已不是当年坐在我腿上的小娃，竟长成了堂堂男子汉！初来美国婆婆收入低，他小小年纪在加油站当小工，后来在舅舅帮助下上大学学的是建筑，现在已有了自己的建筑公司。婆婆向我倾诉了她来美国后的艰苦奋斗过程：寄人篱下，遭亲戚厌弃，搬出顾家，迁到纽约自找工作，自找房住。白天挤地铁上下班拼命工作，晚上还要学习。我很佩服她的坚强与毅力。她对我说："你公公曾对我说你不要仗着我的名声去乞求什么，那等于热面孔贴冷屁股；我也不希望我的后代那样。要知道等你的后代长大，那些你原想依靠的人连骨头都烂了！……要自强、自立。"婆婆这几十年来就是按照公公的话这样做的。我和济生及我的子女们也是这样，济生的姐妹弟弟及其子女也大都如此。我们都很有骨气，没有给公公丢脸。

1987年我儿子结婚，我又去美国，并应婆婆之邀去了纽约在她那

里住了两天。后又应德生弟弟之邀去密芝根他家，受到热情款待。再以后因为儿子工作在美国南部，离纽约太远，就没有见面。2004年大女儿胡玫去美国探亲，和她妹妹又专门去纽约看望奶奶，老人当时已经快90岁了，仍一个人居住，有事请教会的朋友们帮帮忙。我曾约她回大陆看看，她说："除非你公公的坟还在，否则我是不会回去的。"但大厂公墓早已夷为平地盖起了高楼大厦，听说之前有的坟被迁走了，而公公的坟，我虽多次托人查找，但始终没有找到。如今，婆婆已经九十多岁了，被德生弟弟接到了密芝根安度晚年，每逢她生日和春节，我都会和她通话，同时心中不禁想起那被我永远尊敬、爱戴与怀念的老公公！

2008年6月

新闻大家胡政之

苏济生 **口述** 张遵修 **整理**[*]

我今年90岁, 白头老翁说往事, 最想说的是胡政之。

青年时我先是在改造出版社工作, 后来慕名想进大公报社。前往谈话时, 报社副经理费彝民接待我, 说"安排苏先生在资料室工作, 委屈你了; 试用期三个月, 期满转正, 从做练习生开始; 你我双方辞职解聘自由。"三句话简单明快, 像三个新闻标题。其实, 搞研究能进资料室是如鱼得水; 对我来说, 报社是一所社会大学, 在这里, 我遇到了从事新闻工作的启蒙导师胡政之。

---

[*] 苏济生、张遵修均为《大公报》编辑。

平常人做不平常事

胡霖，字政之，以字行，而我们在报社谈起他，都称他为胡老板，因为他是总经理。他这个总经理却丝毫没有老总的派头，吃饭时同大家说说笑笑，俨然普通一兵。

他就是普通一兵，一个平常人。17岁丧父，家境拮据。他富有的嫂子送他一副银镯子，使他得以走出国门。他在日本勤工俭学，一天读两个学校，白天在东京帝国大学主攻法学，晚上还学外语，学成归来时已掌握了英、德、法、日四国语言。勤奋的学生并不乏人，他可以说是一个平常人。

他回国后的职业生涯从当私人家庭外文教师月薪十元开始，之后到章太炎任社长的《大共和日报》工作，还当过律师、法院推事、地方法院刑庭庭长等职。这些职位也不乏人，他仍不失其为平常。

他是报社的"当家人"，初入报社我就觉得这个家当得非常好，一切按制度办事，工作井然有序。我第一天上班，办公桌上各种文具一应俱全，用完了只需到一位保管文具的工友处去取，又见手续之简便、人员之精简。资料室工作人员也只两人，一人负责国内资料，我管国际，就因为原来负责国际资料人员离社，我才得以补入。胡政之要求资料室为编辑部服务，也为社会服务。常有教授来查资料据以进行研究，也有企业家来社查看外汇行情涨落。

胡政之说办报不是一个人力所能及，要靠群策群力。他团结起大家，各司其职，共同努力。他善于识人，知人而善任，固不必事无巨细事事躬亲，我入社费彝民说了就算，即其一例。

我进报社好像进入了一个大家庭，同事间关系和谐融洽，报社对大家也很关心。谁有困难，并未张口，资助已到手。有一位同事逝世，一家孤儿寡母，胡政之就安排其长子到报社任职，小青年很快熟悉了业务，工作出色，至今年届八旬，身体健康，生活幸福。

平易近人、关心职工、善于经营的总经理，在中国应当不止胡政之一人，他仍然可以置身于平常人之列。

就是这位平常人，做出了极不平常的事，即怀抱伟大理想，团结报社同人共同努力，把中国的新闻事业推进到了一个新时代。

报纸是国家社会公器

胡政之1911年回国，次年民国成立。他把民国初年的报刊分为两类，一类是接受政府或某一军阀资助、听命于它而为之宣传的机关报；一类是纯以谋利为目的的商业性报纸，这类报纸不惜编造新闻，以低级趣味媚俗取宠，胡政之斥之为新闻界的大耻。

胡政之的办报理念是：报纸是国家社会的公器，不能为一党一派私有，其任务是为公理公益张目，为国家民族利益做民众的喉舌。

提出报纸要有先进性

从日本归来，了解国际情况的胡政之，深感当时中国国家社会的落后和新闻事业的落后。经过长期帝王专制的统治，中国人的专制思想与生俱来，现实生活中没有民主，报社上也没有民主意识。他在1924年《国闻周报》发刊词中说，近世国家所赖以治国范群者，不外法律与舆论两端。报纸一纸风行，捷于影响，上自国际祸福，下至个人利害，往往随报上的一字一句而异其影响。成功的报纸要走在时代的前面，领导社会前进。这就是胡政之的"报纸应当具有的先进性"。

胡政之认为报纸的天职有二：一是报道真切公道的新闻，一是铸造稳健切实的舆论。对于新闻，胡政之主张一定要新，应当让报纸每天都有变化，不能炒冷饭；他更强调新闻要真。他指出有人不说真话，有人不许人说真话。今天的新闻就是明天的历史，他说作记者如当史官，立言记事态度一定要严肃。他曾在报社下令不准伪造新闻，要求每一条新闻都要有事实根据。

胡政之主张新闻自由，曾写文章反对民国初期继袁世凯专制政府之后又制定报律。他知道言论自由受政治暴力的压制，说任何国家言论纪事都没有绝对的自由，并例举意大利新闻事业受法西斯专制势力的控制、日本军部频频发给报社"禁止揭载事项"的通知，等等。所以他指出言论自由需要争取，争取需要奋力斗争。他1917年在社论中说，进步是人生的价值，奋斗是人生的本能，《大公报》创业十几年的历史，就是"与恶政府斗、与恶社会斗"的奋斗史。

胡政之认为政治社会是复杂的，是罪恶多端的，报纸应当为公理公益监督政治，"是其所当是，非其所当非"，"好的不妨说好，用不着避嫌疑；坏的尽管说坏，用不着怕危险"。他说记者生来就有反骨，深知作敢于斗争的记者的危险。1926年4月《京报》社长邵飘萍被袁世凯杀害，三个月后《社会日报》社长林白水罹难，胡政之发表悼念文章，哀其冤而悲其死。他自知身处危险中，就是以不怕死的豪情铁骨为实现他的办报理念而投身于新闻事业的。

实现报纸的独立性

1926年英敛之去世，他创建的《大公报》闭馆。胡政之与志同道合的老友吴鼎昌、张季鸾商议，从该报董事王郅隆之子王景衍手中盘购了该报，成立了新记《大公报》公司。他们三个人的分工是：吴鼎昌担任社长，负责筹措资金；反袁（世凯）勇士、文章高手张季鸾担任总编辑兼副总经理，胡政之则挑起总经理的重担，兼副总编辑。文人往往相轻，他们三巨头文人相重，特别是胡政之不要名、利、权，促使他们三个个性不同的人精诚团结，共同提出了"不党、不卖、不私、不盲"的"四不"方针。不党不卖才能使报纸具有独立性，不听命于任何一方而能自由发表言论；不私不盲则是对社内同人的社训。

报纸独立首在经济独立。总经理担负的任务就是保证报社有足够的资金经营运作。报社经济来源有二：一是卖报纸收入，一是广告收入。办报是事业，但报纸是商品，要用企业方式经营。创社伊始，报纸销量很少，没人来登广告，胡政之就派人到影剧院门口抄下第二天上演的电影、剧目免费刊登。胡政之还扮作读者，到公园征求阅报人对报纸的意见。后来报纸受到越来越多读者的欢迎，销路日广，广告也源源而来。这时企业与事业的矛盾，便表现为广告部与编辑部对报纸的版面之争。胡政之解决这个问题的方法是调编辑主任担任副经理，他们既懂编辑业务，又了解报社经营，便可以在二者间取得平衡。担任过副经理的编辑主任有李侠文、李子宽等，李子宽的文章是写得非常漂亮的。

在胡政之的领导下，报社设备也在不断更新，印报机从最初的手工平版印刷到购进国外旧的轮转机直到大型快速轮转机，报社本身各方面也在不断前进。

经胡政之尽心竭力的经营，报社从初建时月亏损4000元，到1928年就月月有盈余，十年奋斗之后，1937年发行量近10万份，全国分销机构1300余处，总资金由吴鼎昌从盐业银行等四行储蓄会的"经济研究经费"中提出、"不惜赔光"的5万元发展到50万元。

《大公报》创业于天津，并不是天津地方报。胡政之他们要办的是全国性报纸，刊载全国新闻，并把报纸销往全国。

报道国家大事

作为总经理兼副总编辑的胡政之，首先是一位出色的记者。从张勋复辟，报纸上不断有他的新闻报道，他一生所作采访在这里是写不完的。

1915年，胡政之从驻京外国记者及日本使馆小幡西吉处了解到日本和北洋政府谈判"二十一条"的情况，他及时报道了这一消息及其幕后交易，成为《大共和日报》的独家新闻。1918年，觊觎东北已久的日本与中国就满蒙四铁路换文，使日本成为建路资金的债权人，从而可以得到债权人的巨大利益。胡政之就赶赴东北采访，特别考察了南满铁路运营情况，发表了系列报道。十年后他再访东北，揭露日本侵犯我主权、掠我东北资源的罪行。1931年"九一八"事变发生当晚，胡政之接到张学良用暗语给他的电话，立即派记者连夜赶往沈阳，于19日在各报中最早报道了事变消息。胡政之也是事变后第一个到协和医院访问张学良的记者。

1927年孙中山先生逝世两周年，军阀统治下的天津不准集会纪念，胡政之敢言敢写，特地发表社论纪念。

1935年，胡政之支持鼓励范长江以旅行记者名义赴川南、西北采访，在报上陆续刊登红军长征及到达陕北的情况。范长江是早于斯诺、第一个访问延安的记者，在国统区的《大公报》上发表了69篇通讯，其中有7篇报道了共产党、红军的长征，胡政之称之为"中华民国的几页活历史"。范长江在旅途中一旦经费不足，可任意到当地银行支取，银行知道报社一定会汇还的。

1940年香港《大公报》刊登独家新闻《高崇武、陶希圣携港发表汪精卫卖国条件》，全文披露了震惊中外的《汪日密约》。《大公报》香港馆是胡政之1938年建立起来的。

把报馆设到四面八方

正当新记《大公报》创业十年、事业顺利发展的时候，天津形势告急。日本军国主义者继侵占中国东北之后，从关外到关内，先是占领热河，继而从冀察两省入手侵略华北，天津危在旦夕。胡政之依张季鸾意见到上海建馆。上海馆《大公报》于1936年4月1日创刊。第二年"七七"事变，12月南京陷落。日本占领军要求上海租界各报出版前送检报样，胡政之召集报社主要领导人研究对策，大家一致表示宁肯停刊也不送检。上海馆出报一年多，于1937年12月14日悲壮闭馆。

此前，张季鸾率领一部分同人前往武汉，在胡政之买下的《大光报》的基础上建立武汉馆。武汉馆《大公报》于1937年9月18日创刊，当时的武汉已经烽火连天，不久武汉大会战，创一时销报量在武汉最高的《大公报》，出版一年零一个月，报社再次西撤重庆。敌机对陪都重庆狂轰滥炸，重庆馆六次被炸，最严重的一次几被夷为平地，同人在露天大雨中过夜。胡政之从香港赶到重庆，在临近李子坝报社的地方，依山凿了两个防空洞，一个洞内安装印报机，任凭敌机轰炸出报无碍；另一个洞保障了报社同人和友报人员的安全。

上海馆闭馆后，胡政之南下香港，香港馆《大公报》于1938年8月创刊。1941年底太平洋战争爆发，香港被日军占领，胡政之身藏自杀用的铜扣三枚，准备一旦被俘，宁死而不受辱。幸而他与同人冒险乘舢板渡海成功，到了桂林《大公报》馆。

桂林馆是胡政之未雨绸缪建立的，报纸于1941年3月15日创刊。开始时惨淡经营，后来发展成拥有占地15亩、包括篮球场的馆舍。徐铸成的评论和名记者子冈在重庆发不出的通讯，构成了桂林版《大公报》的精彩特色，报纸在该地也曾创高发行量之最。1944年夏，日军战火逼近西南政治文化中心桂林，桂林版《大公报》先是停刊，人员艰苦跋涉到达重庆，不久馆舍被毁。

随着战争局势的发展，《大公报》馆从天津到上海、武汉、重庆，走向全国。抗战八年，报社各馆或遭战火销毁，或主动遗弃，《大公报》社经济损失惨重。有赖于胡政之和他培养的经理们的艰苦卓绝的经营，才能保障报社不倒，编采人员挥笔，发出抗战最强音。

放眼世界，走向世界

胡政之不仅胸怀祖国，而且放眼世界。他要把报办成世界报，办到世界上去。

第一次世界大战后举行巴黎和会，胡政之以《大公报》记者身份前往采访，他是会上唯一的中国记者，也是有史以来中国记者采访国际会议的第一人。他发回十几篇巴黎专电，报道了会议的方方面面，生动介绍了各国发言人的情况；也揭露了中国代表团的问题，说发言人的法语除他本人谁也听不懂；他还报道了强国掌握会场的专横，寄语国人"国之不可不自强也"。他参加了凡尔赛宫协约国代表与德国代表的和平条约的签字仪式，译出顾维钧的《中国代表为青岛问题向平和会议提出之说帖》，并于签约仪式次日以中国报界的名义向巴黎新闻界发表声明，说明中国不能在对德和约上签字的理由，揭露日本勾结英法等国欲强夺我青岛主权的情况。

会议前后，胡政之到日本及德国、比利时、瑞士、美国等一些国家考察、访问。由于他熟练掌握几国外语，能够顺畅交谈，深入调查了解。他访问了世界上著名的通讯社，考虑自己除办报外，还要创办通讯社。1924年由他创办的国闻通讯社在上海成立，出版《国闻周报》，16开本，50页，刊载时论、专论、通讯以及英文、日文译稿，供各报刊选用。他在发刊词中提出要"秉独立之观察，发自由之意见"。1926年新记《大公报》公司成立后，国闻周报社附属于新记公司，1937年与《大公报》上海馆同时闭馆。《国闻周报》最多曾发行到两万份，至今仍为许多国家大图书馆所珍藏。这个通讯社从一开始就是全国性和世界性的，稿件除国内报纸大量采用外，美联社、路透社、法国哈瓦斯、日本联合社等都订有《国闻周报》。

香港《大公报》创刊后，也发行到东南亚许多国家，世界各地凡有中国领事馆、中华会馆及中华学校的地方，几乎无一不是香港版《大公报》的直接订户。

国际上的重大问题，《大公报》都有报道和评论。为了更好地报道世界各地情况，胡政之于1931年派曹谷冰赴苏联采访，历时3个月，写出大量报道通讯，反响强烈。1939年他鼓励记者萧乾应聘到英国伦敦大学东方学院工作，兼任报社驻伦敦特派员，"二战"期间，萧乾采访西欧战场，发回大量战事通讯。胡政之还派名记者杨刚驻美。1945年春，太平洋战争逼近日本本土，胡政之派重庆馆编辑朱启平赴美国太平洋舰队采访，后来参加了密苏里船上的日本投降签字仪式。仪式结束时朱启平看表恰是9点18分。九·一八！朱启平写下名篇《落日》。这一仪式上还有一位《大公报》记者黎秀石，他是胡政之派出的驻英记者。1948年秋，英国海军大臣福拉赛约黎秀石到官邸饮茶，说英国政府曾答应南京政府送中国两艘潜水艇，而当时中国政局动荡，他征求黎秀石的意见问该不该送？黎秀石说不该送，英国帮助蒋介石打内战对英国无益。后来英国就没有送。这事反映了《大公报》在国外的影响，福拉赛一定认为黎秀石的观点可以代表《大公报》，《大公报》可以代表中国知识分子的意见。

1945年，胡政之以中国代表团团员的身份，与董必武同机到达美国，参加联合国制宪大会。6月27日在宪章上签字，胡政之建议中国代表团团员都用中国毛笔签名，在全体签名中，就有三个庄严的中国毛笔字："胡政之"。

惊人的功绩

胡政之从民国初年从事新闻工作。当时的"报纸"形式是小册子，由报道新闻的几页纸订在一起，胡政之一再改版，把报纸编印成现代报纸的形式。在体制上，他与吴鼎昌、张季鸾编印出既不是机关报又不是纯盈利的商业报，报道国内国际重大政治问题而不依赖于任何政治实体，进入更高的无党无派的独立报纸阶段，为新闻事业辟出一条办报新路，在中国新闻事业发展史上树立了一座辉煌的里程碑。

作为副总编辑，胡政之领导我们是内行领导内行。他要求我们新闻务必真实，他自己在这方面就是我们的榜样。我每天都到校对室去看老总们怎么改稿，就看到过胡政之改胡适的"星期论文"，将文中

叙述特务逮捕北大东斋学生句中的"特务"两字删去，因为捕人者未必是特务，胡政之让报纸上的文字，字字必有据。

他教育我们记者要有才、学、识，他自己就国学西学功底深厚，具有才华，更有胆有识。他教育我们事业在先、个人在后，记者要为社会服务，不能为自己猎名；他自己就一生全身心地投入事业，不计个人利害得失，往小里说，他为报社创造了巨大财富，晚年在香港还乘公交车；往大里说，他为公理公益不怕杀头牺牲。

他要把报纸办到全国、办到世界上，他成功了。世界上知道中国有一家《大公报》，美国密苏里大学新闻学院于1941年颁发给《大公报》最佳新闻服务奖。之前获得该奖的，只有英国的《伦敦泰晤士报》《曼彻斯特日报》、美国的《纽约时报》《基督教科学箴言报》、日本的《朝日新闻》和印度的《泰晤士报》。给《大公报》的奖状文中，赞扬《大公报》坚守自由进步政策，国内国际新闻报道充实而精粹，社论犀利而勇敢，不顾重大困难，报社几次搬迁，不怕敌机轰炸在防空洞中印报。该奖状对《大公报》的评价也是广大读者对《大公报》的看法，该奖对《大公报》的肯定也是对胡政之的肯定。如果说那些新闻评论是《大公报》的灵魂，则总经理胡政之的经营保住了《大公报》的肌体，有肌体才得以不断发出声音。

胡政之一生奋战在新闻战线，活跃在世界许多地方。他多次出国考察，吸取先进经验；他参加国际会议并在会上发言以壮国威，他参加了联合国制宪会议并在宪章上庄严签下了自己的名字。

1943年，国家《宪政实施协进会》成立，董必武、黄炎培、孙科、张伯苓、胡政之等十二人为该会成员。不是有了一纸宪法，国家就能成为宪政国家。只有新闻自由才能监督宪法的实施，也只有宪政体制才能保障新闻自由。胡政之认为中国应当发展成为先进的民主宪政国家，1944年他在电台广播《宪政风度》，提出实施宪政的四点主张："服从法律、珍重自由、公道竞争、容纳异己"。全文在《大公报》上发表，成为体现报纸先进性的又一例证。

抗战胜利后，胡政之保留了《大公报》重庆馆，恢复了天津馆、上海馆、香港馆。上海闭馆时，胡政之对张季鸾说"毁灭之后一定能恢复"，闭馆当天社论有二，其中之一是《暂别上海》。是暂时的离别，现在《大公报》回来了！令人万分痛心的是，胡政之就是在恢复香港《大公报》的过程中累倒，于第二年（1949）4月逝世，还差80天不到60周岁。

在这里，有说不完的胡政之的言论、文章和事迹。中国话里有作家、画家、天文学家、物理学家等称谓，胡政之首创"新闻家"一词，他自己则不愧称为中华新闻第一家。他能编、能采、能述、能评、能领导、能经营，创造了新闻事业的奇迹。缅怀他的一生，思绪万千，胸中涌动着两个字："奇迹。"

2009年，胡政之诞生120年，新闻界曾经集会纪念，也有文集出版。捧书在手，反复拜读，重温教诲，胡政之的音容笑貌浮现眼前。斯人逝矣，逝者已去，掩卷沉思广唯望能多有一些胡政之式的人物诞生。

报界巨子胡政之

曹世瑛　汤　恒

新记公司《大公报》的创办人，由吴鼎昌、张季鸾、胡政之组成的"三驾马车"中，胡政之从事新闻工作时间最长，积累的办报经验最丰富。他多次采访世界性的重大新闻，精通评论文章，尤善经营管理。《大公报》不但不赔钱，还有盈利。因应战争形势，《大公报》由天津一地扩及上海、武汉、香港、重庆、桂林，成为全国性的报纸。

胡政之注重发现人才，延揽人才，并以战略眼光培养后备人才。出身于《大公报》的编辑、记者，不仅在新闻事业中而且在其他方面均能作出贡献。

胡政之，名霖，笔名冷观。1889年出生在四川成都一个旧官僚家庭里。他的父亲胡登崧是甲午科（1894年）举人。在安徽，先入私塾受启蒙教育，后入安徽省高等学堂。在这座学堂里，胡政之接触了近代西方社会思潮，以及先进的自然科学观。他读过严复译著的《天演论》，接受了进化论的观点。从长江里漂来的《申报》《新民丛报》《苏报》等进步书刊曾经使他深深迷恋。

去日本东京帝大学法律兼学外语

安徽受当时"学界风潮"的影响，学校里开设了算学、心理学等自然科学课程，也请了一些新派人物为教员。胡政之读书十分用功，他非常喜欢桐城派的文章，对姚鼐和方苞的文章下过功夫研习。当风行一时的林译小说在图书馆里出现时，他也紧紧抱住不放。因此，胡政之在少年时代就打下了良好的文言文基础。他后来文章里的风骨文采，可能受桐城派和林琴南文体的影响。

1906年，胡登崧在安徽五河县知县任内病故。胡政之辍学，扶柩回四川。

1906年，17岁的胡政之在清朝末年那一股留学热潮中，自费到日本东京帝国大学学习法律，同时学了几种外语。20世纪30年代初，有一本英文的《中国名人录》中说胡政之"懂得半打外语"，可能有点夸张，但至少他懂得三四种。他在日本生活非常简朴，每月的费用都合理安排。这一年，与同在东京学习商业的四川同乡吴鼎昌相识。

1911年，胡政之回国。正值辛亥革命推翻清王朝，建立了民国，此时胡政之才22岁，风华正茂。在上海安排了居所，联络几个朋友，

开了一家律师事务所。虽然业务上没有什么特别大的长进，但他的交游甚广，颇有几位好心的朋友。

就这样过了不长的时间，1912年他进入上海《大共和报》担任日文翻译。这时，于右任发起组织民主图书公司，胡政之和张季鸾都加入了这个公司，在这里他们开始建立友谊。

1913年，胡政之受聘为《大共和日报》总编辑。张季鸾因反袁入狱，保释出来以后非常落拓。胡政之请他到《大共和日报》做日文翻译，并同在康心孚任教务长的中国公学授课，胡教法律，张教日文和外交史。两个落拓才子两度共事，同患难，共甘苦，友谊深厚，为以后的共同事业打下感情基础。

1915年，王揖唐任吉林巡按史（即省长），胡政之去当他的秘书。次年，王入段祺瑞内阁，任内务总长（即部长），胡政之又在该部任参事。

王揖唐是安福系的骨干，胡政之与皖系人物多有接触，但他并不是安福系的成员。他的父亲胡登崧曾在安徽代理天长县知县，可能因此而结识皖籍的军政官员。

巴黎和会上唯一的中国记者

由满族人英敛之创办的《大公报》，鼓吹君主立宪失败，民国建立后他无意经营，早已委托别人代管。1916年9月，《大公报》盘售给安福系的王郅隆接办。经徐树铮推荐，聘请胡政之任经理兼总编辑。这时的《大公报》已成为安福系控制的宣传机构。1917年，段祺瑞讨伐策动复辟的张勋时，胡政之主持的《大公报》为之宣传鼓吹。胡自己说："张勋复辟之役，本报言论纪事，翕合人心，销路大涨，一时有辛亥革命时上海《民立报》之目。"

胡政之在王郅隆接办的《大公报》工作了三年，由于安福系亲日卖国的真相不断暴露，声名狼藉，他也没有做出什么成绩，就不想再干下去了。

1918年11月11日，第一次世界大战结束。由于参加对德宣战，中国也算"战胜国"。从1919年1月到6月，战胜国在巴黎举行和平会议。胡政之受王揖唐的委托，以《大公报》记者身份，前往欧洲采访这次会议。他不仅是到会的唯一中国记者，也是中国记者第一次采访这样重大的国际事件。在中国报业史中，可以说他是采访国际新闻的先驱。这种以总编辑身份亲自外出采访的作风，在以后30多年中胡政之一直坚持，没有改变。

巴黎和会之后，他又游历了英、德、意和瑞士等国，这当然得益于他的"半打外国语"。对这次欧洲采访，他经常津津乐道。但他从不提北洋军阀在外交上的失败，也从未批评过王揖唐。

1920年，胡政之回国。正逢直皖战争，皖系主力已被打垮，段祺瑞逃往天津日租界，徐树铮也在日本人庇护下逃往上海。胡政之没有回到《大公报》，他到林白水主办的《新社会日报》担任了总编辑。

胡政之与林白水合作时间不长，因意见分歧而离去。胡在北京调

查了一家通讯社的组织、发稿、收费等具体办法，并物色了几位编辑如李子宽、张琴南等，一起去上海。

国闻通讯社是皖系的宣传工具

皖系军阀失势后，仍想东山再起，就联络南方的国民党和北方的奉系军阀，组成一个反直系的临时联盟。三方面每月各拨1000元，由皖系军阀卢永祥派人主持，在上海办一个"国闻通讯社"，作为宣传机构。邓汉祥为社长，周培艺为总编辑。徐铸成在《大公报》资料室中发现影印的蒋介石早年传记，其中有孙中山1922年由上海赴广东就任大元帅时致蒋介石函中，嘱咐他"对国闻通讯社津贴应按月筹付"。开办不久，徐树铮向卢永祥推荐胡政之为总编辑，并说可拿出10万元作为通讯社的基金，不必由三方承担经费。卢永祥征得各方同意，胡政之到任。

在国闻通讯社所发稿件中，凡属有利于卢永祥、段祺瑞、孙中山、张作霖等方面的政治新闻，都由胡政之亲自撰写。有一名编辑从外文报纸上摘译一些一般性消息，少数几个外勤记者挤进帮会、商会，得来一些马路新闻。稿件质量低，被报纸采用的很少。

1924年发生了江浙战争，即直系的江苏督军齐燮元和皖系的浙江督军卢永祥之间的战争。结果，卢永祥失败，丢掉了他在江浙的地盘，国闻通讯社的经济支柱动摇。胡政之甩掉了卢永祥这个后台老板，却因祸得福，有了一个真正属于自己的通讯社。这正是他多年来梦寐以求的。胡政之对国闻通讯社苦心经营，于1924年4月和11月，分别在汉口和北京建立了国闻通讯社的分社，扩大了通讯社的规模。

创办《国闻周报》发表自己的言论

胡政之很久以来就想创办一张报纸，来发表自己的言论。由于经济能力不足，难于实现。1924年8月，他接受李子宽的建议，从国闻通讯社分出一部分力量，创办了《国闻周报》。

《国闻周报》社设在上海。在创刊号上，胡政之写了一个"发刊辞"。文章先为新闻事业和新闻记者正名，要人们改变以往的偏见。他着重阐述了新闻记者的作用，认为"今之新闻记者其职能即古之史官，而尽职之难则远逾古昔"。当新闻记者并不是"文人末路"，"吾人苟欲建舆论之权威，第一当先求判断资料之事实问题。首当求真确之发现与忠实之报道。此同人所由三年以来屏除百务以从事通信事业，盖欲搜罗社会各方之事实，一一写照于国人之前，以供其自由判断而为构成真正舆论之资料"。

他反对"有闻必录"，但坚持要把必要的材料摆到读者面前，让他们自由地选择，以辨别真伪、美丑、善恶。胡政之在《国闻周报》上撰写的政论和时评，很明显地可以看出，他的观点融于字里行间，仍然是倾向于孙、段、张的。

国闻通讯社失去了主要经济来源，胡政之增设广告部，以广告的回佣来贴补经费。这时留日时的朋友吴鼎昌已任盐业银行总经理，正在组建四行储蓄会。他同意每月资助400元，作为四行储蓄会付给《国闻周报》的广告费。从此，《国闻周报》又有了稳定的经济支持。这也是胡政之与吴鼎昌合作的开端。

此后，国闻通讯社在汉口、北京两个分社之外，续建沈阳、哈尔滨分社，一个华东、华中、华北和东北的通讯网已经建成，当时是仅次于中央社的规模最大的通讯社。

出版时间最长、发行量最高的期刊

《国闻周报》是一份综合性的时事周刊，内容有一周简评、时事论文、外论介绍、一周国内外大事述要、文艺、书评、新闻图片、时人汇志等栏目。

创刊初期的政论、时评大多由胡政之执笔，吴鼎昌以"前溪"笔名发表过多篇经济评论。胡政之的故交王揖唐写的十几万字的《逸塘诗话》也连载在《国闻周报》上。该刊还常常发表一些名流学者如胡适、黄炎培、马相伯、潘公展等人写的介绍社会思潮、议论时政的文章。

《国闻周报》保留了这一时期的许多珍贵史料，如瞿秋白在长汀就义前所写的《多余的话》《赤区土地问题》等。20世纪30年代每次大规模的运动会如华北运动会、全国运动会之后，《国闻周报》都由曹世瑛编一个特辑，做比较系统的记录。

《国闻周报》到1937年共出14卷，每卷50期。发行数字最高时达到25000册。1926年夏，因胡政之到天津续办《大公报》。该刊也随同迁津出版。1936年《大公报》出上海版，又随之迁回上海。"八一三"沪战爆发，一度改出《战时增刊》，直到1937年底上海沦陷停刊。在当时是出版时间最长、发行量最高的期刊。

在政治潮流中随波逐浪徘徊观望

如果说《大公报》是吴、胡、张三人合办，则《国闻周报》应当视为胡政之独力主办的。从国闻通讯社而《国闻周报》，又从《国闻周报》而《大公报》，胡政之从来没有停止过采访和写作。除了政论之外，还写通讯、游记等。从这些文章中不难看出，他在巨大的政治潮流中随波逐浪，长期处于徘徊观望的境地。

胡政之和一部分旧军阀官僚关系较为密切，养成一副敏感的新闻头脑和比较独特的采访方式。他的朋友最早是安福系的王揖唐、徐树铮，还有奉系张作霖、张学良父子以及傅作义、古应芬等。因而他的消息来源很广，能够及时摸到政治行情。与当时著名记者邵飘萍、张季鸾的采访方式相似：在走访朋友之中采访到消息。胡政之报道的许多重要消息、独家新闻都是从朋友那里得来的。

北伐战争初步胜利，国民革命形势顺利发展时，眼看一个大时代即将来临，敏感的胡政之逐渐在感情上和旧军阀疏离，向新军阀靠拢，政治立场、思想意识都有隐约的变化。

1925年，上海发生"五卅"惨案，胡政之受到强烈的刺激，他在《国闻周报》上写文章，为中国人民辩护，向帝国主义提出强烈的诘难：

"……人家说学生是共产党排外，我们也不必辩，因为排外是要有事实的。假如真是共产党人，从公理和法律上来说，也没有格杀勿论的理由。何况枪弹无情，一排枪下雨，学生、工人、商贩、过路的，糊糊涂涂地倒下许多。这是什么理由呵。"

帝国主义屠戮中国人民的惨景给他带来了满腔的愤怒，胡政之在这里以法律、公理和道义的名义，为中国人民做了严正的辩护。陈词激昂慷慨，忧国忧民之心跃然纸上。他对当时上海报界反应迟钝颇为感慨：

"……这次当地出了偌大风潮，人心激愤达于极度，上海各报都非常慎重，……而外国报纸反而大放厥词，什么'暴动'咧，'共产党'咧，'排外'咧，每天长篇大论，拿事情往大处引申。中国人是静穆的悲哀吗？外国人是狂热的愤怒吗？……有人说这几天上海人心的激昂和报纸的冷静，几乎是百比例，因此很不满意上海报界。安晓得……上海报界之冷静，正和乡下人不敢得罪地保们的情形一样，却是越可见静穆的悲哀，才真是彻骨的苦痛。"

《国闻周报》既发表过落拓时的张季鸾所写的政论，也发表过年轻作家沈从文的著名小说《边城》，该刊的时事报道和述评能给人以详尽的报道和有趣的知识，比如列宁逝世时，《国闻周报》特约记者及时报道了莫斯科及苏联各地人民哀悼的情况。当时其他报刊很少有这种报道。

更为重要的是，胡政之主持的《国闻周报》如同一个摇篮，培养锻炼了一大批像王芸生、徐铸成那样有才干的新闻工作者，吸引了许许多多热心的读者，团结了文化界、学术界的许多作者。同时，正是《国闻周报》为后来新记公司《大公报》的创立，奠定了人力资源的坚实基础。

一手组织擘画成为地道的"胡老板"

当胡政之去欧洲采访巴黎和会时，旧《大公报》仍由王郅隆经营。王郅隆本是一个粮商，在冶游时与皖系军阀拉上关系，成为安福俱乐部的会计主任。他没有办报纸的经验，胡政之去欧洲后，聘请的编辑又不得力，言论亲日，不得人心，报纸每况愈下。直皖战争后王郅隆去日本，1923年9月在大阪地震中死去，报社由他的儿子王景杭接办。随着安福系的没落，这张报苟延残喘，无人问津，最后每天只印几十份，在街上贴贴报牌子。1925年11月27日终于停刊。

这时吴鼎昌在天津已经成为北方财阀，想办一张报纸作为政治资本。胡政之为国闻社办事常到天津，看到《大公报》关门，便想接过

来办一张没有背景的报纸。老报人张季鸾办报多次均告失败，这时正在天津赋闲，也想卷土重来。这三位都曾留学日本，且早已相识，办报是他们共有的夙愿。吴鼎昌愿意出资5万元，盘购原《大公报》的全部资财，这对胡政之和张季鸾是千载难逢的好机会。

于是，吴鼎昌的资本、张季鸾的文笔、胡政之的经营，三者结合，成立了新记公司《大公报》。按照各自的条件，吴任社长，张为总编辑兼副经理，胡为总经理兼副总编辑，既相互配合，又相互制约。

三人约定，以"不党、不卖、不私、不盲"为报社的社训。张季鸾着重解释第二项说："不受一切带有政治性质的金钱补助，且不接受政治方面之入股投资。"

关于吴鼎昌的资本，据后来曹谷冰考证，并不是吴个人的钱，而是盐业、金城、大陆、中南四行总管理处经济研究会的公款。20世纪50年代曹世瑛看到《大公报》的股东名单中有四行老板周作民、王孟钟、王灵毅等人的名字。但这些人从不过问《大公报》的言论，他们也都不是现任官吏，因而新记公司《大公报》便自称为"民营报纸"。

在他们三人之中，以张季鸾的文笔为最好。张幼从名师，十几岁即能为文，曾为于右任办过报纸。因此，吴胡相约，"文字虽分任撰述，而张先生则负整理修改之责，意见有不同时，以多数决之，三人各个不同时，从张先生"。实际上，三人的文章各有特色，观点也未必一致，但均以"文人论政"为己任。

至于《大公报》的经营运作，主要靠胡政之。安福系时期的《大公报》营业部和工厂的职工，都是胡政之的旧部，很容易召集回来，其中有胡的得力助手、后来的副经理王佩之。国闻通讯社有一整套编写班子，包括派驻各地的记者，整个转到《大公报》，都由胡政之一手组织擘画，担当了一个重要角色，报社同人背后都称他为"胡老板"。

专心办报决不旁骛，充分发挥才能

新记《大公报》于1926年9月1日续刊。内容丰富多彩，版面新颖别致，在当时报坛独树一帜，使人耳目一新。要闻版全部是来自国闻社北京、上海、汉口、沈阳、哈尔滨5个分社的专电。当时报纸是竖排的，要闻头条标题由一般的三栏高扩大到六栏，相当于横排的通栏，大字标题十分醒目。国际版、地方版、本市版都有专题报道的"特别栏"和"花边新闻"。除综合性的副刊《铜锣》（后改名《小公园》）外，还有哲学、医学、文艺、经济、图书、文史、科学等专门性质的周刊七八种，大量约请专家写稿。现在海外的原《大公报》同人陈纪滢在一篇回忆文章中说："《大公报》开辟各种学术性副刊，是全国所有报纸最成功的一家，直到今天似乎还没有任何一家报纸堪与媲美。"

以全新面貌出世的《大公报》，把一幅中国真实现状的图景展现

在读者面前。它对北洋军阀毫无畏缩，敢骂敢言，犀利的言论确实具有"三千支毛瑟枪"的作用。

为了使言论更有说服力，每天都需要大量的专电、通讯、特写等，作为立论的素材和依据。在北洋政府时期，身为总经理的胡政之，周旋于南北军阀政客之间，却仍以记者的敏感，采写了不少有影响有分量的新闻通讯。如1928年秋天，得悉政局将有突变，胡政之即到东北旅游，访问了东北军统帅张学良等，写出《东北之游》九篇通讯。1929年为报道中东铁路纠纷，胡再赴东北，在《大公报》上发表五篇《再游东北》，透露出许多重要的内幕消息。同年，他又去南京，趁蒋、阎、冯大战之机，会晤了蒋介石，写出了《新都印象记》三篇，记叙他与蒋会面的经过。1931年，胡政之访问了山西土皇帝阎锡山和桂系军阀白崇禧，写了《阎白访问记》《再度访问记》。

有了新的《大公报》，胡政之找到了一块能够充分展示自己才能的地方。他和张季鸾一起专心办报，真如他们"约法五章"里说的那样，"决不旁骛"。胡政之料理报社内外一切事务，同时还轮流担任撰写社评。他经常利用下午休息时间到公园或什么地方转转，看见人家手里拿着一份《大公报》则十分高兴。他也深入了解读者对于报纸有什么要求，请他们提出意见。

续刊之初，每天的发行额只有2000份，广告也很少，入不敷出，每月赔钱。一年之后销数增至6000份，收支已可相抵。此后几年的发展，日新月异，由平板机而轮转机，由每天一大张扩充到四大张。在20世纪30年代之初，《大公报》的声望已经越出国境。

像一台机器人从早到晚不停地运转

据曹世瑛记述："胡经理是个矮胖子，五短身材，大近视眼，声音洪亮，时常发出爽朗的笑声。表情严肃，但不难接近。他是一位不尚空谈的实干家。任何问题都可以当机立断，绝不模棱两可、拖泥带水。

"在天津期间，胡经理的生活很俭朴，夏天经常穿一件夏布大褂，冬天穿棉袍缠一条围巾，从来没穿过皮大衣。……从来没听说胡政之坐下来打麻将牌，也没在剧场影院遇到过他。他不吸烟，但是喝酒，有时他自己也讲一些喝醉酒之后的笑话。

"此公不看书，不看杂志，只看报。他自己不看进步书刊，资料室也没有这一类的出版物，但他并不禁止别人看这一类的书。看报是他的业务，他要了解国内国际局势，以便撰写评论。他要比较各报的内容，看看《大公报》是否漏了消息，有什么事要及早准备，有什么需要改进的地方，等等。"

李纯青也谈到过："胡政之每天一字不漏地阅读《大公报》，经常挑出错别字，和别报比较，指出漏掉了何条新闻，何条新闻抄袭了日前某报，其读报既大量又严格。总经理要做许多工作，其中不能想象也包括版面检查。他对他的报纸认真负责，因为要自负盈亏，使不得官僚主义。"

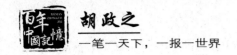
胡政之中午在经理部和大家共饭，午间稍事休息，便督促白班编辑和采访人员进行工作。到下午3时，规定夜班编辑集中阅报，他习惯把好新闻用红笔圈出，供编辑、记者参考。晚间在编辑部和大家共餐。每星期他写两篇社评，有时还写新闻。周末他去北京采访，并指导《大公报》北京办事处的工作。

晚上，吴鼎昌来到编辑部，来后便和胡、张讨论时局，研究社评。吴走后，张季鸾忙于看稿、写（或改）社评，胡则到工厂去察看排版印刷工作，他像是一台机器，从早到晚不停地运转。徐铸成说："他有惊人的精力，每天只睡五六个小时，工作时间则长达十三四个小时，把全部身心都扑在这个事业上了。"

从1934年1月起，《大公报》开辟《星期论文》专栏，并刊出已约请撰稿的专家学者名单，有丁文江、胡适、翁文灏、陈振先、梁漱溟、傅斯年、蒋廷黻等。1月7日登出胡适写的第一篇《星期论文》，题目是"报纸文字应该完全用白话"。从此以后，《大公报》的社评逐渐改为白话文了。以后陆续加入撰写《星期论文》的有任鸿隽、张奚若、吴景超、陈衡哲、梁实秋、何廉、马君武、陈岱孙、陶孟和、陶希圣、萧公权、潘光旦等。名流学者观点不同，时有争鸣。这个专栏知名度高，影响很大。

1935年，胡政之率《大公报》副经理王佩之等人去日本考察，了解日本报业组织、设施和经营管理。回国后曾向日本订购万能铸字机和职工上下班打卡用的时钟等。

中国新闻界不常有的"伯乐"

　　胡政之一贯重视发现人才、提拔人才。用人唯贤是他的原则，不称职的随时辞退，对有用人才则爱护备至，积极发挥其才能，放手让他工作，在工作中培养。曹世瑛对此体会最深，他说："旧《大公报》不仅是一家报馆，也是一所'新闻学校'。这所学校的校长就是胡政之。""我个人得到胡的帮助更多，他曾两次送我去上学。第一次，我到《大公报》时只有初中程度，1930年暑假后我考上南开高中，胡政之把我的原工资减去10元，准我带薪去上学。我因参加学生爱国运动被学校开除，害怕失业，告诉了胡经理，他不但没有骂我，反说学校这样做不是办教育的态度。第二次是1941年，我在香港版当编辑，为培养一位懂军事的记者，他送我到国民党的军官学校去学军事。"

　　《大公报》培养出来的新闻记者，可谓群星灿烂。如王文彬、方蒙、朱启平、陆诒、张蓬舟、张高峰、李纯青、李侠文、范长江、孟秋江、徐盈、彭子冈、徐铸成、高集、萧乾、蒋荫恩等。这些都是到了《大公报》之后才成名的，当然不能低估他们个人的才华和努力，但也不能否认胡政之给他们创造的条件。如果说这些人是"千里马"，那么，胡政之便可称为中国新闻界不常有的"伯乐"。

　　考进《大公报》的练习生，原来学历较浅，在报社工作一段时

间，胡政之支持他们再去上学，除前述曹世瑛外，还有吴砚农、郝伯珍去法商学院，杨君如去南开大学。有几位原在大学读书时期就以写稿、试用等方式得到胡政之的接济，以后进入报社，如范长江、徐铸成、马季廉等。

他选拔经理部的干部，往往是在编辑部工作过的，知道编辑部的需求，并且在这方面受过锻炼。因为报社一般是经理部要服从编辑部，两方面既互相督促，又互相制约。

一张现代的报纸不仅是资金上的竞争，更重要的是人才的竞争。胡政之对此十分了解，在《大公报》社内设立了一整套科学的管理制度，以利于引进和使用人才。诸如《职员任用及考核标准》《旅费支给规则》、福利制度、奖金发放办法等。

胡政之的性格是多方面的，但他毕竟是一个高级知识分子，身上不乏文人气息。他对下属要求比较严格，但从不胡乱地进行指责，下属能够从他的脸上看到威严；他从不乱开后门，把与自己有关系的人引荐到《大公报》里，他也从不乱送人情。他常说："廉洁自持，才能卓尔独立。"并时时向同人提出，要"事业前进，个人后退"。不过这后一点他自己并未做到。

读者的关心与热情是报纸前进的动力

胡政之的才能是多方面的，他善于交际，在军阀政客的圈子里兜得开；除了能说日语、英语之外，还能看懂意、德等国文字的报纸。他采访过许多重大新闻，每次外出总要自己写通讯、拍照片。他能独立编排整个版面，对于副刊也不外行。在民国初年的记者中，邵飘萍、林白水虽笔力潇洒自如，但终缺少胡政之的韬略。

胡政之更是中国近代报刊史上一位杰出的经营家。他熟悉外国报纸的办报做法，研究英美早期报纸、通讯社的经验，"立志改革中国的新闻机构"。1926年，他在《国闻周报》上发表一篇《作报与看报》的文章，对中国和外国的报纸作了比较系统的分析。他认为"作报与看报，十分明了，那就是编辑工作与记者的关系。"文章以《大公报》为例，分析了中国报业所处环境的几个特点：

一、"中国报和外国报的发达程序差不多，即：先是政治性、革命性，而后渐渐商业化；先以记者个人的名望来号召，后以报纸的内容取胜；先是三五人的小集团经营，后发展为报业公司组织；先是供少数人阅读，后逐渐大众化。"

二、"报纸是商品，所以竞争很厉害，一方面是人才的竞争，同时也是资本的竞争，同样的资本如何运用，都要看人才如何而定。"胡政之完全掌握了这一特点，所以《大公报》在北方能一举称雄。

三、"报纸生存的依据，建筑在广告与发行两方面。英美资本主义发达，所以报馆并不多，依靠广告便能存活。大陆诸国广告较差，只好赖广告与发行两方面的收入均匀维持。"

四、"报纸是文化的工具，乃天下之公器，非作报的人所可得而

私，同时政府与国民对于报纸也应当尽力调护，使它能够生存、发达，无忝于文化工具的使命。"

分析了这些特点之后，胡政之又说："从前作报，好标榜'有闻必录'，仿佛记者对于言论纪事都不负责任似的。现在文网严密，法令滋多，作报的人毋宁要'有闻不录'，遇到良心上不能不说的事，也只能在字里行间，呻吟叹咏，予读者以暗示。"这一点用到《大公报》身上是非常确切的，也因此而使读者大为欢迎。为了逃脱新闻检查或怕招来祸患，这不啻为一个较为安全和巧妙的方法。

最后，胡政之说："我们确信，要想做成一份好报，看报的人，即社会公众，倒具有百分之六十的推进力。"他认为只有读者的关心与热情，才是一张好报前进的巨大动力。

胡政之对于报业的研究远远不止这几方面，他积累了很多没有用书面材料留下来的经验。但是，即使仅从这一篇文章里，也可以看到他对新闻事业的研究是比较精辟透彻的。

以经营为本创造了独具风格的办报经验

在经营作风上，胡政之眼光远大，以铁腕著称。但是，他并非只管"大事"，实际上事无巨细他都了如指掌。什么时候应添一部电台、买一架印报机，什么时候外汇涨价，什么时候买进白报纸最合算……他心里清清楚楚。在编辑会议上，他嘱咐外勤记者冬天要多穿衣服，要加强营养；要求翻译基本上达到"信、达、雅"，并自己翻译一段示范；收电员、校对员应当注意什么，更是细细谈来，头头是道。由于胡政之的一系列做法，《大公报》才得以由一个弱小的婴儿成长为一个有影响的巨人。早期《大公报》天津馆里，有人认为"他对人完全是事务式的，一手交钱，一手交货，冷冰冰地没有感情（他的笔名是'冷观'）。许多同事不喜欢他，骂他"。

后期在香港版与胡共事的李侠文，根据他自己的亲身体会，则认为"他喜欢和青年接近，从他的言谈中，使我觉得他恨不得把平生办报做人的经验一下子全传授了给你似的"。

共产党员李纯青对胡政之的评价是："胡政之颇能兼容并收，不拘一格。我曾写过一篇激烈的文章，国民党当局严重地要追究责任，胡政之说：'他是我们的人，文章在我们的报纸上刊载，一概由我负责。'事息之后，他一句话也没有告诉我。如此风格，乃能得到企业成员的信任。"

李纯青谈到胡政之主持的《大公报》编辑部（主要指后期上海、香港、桂林、重庆各版），认为"有一点很重要，《大公报》内部有一定的自由空气，各人可以自言其是，无所顾忌。编辑、记者思想不必走钢丝绳，因而也就缺乏产生八股文的土壤"。

李侠文回忆，胡政之"强调报馆必须注意经营。清末民初不少文人办报，有些文章传诵一时，报纸都是昙花一现，瞬告关门"。"《大公报》正是吸取这些教训，要使报纸经济自给，以保证其独立性，不受外来干涉"。

刚续刊时《大公报》规模很小，职工总共才70多人。到1936年已达700人。发行量由2000余份到10000份。全国分销机构有1300多处。以经营为本，以办好报纸为目的，在经营管理上如此用心，成效卓著，并且创造了独具风格的办报经验的，在中国近代新闻史上，恐怕只有胡政之一人。已去海外的原《大公报》同人陈纪滢说："外国报界对于胡霖的大名是以报界巨子看待。"胡政之没有虚枉此名。

"新路径"与"小骂大帮忙"

旧中国没有新闻自由。专为统治阶级或某一政治势力效力的报纸，不为读者所欢迎，没有多大销路；而敢于批评当局，代表人民说话的报纸，却又为当局所不容。胡政之对此有透彻的了解。他殚精竭虑，想闯出"对当局既不要过于接近，也不要批评他们，同时又不能丢掉读者"的这样一条"新路径"。

在1926年错综复杂的军阀混战中，报社又开设在天津的外国租界地里，即使对当局有所批评，也不致立即遭到打击。再加上《大公报》内容丰富和版面新颖，销路日增，胡政之的"新路径"似乎暂时还能行得通。尤其是1927年12月蒋介石与宋美龄结婚，《大公报》发表张季鸾撰写的社评《蒋介石之人生观》，对蒋嬉笑怒骂，痛快淋漓，博得普遍好评。

到"九一八"事变以后，《大公报》三个领导人商定的编辑方针是"明耻教战"四个字。他们认为："中日问题非一朝一夕所致，而双方力量悬殊，不应仓促开动战端"。他们三人都是日本留学生，了解日本的实力，认为中国还没有准备好，不宜马上应战。张季鸾说过："利害决定政策，实力决定行动。"这可以说是《大公报》所持"缓抗论"的开端。

蒋介石为了保存实力，镇压人民，以维持他的反动统治，面对日本侵占东三省的严酷局面，却提出"先安内后攘外"的不抵抗政策。这可以说是蒋介石的"缓抗论"。蒋还通过于右任打电报给张季鸾，请他在舆论上给予支持和配合。

这两种"缓抗论"出发点有所不同，但表现在报纸上却并无二致。《大公报》不但没有批评当局的不抵抗政策，反倒配合蒋介石宣传"缓抗论"。当时广大人民群众抗敌情绪高昂，对于《大公报》的言论极为反感，认为是给蒋介石帮了大忙。当时的荷属东印度群岛（即现在的印度尼西亚）有一家著名的华侨报纸，愤怒指责《大公报》对蒋介石是"小骂大帮忙"。此后这句话在内地传开，成为社会上普遍认同的对《大公报》政治态度的评价。

如果"缓抗论"是胡政之"新路径"的一次具体体现的话，其效果是《大公报》受到广大人民群众的谴责和唾弃，报纸销路急遽下降，遭受到一次沉重的打击。甚至《大公报》馆被人投了炸弹，总编辑张季鸾收到装有炸弹的邮包。这时，胡、张二人相商："宁牺牲报纸销路，也不向社会风气低头。"

1933年，日军侵占东北后，又进占热河，越过长城，占领冀东，

平津处于日寇包围之中，天津随时可能沦陷。张季鸾这才感到《大公报》为求生存，有必要早日南迁上海。胡和吴还希图苟安一时。"三驾马车"出现分歧，张季鸾负气离津入川。

在此期间，时局发生剧变，何应钦与日方代表梅津签订了《何梅协定》，规定"一切抗日势力都要撤出华北"，华北进一步"特殊化"。在此局势下，要想在天津租界里继续苟安，维持一张所谓独立的民间报纸，其势已不可能。日寇的疯狂进攻击碎了"缓抗论"。吴、胡二人终于放弃了原来"坚守天津，不迁上海"的决策，急忙电请张季鸾回津，共商南迁大计。

上海版创刊三天　报发不出去

《大公报》重心南移，以张季鸾、胡政之为首的主要人员都到上海。《国闻周报》也随迁上海出版。天津版暂时维持出版，只留下许萱伯、曹谷冰、王芸生等少数人员驻守旧垒。

上海版以张琴南为编辑主任，徐铸成、许君远主编三、四版要闻，轮流值夜班。章丹枫为国际版助编，留日刚回国的老同事吴砚农主编各地新闻版，采访主任王文彬主编本市新闻版，严仁颖编体育新闻，萧乾编《文艺》周刊，许君远兼编副刊《小公园》。

《大公报》馆址在法租界爱多亚路，要向法国董事局登记。胡、张二位认识的法国哈瓦斯通讯社上海分社中文部主任张骥先，原是北洋政府时期的老朋友，通过他的关系，走通了法租界巡捕房的门路。张骥先兼作杜月笙的法文秘书，这样，在帮会方面的障碍也消除了。

1936年4月1日，《大公报》上海版创刊。张季鸾拿写好的社评《今后之大公报》来和胡政之商量。这篇文章里有"倘成覆巢，安求完卵""当年中原重镇，今日国防边疆"，特别是"长城在望而形势全非，渤海无波而陆沉是惧"等对仗警句，多是催人泪下的精心之笔，以感情触动广大读者的心弦。

社评着重阐释了《大公报》"不党、不卖、不私、不盲"的宗旨，并恳切说明，在上海出版，既非扩张"抢地盘"，也不是单纯的迁地为良，徒以北方形势所迫，要伸张不受拘束之言论，不能不"沪津两地出版"。第二天又发表社评《改善取缔新闻之建议》，对国民党政府新闻检查制度这一敏感问题，正面碰撞，并曲曲道出极严正的道理，博取读者的同情。

创刊三天，新闻报道、编辑及副刊，极力配合，做到报纸内容丰满，期望"一炮打响"。这三天中，报摊要求增加份数，并无积存。哪里知道，读者纷纷打来电话说，根本买不到、看不到《大公报》。

经过了解，原来这三天的报纸全被《申报》《新闻报》"收"去了。应付这狠毒的一招，又由胡政之求救于张骥先，请他敦请杜月笙出面斡旋。杜请了一桌酒席，几张大报的负责人不得不出席，杜轻轻说了几句，《大公报》在上海出版，请各位多多帮忙，满天风云就吹散了。《大公报》从此出现在报摊上，发行数字每天上涨，到1936年

下半年，已超过50000份。在当时是屈指可数的全国畅销大报。

《大公报》在上海站稳，资金由开办时的5万元累积至约200万元，10年中增值40倍。职工待遇相应改善，编辑一般月薪在百元左右。胡、张月薪四五百元。胡政之看好爱多亚路一块地皮，准备建造《大公报》大厦。由于"八一三"战事爆发，未能实现。

发表范长江的西北通讯轰动一时

范长江在北平读书时即向北平《晨报》《世界日报》、天津《益世报》《大公报》投稿。胡政之首先发现长江是个人才，他叫北平《大公报》办事处的杨士焯通知范，以后专给《大公报》写稿，每月给固定稿酬15元。

1935年，红军长征胜利到达陕北。范长江得到胡政之的支持，开始了西北的旅行。《大公报》连续发表他的旅行通讯《毛泽东过甘入陕之经过》《从瑞金到陕北》《陕北共魁刘志舟》《陕北甘东边境上》等篇，使读者了解了红军长征的实况。虽然当时《大公报》还不明白长征的意义，但它发表这些通讯，在客观上起了辟谣传、正视听的作用。这些通讯发表之后又集印成《中国的西北角》一书出版，从1936年到1937年连印7版。

1936年冬，范长江正在绥远前线采访，西安事变和平解决。他历经艰险，于1937年2月3日到达西安，采访了周恩来、叶剑英等。经他们联系之后，范于9日到延安。在延安，毛主席和他彻夜长谈。他想留在延安，一边学习，一边大量收集材料，准备写一本大书。毛主席告诉他，根据当时全国迫切的政治需要，应尽快把中国共产党的抗日民族统一战线的主张向全国宣传。希望他立即返回上海（当时《大公报》上海版刚刚创刊不久），设法利用《大公报》在舆论界的影响，宣传共产党在当时最重要的政策。

这时胡政之正在上海主持《大公报》。1937年2月14日范长江返抵上海，写出延安归来的报道。胡政之从《大公报》独家特大新闻的"生意经"出发，经过反复考虑，决心顶着国民党的新闻检查，把长江写的《动荡中之西北大局》于2月15日发表出来，当时轰动了上海，报纸销路猛增。当天报纸到了南京，蒋介石正在召开国民党的三中全会，看报大怒，把《大公报》总编辑张季鸾大骂一顿。

在这篇通讯中，本来还有中国共产党关于建立抗日民族统一战线的四项保证，在上海版发表时被检扣。同日《大公报》天津版不但发表了这篇通讯，也把"四项保证"一并发表出来。在当时全国的报纸中，只有这一家及时准确地传播了中国共产党的重要信息。

毛主席希望于范长江的，他做到了；长江期望于胡政之的，胡也做到了。写稿的是范长江，承担责任的是胡政之。即便是从"生意经"出发，在这紧要关头，冒着极大风险，作出这个决定也是需要一定胆识的。

拟设研究部办成民间学术机构

1935年夏，胡政之率副经理王佩之等人去日本考察，了解日本报业组织、设施和经营管理。当时由《大公报》资助留学的吴砚农适在日本，胡曾与他会晤。回国后，即向日本订购万能铸字机和职工上下班打卡的时钟。

1936年上海版发行后，胡政之拟议仿照日本报业的做法，设立研究部。这年9月，上海《大公报》以显著地位连续刊出杜文思撰写的《华北棉业概况》一文。内容反映日本政府支持日本商人垄断华北棉花，破坏我国城乡经济的侵略行为。

文章刊出后，编辑部议论纷纭，王芸生、李子宽、范长江等人认为《大公报》历来以政治文化为主，为什么要把这篇经济类的文章放在第一版，而不刊在经济版或地方通讯版？张季鸾、胡政之、张琴南、孔昭恺等人则认为这篇文章反映的问题很重要，应当放在显著位置。

后来，胡政之解释："这涉及报纸的长远航向。因为社会活动中心是经济活动，一旦政治安定，社会正常，报纸上绝大多数都将是有关经济、产业的报道。从当前看，现在中国最重要的问题是日本侵略，如'开发华北经济'问题，是以经济形式出现的政治要闻，其重要性不次于出兵占领某地的报道。"

胡政之介绍了日本《朝日新闻》等几家大报设立研究机构的情况，他说："《大公报》在这方面有些基础。例如在北方，曾经和北大、清华、南开等大学及一些学术研究团体的专家、学者有过联系，现在南方也要联系一些单位和各方面的专家、学者、实业家。一俟时局安定，《大公报》即设立研究部，办成一个民间学术机构。"

据胡政之说，他和张季鸾、吴鼎昌的意见一致，将来的研究部和编辑部平行，人手要比编辑部还多。拟设经济、政治两个组，请陈豹隐、陈博生分主其事。现在日本留学的吴砚农、于立忱回来就到研究部，再派杜文思、徐盈去日本学经济。胡政之还计划仿照日本各报的做法，由研究部配合当前时事，编撰专题报道的小册子，"把报纸办成社会向导、舆论权威"。由于上海战事迅即爆发，这一计划终被搁置。

设立文艺科学奖金　重视科普活动

1936年9月是《大公报》续刊10周年，报馆决定扩大纪念。7月间，胡政之找萧乾去，对他说，想以纪念《大公报》10周年名义，在全国举行一次征文。萧乾回去考虑，公开征文，应征者必踊跃，有上千篇作品寄来，无法评选。他建议参照美国哥伦比亚大学所设普立策奖金的做法，从已出版并有现成评价的作品中评选。这一建议为胡政之采纳，并提出再设立一种"科学奖金"，由报馆拿出3000元，以

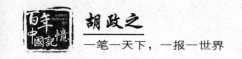
1000元充文艺奖金（1—3人）；2000元充科学奖金（1—4人）。科学奖金评选由秉志先生主持，文艺奖金评选即由萧乾主持。

1937年5月，评出曹禺的戏剧《日出》、芦焚的小说《谷》、何其芳的散文《画梦录》。同年秋天，林徽因就两年来在《大公报》文艺版发表的作品，编成一本《大公报小说选》。

关于科学奖金，胡政之说："由于《星期论坛》的联系，我们在社会科学方面已有一些熟人，自然科学方面渊源远没有这么深厚，我们要多结识这方面的专家、学者。"拟议中的《大公报》研究部要列入自然科学和工程技术方面的联系也是张季鸾的主张。他们认为，"欧美各国以至日本，富强之基，概在科学。中国今日教育设施、社会建设仍缺乏切实的科学基础，普通人士无正确的科学头脑，要须大规模普遍地提倡科学，从社会日常生活加以启迪，使人人能格物究理，以进于利用厚生、富民强国之途，务使重视科学、信仰科学之风在短期内普遍全国。""科学奖金"是实现这种主张的一项具体措施。

不投降不屈辱　大公报撤往汉口、香港

淞沪战事爆发，胡政之和张季鸾断定全面抗战必将开始。胡对当时的战局悲观，曾对自津到沪的曹世瑛说："东南半壁江山瞬息将化为灰烬。"他们估计《大公报》不能幸存，决定另办汉口版，由张季

鸾率少数干部去汉口筹备，汉口版《大公报》于9月18日出版。

胡政之留在上海，宣布把外勤课并入通信课，以范长江为主任。派记者张蓬舟、唐纳、高元礼等分赴淞沪前线各军采访战事报道，包括外地记者徐盈、孟秋江、陆诒等，战地新闻成为这一时期《大公报》的特色。

坚守上海的国民党军卒于11月12日全部撤出。《大公报》因在租界出版，继续维持到12月14日，胡政之拒不接受敌人的新闻检查，即日停刊。当天的《大公报》登出两篇社论：《暂别上海读者》和《不投降论》。文章说："我们是中国人，办的是中国报，一不投降，二不受辱。哪一天，环境不允许中国人在这里办中国报了，便算是我们为上海300万同胞服务到了暂别的最后一天。"

胡政之估计汉口并非久留之地，需要另找一个地方。恰好报社有一批从国外订购的卷筒白报纸积压在广州、香港，胡政之和张季鸾一起到香港。经过一番筹备，1938年8月13日《大公报》香港版创刊，馆址在香港最热闹的皇后大道中33号。

创刊第一号，胡政之写了一篇《本报发行香港版的声明》，态度比较谨慎。文中说："在这一年的民族神圣自卫战之中，我们在津在沪的事业，都玉碎以殉国。只余一汉口版，凭简陋的设备，追随全国爱国的言论界，在抗战建国的大局之下，协同努力，现时依然奋斗着。"

"……然所幸者，不独人心不死，人亦未死。虽然倍历艰辛，而一支秃笔却始终在手不放。……我们当然根据其多少年来在津在沪在

汉所目击身受的国难中可泣可歌的经验，抒其悃诚，以为贡献。"

香港版开始由胡政之亲自主持编辑部，许萱伯为经理兼编辑主任。许病逝，由金诚夫接替编报。1939年秋，胡政之函邀徐铸成接任香港版编辑主任。编辑有章丹枫、杨历樵、蒋荫恩、萧乾、杨刚、赵恩源、许君远、李纯青、曹世瑛等。李侠文、马廷栋此时加入报社。查良镛（金庸）、梁宽（梁厚甫）都在报社工作过一段时间。中华人民共和国成立后，梁厚甫在一篇回忆文章中记载了胡政之当时对他讲过的一段话："我们做新闻记者，有如做足球员，抢球（消息）要抢得快、抢得准。"

开始时，香港版《大公报》发行量很低，每天出两大张，共8版。报费很低，广告也少。但是，《大公报》毕竟是一个有影响的报纸，不可能在香港毫无声息。比如，汪精卫投敌事件，到1940年1月，《大公报》已经登载了十几篇社论和"星期论文"，进行评论和声讨。1月22日，独家发表日汪所谓《日支新关系调整要纲》原件，彻底揭露了日本灭亡中国的妄想和汪精卫的可耻嘴脸。这天报纸头条大标题为"高宗武陶希圣携港发表，汪兆铭卖国之罪恶！"副标题是"从现在卖到将来，从物质卖到思想"。头条文字是高、陶二人致《大公报》的原信。第二版又发表社评《揭露亡国的"和平条约"，日阀的毒辣，汪兆铭的万恶》。一时香港以至全国舆论哗然，《大公报》发行数字迅速上升。

另一次，1939年12月4日，吴佩孚暴死于北平。5日《大公报》香港版披露这一消息。吴佩孚拒绝出任伪职，不与土肥原合作。因患牙病住进日本医院拔牙暴死。《大公报》发表社论《悼吴佩孚将军》。
22日又刊出重庆各界追悼吴佩孚的专电。随后又刊登吴佩孚早期的秘
书杨云史所作悼诗40首，在要闻版上连载三天，引起读者注目，报纸
被抢购一空。

香港版销数激增至50000份，发行地域相当普遍。国内达到广
东、广西、福建、云南以及湖南、江西两省南部。国外遍南洋各岛及
暹罗、越南。尤其是世界各地凡有中国使领馆、中华会馆及中华学校
的地方，几乎没有一处不是《大公报》香港版的直接订户。这种情
形，为国内任何地方报纸所未有。

预筹桂林版为香港版准备退路

香港版创刊后，胡政之电召时在昆明的萧乾到香港，主编《大公
报》的《文艺》和另一个娱乐性的副刊。发表了不少知名作家如茅
盾、老舍、艾芜、巴金、杨朔等人的作品。还报道了各地文艺动态，
包括延安鲁迅艺术学院的情况。

英国伦敦大学东方学院中文系拟聘萧乾为讲师（20世纪老舍曾担
任此职），他不想应聘。胡政之得知此事，撺掇他去，由报馆支付旅
费。同时请他兼任《大公报》驻伦敦特派员。萧乾领来旅费，当晚即
被窃，胡政之又给他补发一份。萧乾启程赴欧不久，德国法西斯入
侵波兰，第二次世界大战全面爆发。萧乾在英国7年，采访遍欧洲战

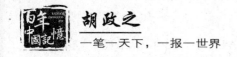

场，为《大公报》提供了大量的独家新闻专电和特写报道，是当时欧洲战场上唯一的中国记者。

《大公报》一向重视军事问题，"九一八"事变以后，天津版曾聘请著名军事家蒋百里主编《军事周刊》。胡政之认为报社应当自己培养一位懂军事的记者。曹世瑛到香港不久，胡政之征得他的同意，送他到中央陆军军官学校第六分校代培。1941年5月离港去入学，1944年6月回到重庆《大公报》。到1945年日本投降后，他参加采访平津受降，以及后来在解放战争中采访战事新闻发挥了作用。

1938年11月15日，《大公晚报》在香港创刊。这是《大公报》第一次增出晚报，由杨历樵主编，温功义编副刊。

1940年春，欧洲漫天烽火，希特勒趾高气扬。在远东，日本南进的迹象日益明显，香港当局已准备把英国妇孺疏散到斐济去。胡政之预感到香港前景不妙，急谋退路。当时《大公报》在桂林设有办事处，胡政之决定以办事处为基础，创办《大公报》桂林版。胡夫妇率部分职工由九龙至大埔，徒步走到淡水，再换乘小木船、长途汽车到衡阳，转乘火车到桂林。印刷器材则从香港用汽车运到韶关，再装火车运到桂林。

从香港调来蒋荫恩为编辑主任，李侠文为编辑，李纯青写社评，李清芳为发行主任。外勤主任张蓬舟（杨纪），还有杨刚、曹世瑛、陈凡、曾敏之、黄克夫、陈伟球等。胡政之亲自主持，王文彬为副经理。

1941年3月15日，用竹制土报纸印刷的桂林版《大公报》创刊。

1942年又增出《大公晚报》。

桂林版创刊的1941年年底，太平洋战争爆发，香港遭日本陆、海、空军围攻。九龙失陷，12月13日《大公报》香港版停刊。25日香港当局向日军投降。当时胡政之适在香港，报馆宿舍中弹炸毁。胡率赵恩源等于1942年1月7日冒险潜出香港，间道返回桂林。嗣后报社同人分批撤至桂林。果如胡政之所料，桂林馆成为香港馆的退路。

1942年，蒋荫恩被燕京大学借调，去当新闻系主任，徐铸成接替他，任总编辑。桂林那时已成为西南军事、政治、文化中心，文化人云集，有"文化城"之称，写稿的人很多。杨刚主编《文艺》副刊，郭根主编的晚报副刊《小公园》，文风活泼、内容充实，许多著名作家都在这里一显身手。欧阳予倩、焦菊隐等戏剧名家与《大公报》联系密切，戏剧界的动态报道是《大公报》的另一特色。

桂林毕竟是个中小城市，又值战争年月，市内发行报纸不过三四千份。但附近省市订户踊跃，总数达到20000份左右，最高时达到35000份。

"三驾马车"离散　胡张各据一方

《大公报》本来是由吴、胡、张三人共同经营的大报。早在1935年12月，吴鼎昌进入南京国民党政府，任实业部部长，他在《大公报》上刊登启事，声明不再担任《大公报》社长。张季鸾由上海撤到

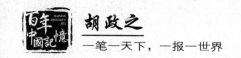

汉口。武汉于1938年陷落，张又到重庆，创刊了重庆版。胡政之由上海撤到香港，又由香港到桂林，创刊桂林版。无形中张、胡各领一支人马，演成各立门户之势。"三驾马车"至此已现分离之象。

胡、张之间不同的意见时有流露。曹世瑛说："比起吴鼎昌和张季鸾来，胡与蒋介石发生关系最晚，是在1935年11月有过一次晤谈，没有深入的接触。胡对蒋的态度与吴、张不同，私下谈话对蒋常有尖刻的批评。"

徐铸成分析："胡生前曾屡次对张的政治态度表示不满，认为张太靠拢蒋。胡认为'办报应和政治保持一定的距离'。"

徐铸成说："胡政之先生一再对我谈及，'张先生在《中华新报》主笔政时，文章也曾脍炙人口，外国记者每以其社论全文转发本国。但因经营不善，报馆奄奄一息，终于倒闭。'他的弦外之音，是说《大公报》所以能风行国内外，他自己的善于经营是主要因素之一。"

徐还说："《大公报》直至上海版开办，胡政之一向是倾全力办报，事无巨细，'皆独任艰巨'，而张则声名远播海内外。胡对此每不免有不平之色，在和同事的谈话中，常有不自觉地流露。而且说：'张先生是名士派，只要几句恭维话，就借钱给人，或随便写介绍信。'"徐又说："我在报馆先后13年中，却从来没有听到张先生背后议论人。提到胡先生，总说他如何辛苦，如何不顾自己的健康。总之，总是满口称赞。"

当1914年桂林版创刊时，在重庆的张季鸾极为兴奋，立即为桂林版专访新闻，发"本报重庆专电"，还以"老兵"的笔名为桂林版写通讯。对编辑版面常有批评建议。

1941年9月6日，张季鸾在重庆病逝。胡政之从桂林赶到重庆，料理张的后事。成立了《大公报》董监事联合办事处，统一管理各馆财务。胡政之任主任，王芸生任总编辑。

胡政之仍住桂林，在星子岩《大公报》馆编辑部附近，盖了一座小洋楼，称为"胡公馆"。胡深居简出，不大过问报馆的具体事务。但他对报馆的情况了如指掌，对重庆馆则不加闻问。

1943年6月15日，桂林版《大公报》编辑部全体人员坐在绿茵场地上，听胡政之发表演说。大意是：一、国家不会亡，本报前途光明。二、本报是社会文化事业，决心为社会人群服务，不作私人享受的打算。三、报纸必须随时代而进步。四、本报对编辑、经理两部同等重视，没有高低之分。五、预测战后新闻事业必将竞争激烈。

1944年5月28日，湘北战事发动，桂林震惊。6月中旬长沙失守，桂林版《大公报》即把一部分机器、铜模、纸张等启运去重庆。8月战局迅速恶化。12日，日报停刊。14日晨最后一批人员撤出。桂林馆房屋、机器尽数损失。

当桂馆职工撤住重庆时，胡政之对金诚夫、徐铸成二人谆谆告诫："你们来渝馆，好比二房一家破产了，来依附大房，要处处谨慎，懂得'以小事大'的道理。"又说："谷冰这个人，小心多疑，……至于芸生，颇有傲气，你们更要小心。"

为安置桂林版撤到重庆的人员，重庆版增出《大公晚报》，于9月1日创刊。

摘掉了"不党、不卖"的招牌

1942年，胡政之替补已故张季鸾的职位，出任国民参政员。他把家眷迁到重庆，在红岩新村选定一座楼为新寓所。这时《大公报》刚刚获得美国密苏里新闻学院颁发的荣誉奖章。张季鸾病故，吴鼎昌早已离去，名副其实的老板只有胡政之一人。他还想在自己的生命里加进一段光彩的政治经历。

1943年9月6日，张季鸾逝世两周年，胡政之向报社职工宣布《大公报同人公约》五条，第一条是"本社以不私不盲为社训……"大家发现他把原来社训的"四不"中的"不党、不卖"这两个"不"给删掉了。当时人们推测，这可能是受吴鼎昌的影响或是蒋介石的要挟而作的变更。

这年11月18日，胡政之以无党派人士身份与张君劢、王云五等一起参加了访英代表团，作了为期三个月的访问。主要参观了英国几个大城市，并以"民间报纸"的身份同英国报界交往。翌年2月结束访英，又飞往美国作了短期逗留，1944年3月27日飞返重庆。归来之后，撰写《访英游美心影记》，从4月19日起在《大公报》连载。

还在香港时期，胡政之就考虑到抗战胜利后《大公报》的布局。他想分别在上海、天津、重庆和香港四地出版。1944年桂林撤退后，他没有把人员遣散，集中在重庆，人多事少，轮流上班，正是为四馆储备干部。

1945年初，抗日战争已接近胜利，胡政之要进一步实现他的计划，为四馆准备添置新的印刷机器，在一次蒋介石约见他的时候，向蒋递交一封信，请他批准《大公报》申请购买20万美元的官价外汇，以备购置新机器，装备复员后的《大公报》。

抗战爆发以后，沿海都被封锁，对外贸易陷于停顿。外汇紧缺，黑市暴涨，美元外汇官价每元为"法币"20元，黑市则高出一二十倍。政府批给外汇，等于付给一大笔补贴。这时《大公报》经济基础很稳固，非但能自力更生，而且事业正在稳步发展。胡政之讨来这笔外汇，在政治上就是从蒋介石手里接受了卖身钱。他犯了一个致命的错误。

1945年4月25日，联合国大会在旧金山开幕，胡政之是中国代表团的团员之一。参加大会后又在美国用这笔外汇购买了印报机。因为20万美元不够用，胡政之又接受了旅美华侨李国钦入股5万美元。

又一步走错参加了伪国大

1945年日本投降，抗战胜利。《大公报》立即准备复员。胡政之先派李子宽、徐铸成去上海，上海版于1945年11月1日复刊。李为经理，徐为总编辑。又派曹谷冰、孔昭恺到天津，一个月后，天津版于12月1日复刊。曹为经理，孔为编辑主任。转年春天，胡政之、王芸

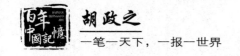

生相继到上海，上海馆成为《大公报》总馆。

《大公报》在抗战期间，以重庆馆为中心，发行数字曾达到97000份。营业发达，积累了相当数量的财富。上海、天津两馆的复员，用的都是重庆馆的资金。另外，还有相当大的经济潜力。新记公司《大公报》由创办时资本5万元，10年后增资到50万元，1946年又增为6亿元。为保值，又改为60万美元。其中包括20万美元的官价外汇和华侨李国钦在美投入的5万美元。

当时，胡政之估计国民党的统治一时不致垮台，《大公报》还能继续发展。他撤销了董监事联合办事处，成立《大公报》社总管理处，胡自任总经理，领导上海、天津、重庆三馆，并计划开辟广州版，占据华东、华北、华南、华西四大据点，建成一个强大的报业托拉斯。于是，在上海购买地皮，筹建沪馆新址。

1946年1月10日，旧政治协商会议在重庆开幕，胡政之以社会贤达身份参加。会议通过了一系列有利于和平民主的决议，签订了《停战协定》。这年7月，蒋介石撕毁了政协决议和《停战协定》，向解放区全面进攻。10月，国民党军侵占张家口。蒋介石冲昏头脑，下令召开伪国大。共产党和民主同盟都明确表示，拒绝参加。

此时，胡政之受到很大压力。后来，周恩来在《一年来的谈判及前途》一文中，曾引用胡政之当时谈过的一句话："不参加，《大公报》会受压迫，参加了又怕没有销路。"形象地刻画出胡当时的心态。

胡政之曾对人说，在伪国大开幕前夕，蒋介石在南京约见他。到时有傅斯年一人先在。入座后，蒋介石满脸怒气，一语不发。傅斯年在一旁发话："政之先生，你究竟跟着国家走，还是跟着共产党走，今天应该决定了。"本来就已经七上八下的胡政之，在这杀气腾腾的气氛中，又加傅斯年的旁敲侧击，惊吓不已，赶忙跑到伪"国大"报到处，签下"胡霖"的名字。参加11月15日的开幕式后，随即跑回上海。

李纯青在《为评价大公报提供史实》一文中描述："胡政之在'国大'开幕后回到上海。一个黄昏时分，在社评委员会上，他说：'为了《大公报》的存在，我个人只好牺牲，没有别的办法。希望你们了解我的苦衷，参加国民大会不是我的本意，我是被迫的。'胡政之面色惨淡，两眼红涩，声调近于嘶哑。我从来没有见过他如此沮丧和可怜。"

渝馆记者被捕竟表示"爱莫能助"

从1947年初开始，全国各大城市的学生、工人发起了反饥饿、反内战、反迫害的示威运动，国民党反动派采取野蛮镇压的办法，在南京、天津等地演成了"五二〇"血案。5月25日上海《文汇报》《联合晚报》和《新民报》（沪版）被国民党政府下令"永远停刊"。《大公报》天津版的专电也被检扣。

由防御转入反攻的人民解放军，已经把蒋介石推向覆灭的道路，

胡政之雄心勃勃的计划势将落空。这时，《大公报》重庆馆给胡发来电报，记者方蒙、曾敏之、李光诒、蒲希平、廖毓泉、陈凡、张学孔等被捕，请总馆设法营救。但重庆馆接到上海《大公报》总管理处的回电却是，"方曾两君事，爱莫能助"。

电报到渝，全馆哗然。编辑部同人在激愤中写信给上海、天津两馆及北平、南京、广州办事处，呼吁全体同人声援，要求总管理处竭力营救。北平办事处徐盈复信说，报社如不营救，今后工作就让他们自己去干吧！各地抗议呼声传到上海，总管理处开会时发生争执。王芸生力主营救，并写社评《逮捕记者与检查新闻》，呼吁从速释放被捕记者。最后，胡政之同意，由张蓬舟给重庆警备司令孙元良写信，又由萧乾以联合国教科文组织代表的名义出面交涉，方蒙等人最后获释。

胡政之对营救被捕记者的淡漠、被动，反映了这时胡政之的心绪已如暮之将至，由焦虑而失望，由苦闷而消沉。1947年7月，在重庆《大公报》馆召开的编辑会议上，胡政之说："我还要提醒诸君一声，就是我们的时代还没有民主自由。假如中国是英国和美国，那我们还用得着'争取'民主、'争取'自由吗？一张报纸是一个千秋万世的事业，我们的前途是漫长艰苦、曲折多变的。在前进的时候，我们要有无比的自信，无穷的忍耐，我们要时时牢记着'操心危、虑患深'两句话，谨言慎行，敬业尽职。"

在"国门边上"复刊香港版

1947年11月，胡政之在重庆《大公报》副刊《大公园地》上发表一文，内称："抗战以来，国事日非，仍然有许多人发议论，发牢骚，求痛快。我因为办报多年，尚为国人所知，近十年来也曾参与过国家政治，比过去更认清了中国政治问题的特质。"

到1948年4月，伪"国大"选举蒋介石为总统，继续推行反动政策。胡政之看到国民党已经没有希望了，蒋介石必将覆灭。自己参加了伪"国大"，不可能见谅于人民。国内不能存留，就到国外去做一个办报的"白华"。他花去大量的钱，在美国出版了一份《大公报纽约双周》，并未达到预期的效果而停办。

1948年3月，胡政之从上海跑到香港，费九牛二虎之力筹备恢复《大公报》香港版，作为他今后的归宿。原在美国订购的印刷机器已经运到上海，因为没有厂房，存在仓库里还没启用。这时因为资金短缺，他就把这机器运到香港变卖，充作复刊的经费。

胡政之感到自己"已经是六十岁的人了，这次香港版复刊恐怕是我对事业的最后开创"。李侠文回忆说："为了出版这张报纸，他埋头苦干，不眠不休。各种条件实在太差，报纸试版5次都不放心。他每晚都来看试版，关心每一个环节，处处都想从旁帮一手。出版那天（1948年3月15日），他等到拂晓开机，看到我们从机房拿上来的第

一份报，他兴奋地连声说'恭喜！恭喜！'这份报可以说是他的心血结晶。"

《大公报》香港版以费彝民为经理，杨历樵为编辑主任。胡政之在他写的"复刊词"中表白：第一，不满国民党，说《大公报》"名之所至，谤亦随之。在循环内战中，我们不知道受到了多少诬蔑"。第二，也反对内战，说"我们存在着国家至上、民族至上的信念，发挥和平统一的理想"。他选择了在"国门边上"的香港办报，是"希望在香港长期努力"。

在烦恼痛苦中逝世

复刊一个多月，胡政之积劳成疾。4月4日，在他的办公室工作时，突然感到口干舌燥，小便闭塞，他不得不放下手中的笔，带着焦虑和痛苦的心情，乘飞机返回上海治疗。

到上海之后，延医纳药，他只能躺在床上，不能视事。新记公司董事会根据吴鼎昌的提议，于1948年5月下旬，推举曹谷冰代理总经理。

这一年的仲冬，《大公报》在王芸生主持下，召集各馆负责人在上海开会。决议拥护中国共产党的领导，拥护中国人民解放军解放全中国，彻底反对国民党政权。由香港《大公报》于11月19日发表文章，转变立场，获得新生。

胡政之晚年丧偶，续娶顾维钧的侄女顾俊琦为妻。一个官僚家庭出身的妇女，又是老夫少妻，胡政之百般迁就。他把自己在新记公司《大公报》的7500股股权只留下100股，把7400股过户到顾的名下，还安排她为董监事会联合办事处秘书，后来又成监察人。胡的前妻子女日夜在病榻前和她争吵。胡的一个未出嫁的女儿一直在侍奉汤药，胡恳求其妻让出1000股给这个女儿。事情了结，胡已筋疲力尽。

胡政之卧病经年，加之病中不得安宁，终于在1949年4月14日逝世。这位显赫一时的"报界巨子"死后第二天，上海《大公报》发表了他在1943年所写的纪念张季鸾的文章《回首——十七年》。与张季鸾死后哀荣相比，显得分外凄惨、冷落。

《大公报》与胡政之

曹世瑛

　　胡霖（1889—1949），字政之，中华人民共和国成立前是我国著名的老报人和新闻机构的组织者。《大公报》自1902年6月17日在天津创刊，到1949年上海解放后发表《新生宣言》，共有47年的历史。胡政之曾两度担任该报经理或总经理兼总编辑或副总编辑（1916—1919和1926—1949），共历时27年。1926年以后，和他共同领导报社的还有吴鼎昌和张季鸾。前者1935年底到南京政府做了官，后者1941年9月在重庆去世。始终董其事，总揽全局的是胡政之。

　　我最初认识胡政之是在1928年9月，当时我考进《大公报》当练习生，报社行政由他负责，因而接触较多。最后一次见到他是在1948年5月，当时旧中国的第七届全国运动会在上海举行，我临时被调去编体育版。胡政之因患肝硬化病于4月底由香港回上海疗养，我曾到他家去探望。这中间有20年，前8年在天津经常碰头，对他的情况比较了解；后12年是在抗战期间，他奔走于沪、港、桂、渝各馆之间，我也时常因公外出，因而相当隔阂。

过去有关胡政之的纪事，是在极"左"路线的影响之下写的，难免失之偏颇。粉碎"四人帮"之后，尤其是党的三中全会以后，批判极"左"思潮，拨乱反正，解放思想，因此我想对他也应该有个实事求是的评价，分为：既要肯定他的成绩，也不掩盖他的错误。在天津时期，我有一些第一手的材料；在抗战时期，报社分散，有关报社的重大问题，或者在发生的当时我完全不知道，或者只有零碎的了解，因而不得不借助于报社同事所写的材料。还有一些问题，找不到答案，只能作合乎逻辑的推论，但我尽力保持客观，避免渗入个人感情。个人所见难免有偏差，错误和缺点一定不少，希望读者，尤其是过去在《大公报》的老同事，批评指正。

采访国际新闻的先驱

清朝末年有一股到国外留学的热潮，去日本留学的人最多。1906年胡政之只有17岁就自费到东京帝国大学学习。他学的是法律，对外国语也很有兴趣。20世纪30年代初我看到一本用英文写的《中国名人录》说他"懂得半打外国语"。这种说法可能有点夸张，但他至少懂得三四种。他于1911年回国，当过翻译、律师、法官、编辑、教员等，时间都不长。1915年王揖唐任吉林巡按使（即省长），胡任王

的秘书。次年王任段祺瑞内阁的内务总长（即部长），胡在该部任参事。

胡政之和王揖唐有什么关系，我不知道，看来不是泛泛之交。王是后来安福系的骨干，所谓安福系是院系军阀控制的政客集团。胡政之的父亲胡登崧，曾在安徽代理天长县知县，这或许是他同皖系人物有关系的原因，似他并不是安福系的成员。

《大公报》原为满族人英敛之所创办。英敛之反对慈禧，拥护光绪，主张建立君主立宪政体。他办报就是为了制造舆论以达到这个目的。辛亥革命之后，民国成立，他便无意继续经营，早已委托别人代管。1916年9月，他把《大公报》盘售给安福系的王郅隆接办。经徐树铮推荐，聘请胡政之任经理兼总编辑。胡从此不再做官，以办报为业。在易手之前，《大公报》是清王朝帝党的机关报在盘售之后，就成为安福系的机关报了。

胡政之在王郅隆接办后的《大公报》工作了三年，由于安福系亲日卖国，声名狼藉，他也没有做出成绩。后来他不想再办这种机关报了。1918年11月11日第一次世界大战结束了。由于参加了对德宣战，中国也算"战胜国"。从1919年1月18日到6月28日，战胜国在巴黎举行和平会议。胡政之受王揖唐的委托，以《大公报》记者的身份前往欧洲，采访了这次会议。他不仅是到会的唯一中国记者，也是中国记者第一次采访这样重大的国际事件。在他之前到欧洲去采访的大概只有瞿秋白和戈公振。在中国报业史中，可以说他是采访国际新闻的先驱。这种以总编辑的身份亲自外出采访的作风，他在此后30年中也没有改变。巴黎和会之后，他又游历了英、德、意和瑞士等国，这当然得力于他的"半打外国语"。对于这次采访，他经常津津乐道。在一次闲谈中他说，当时在罗马可以买票乘飞机在天空转圈。早期的飞机还不十分安全，有些老太太劝他不要去冒险，可是机会难得，他还是取得了一次驭风而行的经验。但是，他从未谈到北洋军阀在外交上的失败，也从未批评过王揖唐。

他在1920年回国，时逢直皖战争。安福系的主力被打垮，段祺瑞逃往天津日租界，徐树铮也在日本人的庇护之下逃往上海。胡政之没有回到《大公报》（那张报在王郅隆手中越办越糟），他在北京林白水主办的《新社会日报》担任了总编辑，经常住在北京，从事新闻活动。但胡政之和林白水的合作没有持续很久。

国闻通讯社和《国闻周报》

孙中山、段祺瑞、张作霖这三位完全不同的人物，在当时确实有一个反直系的联盟关系，因而由三方面出资经营国闻通讯社。

据邓汉祥回忆说："孙、段、张每月各拨一千元在上海办国闻通讯社，我任社长，周培艺做总编辑。有一天，徐树铮自动向卢永祥（安福系的军阀）说，他手中还存有公款，可以拿十万元来作国闻通讯社的基金，不必由三方面担任经费，但要求以胡政之做总编辑。胡原系王揖唐的秘书。卢转询我的意见，我认为有钱更好办事，表示同

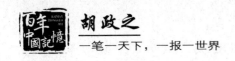

意。但胡政之到社后，徐树铮始终没有拨款。这种欺骗行为，尤引起卢对他们的不满。"①

通讯社的组织要建立一个通讯网，需要相当多的人力和财力。美国的美联社最初是由9家报纸联合组织的，经费由大家均摊；合众社是以斯克里普斯一个报系之力创办的。国闻社每月只有3000元，也不是很富裕的。1924年4月和11月，胡政之又分别在汉口和北京成立了分社。

胡政之不以能向各报供应新闻稿为满足，他还想搞一个发表言论的刊物，于1924年8月创刊了《国闻周报》。不料只过了一个多月，卢永祥在江浙战争中被齐燮元战败，这两个新闻机构失去了主要的经济来源。胡政之一方面在国闻社增设广告部，以广告回佣补贴经费；另一方面他找到留学日本时的同学吴鼎昌，请他帮忙。当时吴是盐业银行的总经理，正在建立四行储蓄会，方才离开政治舞台，也想找一个发表言论的地方，因而同意每月支援四百元，作为四行储蓄会付给《国闻周报》的广告费。此后国闻社又建立了沈阳、哈尔滨分社，一个华东、华中、华北和东北的通讯网已经建成。这在旧中国，除国民党的中央社之外，规模是最大的。胡与吴的联系导致了后来的新记公司《大公报》的续刊。

《国闻周报》是一份综合性的时事周刊，内容有一周简评、时事论文、外论介绍、一周间国内外大事述要、一周大事日记、文艺、

---

① 见邓汉祥：《我所了解的段祺瑞》。

书评、新闻图片、国际讽刺画、时人汇志等栏。1937年出到第14卷，每卷50期，发行数字最高时曾到15000多份，在当时是出版时间最久，发行数量最多的周刊。1926年夏天，因胡政之到天津续办《大公报》，该刊也随同迁津出版。1936年因《大公报》出上海版，又迁到上海。八一三抗战爆发，改出《战时增刊》，直到1937年底上海沦陷。

这两个新闻机构给后来的《大公报》准备了一大批采访、编辑人员。

《国闻周报》还保存了这个时期的史料：记得瞿秋白同志在长江就义前所写的《多余的话》，大约在1936年刊登在《国闻周报》中。范长江同志在《我的青年时代》一文中曾说："……天津的《国闻周报》连续刊载了几期'赤区土地问题'专刊，说明苏区有整套社会制度，绝不是国民党所宣传的'土匪''流寇'。"

在20世纪30年代，每一次大规模的运动会之后，如华北运动会、全国运动会等，我都要为《国闻周报》编一个特辑，都做了比较系统的记录。

新记公司的《大公报》

胡政之出国去采访巴黎和会，《大公报》仍由王郅隆经营。王本来是个粮商，在冶游时与安福系军阀拉上关系，成为安福俱乐部的会计主任。他没有办报的经验，聘请的编辑又不得力，言论亲日，不得

人心，使这张报每况愈下。直皖战争之后，王郅隆去日本，1913年9月因地震死于大阪。报社由他儿子王景杭接管。随着安福系的没落，这张报苟延残喘，无人问津，最后每天只印几十份，在街上贴贴报牌了。1925年11月27日终于停刊。

这时，吴鼎昌已经成为北方财阀，很久没有做官，想办一张报纸作为政治资本，重登仕途。胡政之为国闻社办事常到天津，看到作为安福系机关报的《大公报》关门了，便想，能不能办一张没有背景的报纸呢？他没有阶级观点，但是他把"官"和"民"分开来看。张季鸾也是老报人，办报多次都失败了，这时正在天津赋闲，也想卷土重来。这三个人过去都相识，因而商量组织新记公司盘接《大公报》。

新报社是吴鼎昌的资本、胡政之的组织和张季鸾的文章相结合的产物。按照各自具备的条件，由吴担任社长，胡担任经理兼副总编辑，张担任总编辑兼副经理。相互配合，相互制约，于是新记公司的《大公报》便出版了。

吴鼎昌的资本：开办的资本是五万元。曹谷冰说这不是吴个人的钱，而是盐业、金城、中南、大陆四银行总管理处经济研究会的公款。1957年我在北京《大公报》看到一张用红格纸写的股东名单，前边几名是周作民、王孟钟、王毅灵等，都是四行的首脑。究竟是他们自己认股，还是吴鼎昌使用了公款又把股票分给他们？现在很难查考。这些人都是大资本家，形式上他们并不过问《大公报》的言论，实际上《大公报》的言论当然也不会损害他们的利益。尽管过去他们和统治阶级有千丝万缕的联系，但非现任官吏，因而新记《大公报》

便自称为"民间报纸"。

胡政之的组织：安福系时期的《大公报》营业部和工厂的职工，都是胡政之的旧部。停刊才几个月，很容易再召集起来。得力的助手是后来的副经理王佩之。国闻社有派驻各地的记者，《国闻周刊》有一整套编写班子，马上都可以转到新记《大公报》来，这确实是一个决定性的因素。

张季鸾的文章：张季鸾幼从名师，曾为于右任办过报纸。他十几岁即能为文，颇有才气。在他们三人中，张的文章是最好的。因此吴、胡同意"文字虽分任撰述，而张先生则负整理修改之责，意见有不同时，以多数决之，三人各各不同时，从张先生。"[①]

三人的文章各有差异，观点也未必一致，因为他们都是在野的知识分子，因而以"文人论政"自诩。

新记《大公报》于1926年9月1日续刊，内容丰富多彩，版面新颖别致，独树一帜，使人耳目一新。国闻社已有北京、上海、汉口、沈阳、哈尔滨五个分社，新闻来源比较全面。当时国民党的中央还没有成立，要闻版全部都是专电。编排的形式也有突破。当时报纸是竖排的，要闻版头条由一般三栏高扩大到六栏，相当于横排通栏。字号由老五号到一号，后来又增加了五号和中号，大号之外再加超号。标题醒目。国际版、地方版、本市版都有专题报道的"特别栏"和"花边新闻"。把当时的几份报纸放在一起，《大公报》的版面是十分引人

---

① 见1949年4月15日《大公报》上海版。

注目的。除综合性的副刊《铜锣》（后来改名《小公园》）外，还有艺术、戏剧、医学、法律、体育、妇女、儿童等周刊，约请社外的专家编辑，以满足各类读者的要求。这样，《大公报》在原来的废墟上又垒起了新的建筑。

张季鸾的社评也是该报的一大特色，但在1934年以前都是用文言文写的，读者只限于知识分子，一般人看不懂。1930年暑假后，我到南开高中工读，发现青年学生主要是看专栏特写、各种副刊，尤其是体育新闻，很少有看社评的。"九一八"之后，青年们对张的论点尤其不满。

在续刊之初，每天的发行额只有两千份，广告也不多，入不敷出，每月赔钱。一年之后销数增加到六千多份，收支也可相抵。此后几年的发展，日新月异，由平版机而轮转机，由每天一大张增加到四大张。1936年4月1日发行上海版，由地方性的报纸变成了全国性的报纸，我记得出版到一万号时，有些贺词是从欧洲寄来的。在20世纪30年代之初，《大公报》的声望已经越出国界。到抗日战争时期的1941年，由于当时形势的需要，分别在重庆、桂林、香港三地同时发行，抗战胜利后又有发展。1948年分别在上海、天津、重庆、香港四处同时出版，销路合计每天共达20万份，超过上海《申报》（15万份）和《新闻报》（18万份），中华人民共和国成立前在国内是最高的。这个成绩与胡政之的眼光、气魄和信心是分不开的。

1941年5月，美国密苏里大学新闻学院以荣誉奖章赠《大公报》。在亚洲，只有《朝日新闻》和《大公报》获得了这个荣誉。

工作和生活

我在1928年9月1日，新记公司成立的两周年，考进《大公报》当练习生。报社在天津日租界旭街（现在的和平路）四面钟对过一所两层的楼房里。经理部和工厂在楼下，编辑部在楼上。练习生的桌子放在楼上走廊里，走廊的东头便是胡政之个人的办公室，他出入都要从我们的身边经过。

这时《大公报》的发行额已经达到万份，平版印报机直到下午还"哐——当——当，哐——当——当"地印个不停。而编辑部的全班人马，包括校对和刚刚招考进来的五六个练习生不过二十多人。编辑部是一间大屋子，中间两排书桌。每一张桌子代表一版块：国际版、地方版、本市版、经济版和副刊，每一版只有一位编辑。还有外勤记者的座位。西头一张大桌子是要闻版，对面坐两个人，张季鸾写社论，还有一位编辑发稿。张是总编缉，而照顾全面的却是胡政之。他跑进跑出，什么都管。练习生的工作最初是翻译数码电报，他也时常来看看电报的内容。每逢星期六他都要到北平去采访。张季鸾也有时外出，那就由胡政之代替他的工作了。

胡经理是个矮胖子，五短身材，大近视眼，声音洪亮，时常发出爽朗的笑声。表情严肃，但不难接近。他是一位不尚空谈的实干家。任何问题都可以当机立断，绝不模棱两可，拖泥带水。

尽管夜间下班经常都在午夜以后，他还是每天早晨就到报社来。他先到经理部坐一坐，然后就上楼到编辑部。报架子上有几十种报纸：天津的《益世报》《庸报》《商报》；上海的《申报》《新闻报》《时事新报》；津、京、沪的英文报、法文报；日本的《每日新闻》《朝日新闻》《读卖新闻》以及国内的地方报纸，他都要翻看一遍。当时报社没有星期日，也没有轮休，只要他在天津，一年到头都是如此。外出也要写通讯。由于经理如此，人也很积极。每天编辑工作结束时，要写几张大字的新闻提要，贴在临街的窗子上，原由副刊编辑何心冷负责，后来由我执笔，写完时总在凌晨两三点钟。

此公看报，但是不看书，不看杂志。看报是他的业务，他要了解国内、国际的形势，以便撰写评论。他要比报纸的内容，看看《大公报》是否漏了消息，有什么事要及早准备，有什么需要改进的地方，等等。他不看书，没有时间，也没有兴趣。在20世纪二三十年代，关于政治经济学、哲学、文艺理论的书，创作小说和翻译小说，真是琳琅满目，他什么都不看。他也不看杂志，那时有《东方杂志》《萌芽》《奔流》《拓荒者》《文学月报》《译文》《一般》《太白》以及《西风》等。《大公报》有一间资料室，上述书刊都没有。记得只有一些参考书、辞典、年鉴和一些英文的文艺作品。不吸收新思想，不接触新潮流，是他故步自封，跟不上时代的主要原因。

他自己不看进步书刊，资料室也没有这一类的出版物，但他并不禁止别人看这一类的书。他不是一见红布就顶过去的公牛。这是什么道理呢？下面有关各节还会提到。

夜间十二时，编辑部有一次夜宵，吃个烧饼，喝点稀饭。这时往往是高谈阔论的时候。采访巴黎和会的逸闻趣事便是在这时讲的。"九一八"之后，报社搬到法租界。他最怕工部局传他去问话。他不止一次讲过："在英国人眼里有高等华人，在法国人眼里没有。"言外之意是法国人对中国人一律按"苦力"对待。

在天津时期，胡经理的生活很俭朴。夏天他经常穿一件夏布大褂，冬天穿棉袍缠一条围巾，从来没有穿过皮大衣。他没有包月，每天上下班临时叫一辆"胶皮"（人力车的天津名称）。编辑部有些人一天不打麻将十个手指就发痒，我却从来没有听说胡政之坐下来打牌。我也没有在剧场影院遇到过他。他不吸烟，但是喝酒。有时他自己也讲些喝醉之后的笑话。

胡政之中年丧偶，1938年春天在上海续娶顾维钧的侄女顾俊琦。这一年的秋天，我在重庆《国民公报》上，看到了他们新婚夫妇的相片。这位顾家的快婿，面团团俨然是富家翁，和过去大不相同了。

此后不久，我又回到香港《大公报》，他已很少到编辑部来。他脱去了天津的夏布大褂，穿上了淡青色的软罗长衫。家住半山的坚道，房子摆上了电器冰箱。香港沦陷后，他搬到桂林，报社给他盖了一所竹木结构的小房子。他住在报社，却不去上班。桂林撤守，他跑到重庆，住进红岩村由中国银行建筑科设计的洋房，除开会外更少到报社。生活上的逐步升级，反映了他在思想上的日益落后。

胡政之在生活上的变化，新夫人起了杠杆作用，更重要的还有以下几个原因：（1）在天津创业时，筚路蓝缕，报社的成败关系到个

人的前途，因而不能不把全部精力放在事业上。经过十几年的努力，《大公报》已家喻户晓，销路扶摇直上，他以为不必再为生活操心了。（2）他一向和张季鸾有矛盾，抗战开始即分道扬镳。张由上海经汉口到重庆，胡由上海经香港到桂林。到1941年9月张季鸾去世，矛盾自然消失。（3）张死后他补缺成为"国民参政员"，走出报社，成为出头露面的社会新闻人，不再过问琐碎的事务，不必再为写文章而伤脑筋。他沉迷于安逸的生活，脱离实际，脱离群众，后来犯了错误也就不是偶然的了。

办报的"新路径"

胡政之在王郅隆时期的《大公报》工作了三四年，以失败而告终。从欧洲回国后进了《新社会日报》，看到了报社的内幕也不以为然。因此在1926年续办《大公报》时，他开始酝酿办报的"新路径"。要了解他的办报思想，首先要了解旧中国新闻界的情况以及报纸和政治的关系。

在辛亥革命前后，办报的政治势力是很多的。拿出钱来办报的有帝国主义教会、封建文人、革命政党、军阀政客等。报纸和通讯社的性质，是由谁拿出钱来和替谁说话来决定的。专为某一政治势力做宣传的就是他们的"机关报"。这种报纸，靠山一垮，也就倒闭了。英敛之时期的《大公报》和王郅隆时期的《大公报》，都是这种报纸，胡政之当然很清楚。

还有一种报纸专以盈利为目的，用耸人听闻的社会新闻吸引读者，诲淫诲盗，即所谓低格调的报纸。胡政之不屑于干这种事情。

报纸和通讯社既然需要资本和经费，因而就发生两种情况：一种是政治势力为了自身的利益，自愿拿出钱来津贴一张或几张报纸，以求得舆论的支持。另一种是有些报纸利用这个特点向某种政治势力勒索，作为维持出版的经费，甚至也有同时向几个方面伸手的。这两种虽然都可以说是有背景的，但也有高低的差别。完全免于这种经济关系的报纸可以说绝无仅有，甚至有些名记者也不例外。

广告收入也是报纸经费的来源之一，但旧中国的工商业都不发达，和资本主义国家不同，完全靠广告收入维持不了，在报纸的初创时期更不可能。

旧中国没有新闻自由。专为统治阶级或某一政治势力效劳的报纸，不为读者所欢迎，没有很大销路；而敢于批评当局、代表人民说话的报纸，却又为当局所不容。如，北京《京报》社长邵飘萍因谴责张作霖亲日卖国，被捕后，不经审讯，即以"宣传赤化"的借口于1926年4月26日被杀害。北京《社会日报》主笔林白水因反抗军阀政客，于1926年8月6日被张宗昌杀害。同时有好几家报纸被查封。上海《申报》总经理史量才因支持抗日运动和中国民权保障同盟，1934年11月13日被蒋介石派遣特务刺杀。

上述情况，胡政之当然很了解。他想办这样一张报纸：对当局既不要过于接近，也不要批评他们，同时又不能丢掉读者。他殚精竭虑，要想闯出一条"新路径"。早在20世纪30年代之初他就对我说过："新闻记者要站在超然地位。"联系当时的实际，他的意思是告诉我不要介入政治。当时我既是记者，又是南开高中的学生，参加了学生运动，被选为学生会的执委，负责宣传工作。我写的新闻当然站在的学生的立场上。他认为这样做不妥当，可能会招致麻烦。但是他并不反对发表学生运动的新闻，如不刊登这种新闻，学生们就不看报了。

十年之后，1943年10月21日他在重庆《大公报》编辑会议上发表讲话，提法不同，谈的还是老问题。他说："中国素来做报的方法有两种：一种是商业性的，与政治没有联系，且以不问政治为标榜，专从生意经上打算；另一种是政治性的，自然与政治有联系，为某党某派做宣传工作，但是办报的人并不将报纸本身当作一种事业。等到宣传的目的达到了以后，报纸也就跟着衰歇了……"他说的第一种指低格调的报纸，第二种指机关报。然后他接着说："但自从我们接办了《大公报》以后，为中国报界辟了一条新路径。我们的报纸与政治有联系，尤其是抗战一起，我们的报纸和国家的命运几乎连在一块，报纸和政治的密切关系可谓达到了极点。但同时我们仍把报纸当作营业做，并没有和实际政治发生分外的联系。我们的最高目的是要使报纸有政治意识而不参加实际政治，要当营业做而不单是大家混饭吃就算了事。这样努力一二十年之后，使报纸真能代表国民说话。现在我们还没有充分做到这种代表国民说话的资格，但只要同人努力，这个目的总会达到的。"①

　　胡政之所说的这条"新路径"，在1926年错综复杂的历史条件下，在一定程度上未始不能做到。当时报社还在租界里，北方军阀混战，南方还在国共合作时期，北伐刚刚开始，即使对当局有所批评，也不致立即遭到打击，再加上《大公报》内容丰富和版面新颖的特点，销路日增，这"新路径"似乎暂时还可以走得通。但是政治形势不断变化，吴鼎昌到国民党政府去做官，实际当然没有脱离报社。在日本人的压迫下《大公报》南迁，出了上海版，事实上是向蒋介石靠拢。"七七"事变后天津版停刊，"八一三"抗战爆发，南京政府迁都，《大公报》也跟着到了重庆，此后就处在蒋介石的鼻子底下。报纸和政治的关系又回到1926年以前在军阀统治下的那种状态。这时再说"要使报纸有政治意识而不参加实际政治"，也只能理解为既不要过于接近，也不要批评当局了。胡政之并没有忘记问题的另一方面："代表国民说话"，也只能小试其技，"小骂大帮忙"。至于"只要同人努力，这个目的总会达到"，则纯属画饼充饥。问题兜了个大圈子，到头来还是没有解决，也不可能解决。

---

　　①　见1949年4月15日《大公报》上海版。

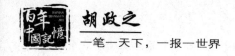

"小骂大帮忙"

"小骂大帮忙"是人们对《大公报》的指责，最初见于南洋华侨的报纸上，时间大约在"九一八"之后的一二年。华侨爱国心切，而《大公报》的政治态度使他们很失望，经过相当时间的观察，恰如其分地指出它对蒋介石是"小骂大帮忙"。由于这句话概括得很准确，因而广为流传。

新记公司1926年续办《大公报》时，北伐战争已经开始，前一半还在国共合作时期，革命的对象首先是北洋军阀。吴、胡、张过去和北洋军阀都有联系，自不免有兔死狐悲之感。而且，吴鼎昌是盐业银行总经理，北方的财阀，对于行将来临的"赤化"当然不能容忍，曾有反蒋的言论。到1927年"四一二"之后，蒋介石叛变革命，大资产阶级对他的看法自然也就跟着改变。按道理讲，《大公报》就不会再骂蒋介石了，可是事实又不尽然。

1927年12月1日，蒋介石和宋美龄结婚，目的是想借这条裙带关系，提高他的声望，更重要的是向美国靠近一步。当时他曾说过结婚之后更有利于革命的话。转天《大公报》的社评题为"蒋介石之人生观"，文中有这样的话："累累河边之骨，凄凄梦里之人；兵士殉生，将帅谈爱；人生不平，至此极矣。呜呼！革命者，悲剧也。革命者之人生意义，即应在悲剧中求之。乃蒋介石者，以曾为南军领袖之人，乃大发共欢乐神圣之教。夫以俗浅的眼光论，人生本为行乐，蒋氏为之，亦所不禁。然则埋头行乐已耳，又何必哓哓于革命？……"这种骂蒋的文章，给读者留下了深刻的印象。这篇文章是张季鸾写的，胡政之对蒋更有反感。1928年9月，我到《大公报》工作之后，张季鸾已经开始和蒋介石拉关系了，胡政之对蒋的藐视依然如故。我记得当时的《上海漫画》上刊登了一张蒋宋婚后在杭州西湖靠在一起的相片，胡政之就骂过他，并且想把这张相片翻照刊印在报上，以示讽刺。

　　旧《大公报》给蒋介石"大帮忙"的事太多了，下面也举一例。

　　据徐铸成的回忆："'九一八'后的第三天，张季鸾、胡政之召开全体编辑会议，讨论今后编辑计划。这样的'民主'，是从来没有过的。张宣布他和吴、胡商定的编辑方针，是'明耻教战'四个字。他阐述说，中日问题，非一朝一夕所致，而双方力量悬殊，不应仓促开动战端……"[1]他们三个人都是日本留学，了解日本的实力，认为中国还没有准备好，不能马上应战。我记得张季鸾还说过："利害决定政策，实力决定行动。"这可以说是《大公报》的"缓抗论"。

　　但是"九一八"之后，蒋介石为了保存实力，用来镇压人民，以维持他的反动统治，制定了不抵抗政策，借口需要准备，压制立即抗战的主张，即所谓"先安内后攘外"。这可以说是蒋介石的"缓抗论"。他为了宣传这一反动谬论，通过于右任打电报给张季鸾，要求

---

① 见徐铸成：《报海旧闻》。

《大公报》支援，当然一拍即合。

这两种"缓抗论"的出发点是不同的，但表现在报纸上却并无二致。当时群众抗敌的情绪高昂，对于这种言论极为愤慨，认为这是对蒋介石的"大帮忙"。1931年底，天津有人向《大公报》社后门的效康里投了一枚炸弹；外埠的读者也寄给张季鸾一个装有炸弹的邮包。南洋华侨指摘《大公报》"小骂大帮忙"，也就在此后不久。

1945年11月21日重庆《新华报》发表题为"与大公报论国事"的社论，对"小骂大帮忙"作了如下的解释："在若干次要的问题上批评当局，因而建筑了自己的地位的《大公报》，在一切首要的问题上却不能不拥护当局，这正是《大公报》的基本立场。"这的确说中了问题的本质。

大力培养新闻人才

旧《大公报》不仅是一家报馆，也是一所"新闻学校"。从采访和编辑的实践中，培养出一批新闻记者，可谓群星灿烂。如王文彬、方蒙、朱启平、陆诒、张高峰、杨刚、李纯青、李侠文、范长江、孟秋江、徐盈、徐铸成、高集、萧乾、彭子冈、蒋荫恩等，没有哪一家报社培养出这么多的名记者。这所"学校"的"校长"就是胡政之。这些人并不是在成名之后才到《大公报》的，而是到了《大公报》之后才出的名。当然不能低估他们个人的才华和努力，但也不能否认胡政之给他们创造的条件。如果说这些人都是"千里马"，胡政之便是新闻界不常有的"伯乐"。

胡政之不但善于发现人才，还十分重视培养干部。任何人到了《大公报》的编辑部，在胡政之的安排之下，只要积极肯干，都能发出声光，绝不会默默无闻。有些人是出于向《大公报》投稿，被胡政之发现约来报社工作的。1943年前后，天津高等工业学校制革系有一位学生，经常给《市附刊》写稿，署名"力工"，后来就到报社来了。他就是杜文思。

有些同事大学读书时期，就以写稿、试用等方式得到胡政之的接济。属于这一类的有范长江、徐铸成、马季廉等。范、徐都名震一时，无须介绍。马季廉清华大学毕业。到报社之后当过国际版的编辑，翻译并由《大公报》出版《远东之危机》一书，原著者是史汀生，1929—1939年曾任美国国务卿。

还有一些同事学历较浅，先到报社工作了一段时间，然后又去上学，胡政之也大力支持。属于这一类的有吴砚农、郝伯珍，他们都是1928年9月考进《大公报》的练习生，担任过外勤记者。约在1931年一起到河北法商学院上学。砚农回社之后曾参加《国闻周报》的编辑工作，伯珍没有回社。还有体育编辑杨君如，原在南中毕业，大约是1932年又去上南大。

我个人得到胡的帮助更多，他曾两次送我去上学。第一次：我到《大公报》时只有初中程度，面临知识不足的困难。1930年暑假后我考上了南开高中。我对胡政之说，我想白天去上学，晚上来上班。

他说这是一种理想，事实上做不到。"这么办吧！"他说，"每月给你十块钱，你去上学，不必来上班。"每月十块钱只够我个人吃饭，没有钱交学杂费。我家里经济也很难，因而我放弃了这个计划。过了几天，他在编辑部看见我，他问："你为什么不去上学？"我说明了困难，他说："你去学，我们另想办法。"这个办法就是在我的原工资里减去十元，每月还有三十几元，我便去报到上课了。我有时写一点学校新闻，不能每天去上班，他并不计较。我对他十分感激。

"九一八"之后，我参加了学生的爱国运动，1933年1月我被学校开除。我害怕失学之后可能失业，至少也要挨一顿骂。硬着头皮报告了胡政之。他不但没有骂我，反而说学校这样做不是办教育的态度。他说："张伯苓还不是最早剪掉辫子的？"我原想高中毕业去考燕大新闻系，这一来也就吹了。在南开高中，尽管没有毕业，但有不少进步的教员和同学（作家端木蕻良也是学生会执委之一），使我初步懂得了什么是革命。这是了不起的收获，应该感谢胡政之。

第二次是1941年我在香港版当编辑。他送我到国民党的军官学校（即黄埔军校）去学军事。在"七七"事变之前，《大公报》有半版《每日画刊》，有一次刊登了一张"装甲车"的相片，说明却写成了"坦克车"。日本人的报纸嘲笑《大公报》没有常识，胡政之深以为耻。1940年他去筹备桂林版，遇见了国民党军校桂林分校的主任黄杰，谈起往事，同意送一个学生去受训，讲好毕业之后仍回报社。胡以照支原薪水为条件，送我上学。穿了两年草鞋，长了一身虱子，到1943年毕业了。恰好黄杰调往云南任第六军军长，他的部下想利用我替他搞宣传，把我也拉了去。当时第六军正在整训，我无事可做。等到胡政之访英游美归来，我写信给他，请他调我去重庆《大公报》。报社内部有派系，壁垒森严，他已不管具体事务，我没有机会再去战场，成了挂名的战地记者。事前没有料到会有这些变化，这不能怪胡政之。他重视记者的培养是不能否认的。听说后来蒋荫恩在燕大讲课，就以我作为"记者专业化"的事例。

胡政之对驻外记者的培养也是不遗余力的。《大公报》的"驻国外特派员"说是有十多位，据我所知只两三人可以说是"特派"的。其余那些人有的原来就在国外，如吕碧城（女）、陈学昭（女），从来没有到报社来过，她们寄来的稿子也有发表的机会。更多的人是曾在《大公报》工作过，后来弄到助学金到国外去留学（大部分是美国），愿意给报社写稿，胡政之便给他们"记者"的名义，每月给若干津贴，使他们有活动的可能，也减少生活上的困难。有些人写得较多较好，也有些人写得很少很差，报社也没有同他们计较。具体的情况我不了解，可以说是胡政之对青年人的培养，至少也是互利。其中最突出的是记者兼作家萧乾。

1939年夏天萧乾在香港，收到伦敦大学东方学院中文系的来信，经该系于道泉的推荐，约他担任讲师。待遇是年薪二百五十镑，旅费自备，先订合同一年。这样的待遇，缴了所得税只够吃饭。如果借了旅费前去，也很难偿还，他决定复信辞谢，被胡政之知道了。胡看到在希特勒吞并奥地利、肢解了捷克之后，欧洲一定会打起来，要先下一着棋子在那里，因而劝告萧乾接受聘书，旅费由报社支付，将来写

点通讯相抵。这已足能表明胡政之既为报社着想，也给萧乾以大力支援。不料萧乾领到这笔旅费，当晚就被窃贼偷去。萧乾大伤脑筋，胡政之却毫不动摇。他反而安慰萧乾说："好事总是多磨的，人生哪能没点挫折？丢的钱再给你补一份就是了，反正你勤写点通讯就都有啦。"新闻记者不能守株待兔，要有科学的预见，未雨而绸缪，在重大事变之前就能看到未来的发展，胡政之在这方面确有过人之处。

胡政之用什么方法来培养记者和编辑呢？简单地说就是信任和放手。他知人善任，对于每一个记者和编辑的兴趣和能力都很了解，因此他分配的工作，每一个人都能愉快地胜任。在分配了工作或交给了一项具体的任务之后，他就给予完全的信任，除必要的指导之外，从来不啰嗦。既没有要这样、要那样的框框套套，也没有这也不行、那也不行的清规戒律，完全让你自己在实践中发挥所长，在客观条件许可的情况下自行创造。我曾担任过本市版编辑，有一次胡政之把我桌上的稿子都看了一遍，一声不响就走开了。有一篇稿子有一个明显的错误，他并没有向我指出来，到第二天这条新闻已经刊登出来，我已经把错误消灭了，他才问我："那篇稿子是谁写的？"这件小事很说明他的领导艺术。他相信我能发现这个错误，而我也真的把它消灭了，这既表明他信我，也增强我的自信。一个气量很小的人，一见错误就会"爆炸"，使工作的人谨小慎微，不求有功，但求无过，工作是搞不好的。

用人和选稿

尽管胡政之说"不参加实际政治"，但是他又很重视"代表国民说话"。这个思想不仅限于社评，反映客观形势的新闻、通讯以及文艺等也都有所表现。这些是读者要看的材料。

那么由谁去采访新闻、撰写通讯？采访什么新闻和撰写什么通讯？这就涉及"用人"和"选稿"。这样的问题是由胡政之决定的。自1926年新记公司成立，报社用人行政之权就掌握在胡政之的手里，编辑部各版的工作也是由他全面照顾。

他曾对我说："不怕你有九十九分短处，只要有一分长处我就能用你。"这就是胡政之的用人标准。所谓"一分长处"就是对《大公报》有一分用处。换句话说，只要能供给《大公报》所需要的材料，什么人他都能用。他从来不嘀咕人们的政治立场和思想倾向，因为各有各的用处。就像由蔡元培主持的北京大学一样，既有留辫子的辜鸿铭，也有信仰马克思主义的李大钊。胡政之也实行兼容并蓄。从政治上来说，他既不排斥坏人，也能容纳好人。同样，在选稿方面也是如此。《大公报》上刊登的反动的稿子是很多的，但是政之考虑到读者的胃口，进步的稿子也一样刊登。

1928年我到报社时，有一位"记者"张逊之。说他是"大记者"，因为他担任重要新闻的采访，但又没有"采访部"主任这样的

名义。我不了解他的出身经历，但一望而知是个大流氓。后来才知道他不仅是个帮会头子、国民党特务，而且在抗战前就当了汉奸。像这样一个反动的家伙，"七七"事变前在《大公报》混了八九年。胡政之一定更了解他，但对这条"地头蛇"也无可奈何。市府、省府都支持他去采访，在电话里和崔廷献、于学忠谈话。抗战胜利后他没有回报社，中华人民共和国成立后已被镇压。

和我同时考进《大公报》的吴砚农，在20世纪30年代之初便参加革命活动。1934年秋天组织被破坏，这件事被张逊之听到，以市党部要找砚农"谈话"为借口，企图诱捕。他们已经走到河北公园，后边便是市党部，恰好那一天是10月10日，市党部的人都去开会，砚农才得以逃脱。砚农回报社之后，向胡政之报告，想到日本去躲避，胡当即表示同意。砚农10月24日去日本，在东京住了一年多，报社每月汇给他60元。直到1935年冬天砚农才回国。

《大公报》各馆都有思想进步的人，他们的身份当然不会公开，胡政之也不会全不知道。他容许这些同志可能有他的考虑，但客观上是起了掩护的作用。

以上是胡政之"用人"的情况，下面再谈"选稿"。

1932年我在南开高中工读时，接编了《小公园》。这是个刊登杂文、诗歌、短篇小说的副刊，没有时间性，我可以利用星期六下午和星期日发稿。1932年初，我参加了天津左翼作家联盟，盟员都是青年，没有力量出版独立的刊物，因而把稿子交给我在《小公园》上发表。写稿的有张香山等同志。这件事我当然不会向胡政之说明，但这些稿子的倾向性他会看到的。

1934年初，我又接编了《本市附刊》，这是为招徕广告而添的一版，只限平津两市发行。当时砚农是文化总同盟的负责人，我和他商量，利用这一版。《本市附刊》的内容更为庞杂，但有些材料的进步意义也更为明显。记得有金肇野等人的木刻、苏联文艺界的情况等。胡政之对这些材料的发表并不过问，因为适合青年读者的兴趣。他是从销路上来考虑的。了解这些情况就可以知道范长江的通讯为什么能在《大公报》上发表。

范长江在北平读书时，同时向北平《晨报》《世界日报》、天津《益世报》和《大公报》投稿。胡政之首先发现了长江是个人才，由驻平办事处的杨士焯通知他，以后专给《大公报》写稿，每月给固定稿费15元。1935年下半年，长江得到胡政之的支持，开始了西北的旅行。由于《中国的西北角》和《塞上行》这些旅行通讯在《大公报》上发表，长江便蜚声于新闻界。这是长江的远见卓识，也不能否认胡政之的作用。

长江到达延安后的情况，据他自己说："我当时曾经考虑长期留在陕北，一面学习，一面大量收集材料，准备写几本大书，宣传中国共产党和红军的主张和事迹。毛主席却指示我，根据当时全国迫切的政治需要，应尽快地把中国共产党的抗日民族统一战线的主张向全国宣传，广泛动员群众，促成抗日民族统一战线，以便进行对日抗战。因此，他希望我能立即回上海，设法利用《大公报》当时在舆论上的比较重要的地位，宣传党在当时最重要的政策。

"于是我立即离延安，经西安回上海，于1937年2月4日到上海。次月，即2月15日，中国国民党三中全会开幕。这次会主要讨论西安事变所引起的重大问题。我以为时机重要，全力争取《大公报》总经理胡政之敢于发表我从延安归来的报道，并且要能顶着国民党的新闻检查，能基本上把抗日民族统一战线的主张反映出来。胡政之从《大公报》独占特号大新闻的'生意经'出发，经过反复动摇，终于下了决心，要我立即写稿。同时顶着上海国民党市党部新闻检查所的反对，把我写的《动荡中之西北大局》一文在2月15日的报上发表了。……"

毛主席希望于长江的，他都做到了；长江希望于胡政之的，他也都做到了。写稿的是长江，而承担责任的是胡政之，如果他不肯承担触怒蒋介石的风险，如果他不肯承担"抗检"的风险，那么中国共产党的抗日民族统一战线的主张，也就不能及时地向全国宣传。即使这是从"生意经"出发，在这紧要关头也是很可取的。

长江又接着说："当时轰动了上海。报纸销路大增。15日下午，报纸到南京，和蒋介石上午在国民党三中全会上的报告根本不同。蒋介石大怒，把《大公报》总编辑张季鸾骂了一顿，说不应当让我乱发表文章。"

长江的这篇通讯，本来还有关于建立抗日民族统一战线中国共产党所作的四项保证，在上海版发表时被检扣。但同日（1937年2月15日）《大公报》天津版不但发表了这篇通讯，也透露了这四项保证。

《中国的西北角》发表之后又集印成书，在1936—1937年连印七版。这是长江的卓越贡献，而胡政之所起的作用，也不能抹杀。

法律和人情

胡政之是学法律的，他又负责报社的用人、行政，因而喜欢在人事管理上制定一些规则、公约、办法等。把雇佣关系上的问题用法律的形式固定下来，这在旧社会也是常见的。但是客观实际错综复杂，在执行的时候就难免有顾此失彼的现象，因而这些条文不但没有实施，反而把法律和人情混合起来。这些条文在表面上都是"冷酷无情"的，除招致谩骂和讥讽之外，别无其他作用。批评他的人是对条文来说话，并没有具体的事实作为例证。这些情况，对于我们认识胡政之的为人，是很有意义的一个方面。

我个人认为，在评论一个人的时候，不是听他怎么说，而是看他怎么做。更为重要的是，必须把问题放在当时的历史条件之下来考虑：事情发生在旧社会，胡政之是一个旧知识分子。

《大公报社职员任用及考核规则》，附有考核标准、奖惩办法等。规则的第八条第二项规定："各级职员之辞退，均得不附理由。"文字确实是这样写的。有人指摘这一条"极其凶恶"，但实际上有没有哪个职员是"不附理由"而被胡政之辞退的呢？

旧《大公报》的人事，一般地说是比较稳定的，被辞退的人根本就很少。我从未参与报社的行政，对于任免事项没有发言权。据别人

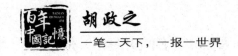

讲，在天津时期被解职的有三四起。

有两位会计挪用公款，辞退他们是有理由的。有一位记者，业务能力很差，有吸鸦片的嗜好。还有向反动当局告密的特务行为，辞退这样一个人是完全应该的。对这样一个人能附什么"理由"？还有一位日文翻译，在日本住了9年，翻译仍然有错误，当然瞒不过胡政之。他是自己觉得不好意思，还是胡让他走的，还不清楚。有些人离开报社并不是被辞退而是自己辞职。艾秀蜂（大炎）是去参加革命，张佛泉是去投奔胡适之才走的。

《大公报同人公约》第三条规定："本社职员不得兼任社外有给职务，并不得经营抵触本社利益或影响社誉之业务。"吴鼎昌原为社长，后来去当蒋介石政府的实业部部长，登报辞职，当然是假的。但抗战前和胜利后，天津"经济新闻"记者张晴荷，经济编辑林墨农，都在外边有兼职。他们是在兼职的业务中取得商业行情的，不兼职就很难取得这种材料。胡政之也没有干涉。

还有抗战后天津版的总编辑张琴南，也兼任燕京大学新闻系的工作，每周要去北平一次。张原在北京《晨报》，后到天津《庸报》，1936年《庸报》卖给了汉奸，张登报辞职。恰好《大公报》出上海版，胡政之便约他去上海。1937年底上海版停刊，张去成都燕大。胜利之前胡又约他主持天津版，因而也同意他兼任新闻系的工作。

不许兼职这一条来自报纸的特殊性质。在旧社会报纸是互相竞争的，"新闻"就是商品，"独占"就是胜利，任何报纸都是不许兼差的。在不影响报社的利益时，尽管《大公报》有明文规定，胡政之仍然大讲人情。他"还设法帮助驻南京的特派记者，去兼《中央日报》的编辑主任；驻上海的特派记者兼任《民国日报》的编辑。"①（这当然是《大公报》没有出上海版之前的事情）这样做不仅使他们多得一份工资，而且也为他们开辟了新闻的来源。但是，如果和《大公报》的利益相抵触，胡政之当然不能同意，不过也不是"法律"解决，而是合乎"人情"地处理。

我的老同事徐铸成最近出版了一本《报海旧闻》，提到他曾两度接受邵飘萍夫人汤修慧的报酬，把他采访到的新闻同时供给北平《京报》。平津相距咫尺，这对天津《大公报》是不利的。第二次的经过是这样：汤给他汇了一笔钱，请他兼任驻津记者。徐做了两个月就被胡知道了（发自一个地方的同一条新闻，即使变换写法也是看得出来的）。作者说："他（胡）一天找我个别谈话，很关切似的说：'听说你夫人快要分娩了，家里开支要增加了。我已关照会计科，从本月起，你的薪水改为100元。'他绝口不提《京报》的事……"铸成又说："我明明一再犯了这条'戒律'，这位铁面无私的老板，却给我加了薪。……"可见胡政之不仅讲法律，也讲人情。

1937年11月12日上海沦陷，《大公报》报社在法租界又继续维持了一个月。12月中，日军势力侵入租界，要对中国报纸实行新闻检查。胡政之在14日宣布停刊，编、经两部同人，除少数办理结束工作外，每人发给三个月的工资，一律解散。张琴南、徐铸成、萧乾、蒋

_____
① 见徐铸成：《报海旧闻》。

荫恩……都在内。这些人都在《大公报》工作多年，而在抗战爆发、社会秩序陷于混乱的时候失业，很难找到工作，因而对胡极为反感，一边捆行李，一边骂街，认为他用人朝前，不用人朝后。我和别人还有点不同，我是天津沦陷后胡用电话调到上海的，有家归不得，在上海举目无亲，因而更为愤慨。

但是，当我写这篇材料的时候，我看到我们和《大公报》本来就是雇佣关系，不可能从胡政之那里得到这种关系以外的东西，这是由那个社会制度决定的。假定不解散，在当时的情况下，他怎样做才算对呢？出版是不可能的，解决三四十人的工作和生活问题是他做不到的。天津的编、经两部也是解散的，他没有预料到上海也不能维持，否则又何必把我调到上海呢？当然也觉得我对他有用处，我也不能不设身处地想想他的困难。想到这里我也就心平气和了。

而且，半年之后，当他筹备香港版时，所有在上海被解散的人，毫无例外地又都回到了《大公报》。当时我在重庆《国民公报》，他给我买飞机票（相当于我三个月的工资）要我到香港去。

同蒋介石的关系

《大公报》三巨头和蒋介石都有关系。按先后次序是：张、吴、胡；按密切程度是：吴、张、胡。其中起决定作用的是吴鼎昌。

在旧中国，为了了解形势和采访新闻，记者和政治要人结识，可以说是正常的。但是，《大公报》的三巨头和蒋介石的关系都超越了这个范围。因为蒋介石想利用《大公报》，要拉拢他们；这三个人对蒋介石由批评而靠拢，"九一八"是个转折点，但是他们的具体表现又各不相同。下面着重谈的是胡政之，联系张和吴可以起对比作用，同时他们三人之间的关系也是分不开的。

王芸生、曹谷冰写过一篇《1926至1949的旧大公报》（以下简称《大公报》）对、胡、张都有所介绍。王芸生是张一手提拔的，曹谷冰和张是世交，因此，他们对张的论述是比较可靠的。

1928年夏天，蒋介石随北伐军北上。7月1日专车到郑州，张季鸾随同冯玉祥在郑州迎候，这是他和蒋第一次会见。"九一八"之后，蒋通过于右任电告张季鸾，支持他的"缓抗论"，关系又近了一步。西安事变时，张季鸾大骂张学良、杨虎城。国民党把他的文章在西安上空用飞机散发。"蒋介石因为在西安把腰摔伤，回隋京后到溪口养伤，张季鸾又把一个自称年过200岁的'刘神仙'的膏药遣送到溪口给蒋敷用"。①

抗战爆发，上海撤守，南京政府西迁，张季鸾先期率领王芸生、曹谷冰等前往汉口。1938年张将去香港，临行向王交代："我和蒋先生有交情，你写社评，只要不碰蒋先生，任何人都可以骂。"②

"从1937年直到1945年日本投降前，蒋介石同日寇的密谋和活动

---

① 见王芸生、曹谷冰：《1926至1949的旧大公报》。
② 同上。

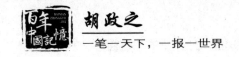

始终未有停止，张季鸾就部分地参加了这种活动。"①

康心之是张季鸾的同乡，又是最要好的朋友。张去世前就住在重庆南岸汪山康的别墅里。康心之所写《张季鸾回忆录》，所述情况和上述引文者符合："他平时向我谈话的时候，对蒋介石是有好感的，是在不知不觉间流露出来的，他提到蒋介石，没有喊过蒋委员长，更没有叫过老蒋，总是一口一个蒋先生。"②

"只有一次他向我谈道：蒋先生要我到香港去一次，送我5000元美金，并且说，钱不够用，还可以在香港就地去拿，把用钱的地方都指定了。然后他又笑了笑，对我说，你想我怎么能去呢？我怎么能用他的钱呢？究竟是为什么，他又不肯说明，我也不好追问下去……"③

1941年9月张死后，"蒋当日的唁电中有'握手犹温，遽闻殂谢，斯人不作，天下所悲'的字句；公祭时，蒋又亲至嘉陵宾馆行礼。这可见张季鸾和蒋介石的确有交情。"④

吴鼎昌1926年出资续办的《大公报》，原意是以报社作为政治资本达到做官的目的。经张季鸾介绍他认识了蒋介石。1932年夏天，蒋约吴在庐山晤谈一周。到1935年底蒋介石组织"人才内阁"时，吴便出任实业部部长。1937年抗战爆发，吴转任贵州省政府主席兼滇黔绥靖副主任。1945年调重庆任国民政府文官长。1948年4月伪"国大"

---

① 见王芸生、曹谷冰：《1926至1949的旧大公报》。
② 见康心之：《张季鸾回忆录》。
③ 同上。
④ 同上。

选蒋介石为"总统"，吴又被任为伪"总统府"秘书长。《大公报》的财东，钻进蒋介石的幕府，对报社实行"遥控"，《大公报》的前途也就不问可知了。

胡政之和蒋介石发生关系最晚。据《旧大公报》一文说，张季鸾已经同蒋介石发生密切关系，吴鼎昌已经钻进蒋介石政府，"胡政之同蒋介石只是在1935年11月曾经一度晤谈，还没有深入的接触"。1938年8月胡自上海南下，去创刊香港版。为准备退路，1941年3月又创刊桂林版。有五六年的时间，他没有和蒋介石接触。"胡政之同蒋介石发生关系，是在张季鸾死了以后。"[①]

胡政之对蒋介石的态度，和张、吴迥然不同。据《旧大公报》一文说："胡政之和蒋介石的关系，远不如张季鸾之密切，私下谈话，胡对蒋常有尖刻的评语。"这也是胡、张之间的矛盾之一。据徐铸成说，"胡生前，曾屡次对张的政治态度表示不满。认为张太靠拢蒋，说：'办报应该和政治保持一定的距离'。"这句话和胡政之的"新路径"是一致的。

不幸的是1941年9月6日张季鸾因病去世，胡政之到了重庆，他不能不"萧规曹随"，按照张季鸾的先例来办事，1942年补缺为"国民参政员"，开始落入蒋介石的网罗之中。

"蒋介石掌握《大公报》的手段：首先是用'优礼有加'的方法，牢拢住张季鸾，然后给吴鼎昌做高官；好名者给名，喜势者给

---

① 见王芸生、曹谷冰：《1926至1949的旧大公报》。

官，使之各得其所，于是俱为所用。"①现在轮到胡政之作为蒋介石笼络的对象了。

1943年9月6日，即张季鸾去世的两周年，胡政之宣布了《大公报同人公约》五条，第一条是"本社以不私不盲为社训……"这件事来得很蹊跷。1926年9月1日新纪公司续刊之日，宣布的社训是"不党、不卖、不私、不盲"，这本来是一种标榜，就和1902年英敛之将报名定为"大公"一样。《纽约时报》的社训是"（本报刊登）所有适于登载的新闻"，但是适与不适，完全由他们来决定；《大公报》的"四不"也没有什么意义，也不过是"言不二价""童叟无欺"一类的东西。宣布时没有意义，而取消"二不"却是意义重大的事，这等于承认从此又党又卖！《大公报》的这个"四不"从来没有挂过一块牌子，后来到报社工作的人根本不知道还有个社训。现在要取消"二不"，悄悄地涂去就算了，何必当众自打耳光呢？

胡政之显然是被动的。听说报社有些鸡毛蒜皮的小事，他都要请示吴鼎昌，这样大的事情他是不能自作主张的。可能是吴鼎昌的决定，也可能是蒋介石的要挟，因为此后不久，"国民参政会"便宣布胡为访英团的团员。胡政之访问了英国之后，又游历了美国和加拿大，于1944年3月下旬回国，发表了《十万里天外归来，访英游美心影记》长篇报道。

还在香港时期，胡政之就已经考虑到抗战胜利后《大公报》的布

---

① 见王芸生、曹谷冰：《1926至1949的旧大公报》。

局，他想分在上海、天津、重庆和香港四处出版。1941年香港沦陷，1944年桂林撤退，他都没有把职员解散，最后集中在重庆，人浮于事，轮流上班，正是为了给四馆储备干部。

1945年初，抗日战争已经接近胜利，胡政之要进一步实现他的计划，为四馆添置新机器。据《旧大公报》文说："胡政之起了向蒋介石敲竹杠的念头。在一次蒋介石约他的时候，胡交蒋介石一封信，请准《大公报》申请购买二十万美元的官价外汇，准备抗战胜利后购买新机器，以装备复员后的《大公报》。"[1]

为什么不赞成滥要津贴、不愿意办机关报、"对蒋常有尖刻的评语"的胡政之现在要向蒋介石申请购买官价外汇呢？我认为这件事也不能没有吴鼎昌的意见在内。这时，抗战还没有胜利，他拿到这笔外汇也没有地方可用。大概他已经知道，不久又将有次出国的机会。由中、美、英、苏四国召开的联合国大会，于1945年4月25日在旧金山开幕，胡政之是中国代表团的团引员之一。会议于6月26日闭幕，他在美国又待了一个时期，用这笔外汇买了一套印刷机。

胡政之购买官价外汇是犯了一次严重的错误，因为购买官价外汇是一种不等价交换。抗战爆发后，沿海都被封锁，对外贸易陷于停顿，不能得到外汇，因而黑市暴涨。国民党政府用空运出口钨砂，因而持有少量外汇。美元官价外汇每元牌价为"法币"20元，

---

① 王芸生、曹谷冰：《1926至1949的旧大公报》。

黑市时时波动，要一二十倍不等。这样大的数字《大公报》是担负不了的。

胡政之申请购买官价外汇还有一个原因：香港营业亏累，沦陷时仅以身免；桂林焦土撤退，财产损失不赀。重庆版出版时间最久，很有积蓄，但不是胡政之赚来的，他有自卑感，因而想出一个"便宜"的办法，但因此使他陷于被动，付出了政治代价。

胡本人似乎并不觉得这样干是错误的。据金诚夫说：胡从美国"一次来信说20万美元不足，还要重庆馆再向蒋介石要20万美元，我们几个人考虑后没有同意办理。"①可见胡政之当时一心要发展《大公报》，其他一切都置之不顾了。

去伪国大报到前后

抗日战争胜利后，蒋介石伪装和平，1945年假意邀请毛主席等到重庆谈判。事后发表了会谈纪要，蒋介石表面上同意召开政治协商会议（旧政协）。这次会议于1946年1月10日在重庆开幕。除国共两方之外，还有所谓"第三方面"，包括民盟、青年党、民社党以及"无党无派"的社会贤达，胡政之也是其中之一。公议通过了一系列有利于和平民主的决议，签订了《停战协定》。

---

① 见金诚夫：《批判旧大公报》。

以上这些，都是蒋介石的缓兵之计。到了7月，他经美帝国主义协助，在军事上做好准备，便公开破坏了政协决议和《停战协定》，向解放军发动了全面的进攻。10月，国民党车队侵占了张家口，蒋介石冲昏了头脑，下令召开伪国大，以便选举"总统"和制定"宪法"。青年党和民社党要参加，民盟宣布不参加。"社会贤达"则很动摇。这个时期的情况，周恩来同志在《一年来的谈判及前途》一文中有所说明：

> 关于"国大"，有些无党派的人被蒋套住。11月11日，有些"社会贤达"本来是去请求蒋允许"国大"延期的，蒋吓唬说："明天不开就要亡国了。""贤达"又请再延几天。蒋说："好，为了尊重你们意见，延长三天，那你们一定要参加了，问题在请你们劝青年党、民社党也参加'国大'。"消息传出，结果"社会贤达"四字加了引号，从此开会躲在角落里，生怕记者照相。胡政之说："不参加，《大公报》会受压迫，参加了又怕没有销路。"青年党说："左右为难，内外夹攻。"黄炎培又替他们加上句："天人交战。"所以第三方面都知道参加不光荣，但不参加又怕。到了"国大"开幕后，谈判全部破裂，无事可做。蒋及青年党、民社党、一部分"贤达"破坏了政协，被人唾弃。[①]

---

① 见《周恩来选集》第260页。

胡政之面对着老问题：一方面要保住《大公报》的存在，另一方面又要不影响销路。他所受到的压力比其他"贤达"要大；拿了官价外汇不能不买他的账。这时，蒋介石又对他进行了直接的威胁。

《旧大公报》文记载："据胡政之对人说，在伪国大开幕的前夕，蒋介石在南京召见他，到时有傅斯年一人先在。入座后，蒋介石满脸怒气，一语不发。傅斯年却发话了：'政之先生！你究竟跟着国家走，还是跟着共产党走，今天应该决定了。'"①

蒋介石在发怒时是阴森可怖的。在他"满脸怒气"迫使胡政之签名时，也就可想而知了。胡本来就七上八下，在这杀气腾腾的气氛中，加上傅斯年的挑拨，胡政之被吓倒，便跑到所谓"国大"去签名报到了。

签了"胡霖"两字，铸成了大错。他也怕人给他照相，在出席11月15日"国大"的开幕式后，便由南京回了上海，再也没有去开会。他之所以去报到，归根结底还是因为看不到蒋政权的腐朽和人民的力量，以为国民党的天下还可以维持下去，因而他发展《大公报》的计划照常进行。

早在1941年9月张季鸾去世之后，胡政之征得吴鼎昌的同意，成立董监事联合办事处，对重庆、桂林、香港馆实行"集体领导"。抗战胜利后，上海、天津两版先后复刊，胡政之撤销了办事处，成立总

---

① 王芸生、曹谷冰：《1926至1949的旧大公报》。

管理处，自任总经理。除在上海购买地皮，准备兴建新址外，并一度准备在广州出版，取代计划中的香港版，这都表明他没有正确地估计形势。

召开了所谓"国大"之后，蒋介石发动了全面内战。人民解放军则由防御转入进攻，以平均每个月消灭七八个旅的速度，把蒋介石推向覆灭的道路。从1947年初开始，全国各大城市的学生、工人发起了反饥饿、反内战、反迫害的示威运动，国民党反动派采取了野蛮镇压的办法，在南京、天津等地演变成了"五二〇血案"。5月25日上海《文汇报》《联合晚报》和《新民报》（沪版），被国民党政府下令"永远停刊"。《大公报》（天津版）的专电也被检扣，胡政之雄心勃勃的计划，势将落空，心情十分低落。这时，他又接到重庆版的电报，说有7位记者被国民党的特务逮捕。他对这几位记者不大熟悉，虽然很不耐烦，还是设法进行营救。

1948年4月，伪国大选举蒋介石为"总统"，他虽然粉墨登场，但是灭亡的命运已经决定。胡政之看到国民党已不可恃，他又不知道共产党既往不咎的政策，害怕因为参加了伪国大将不见谅于人民，因而亲自去恢复香港版。在美国订购的机器，于1947年运到上海，因为没有厂房，存在仓库里没有使用。这时因为资金短缺，他就把机器运往香港变卖，充作复刊的经费。

香港版于1948年3月15日复刊，实现四版同时发行的计划。但工作并不顺利，耗资费劲，因而使他操劳过度，4月14日正在工作时，肝硬化病爆发，17日他回到上海治疗。5月间我到上海时曾去看他，

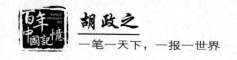
谈了我当时的情况和到上海的工作。他最后对我讲的一句话是："你努力！"此后他卧病经年，于1949年4月12日去世。

结束语

新闻界一代巨子，旧《大公报》的总经理胡政之，去世已经32个年头了。今天重新翻阅他的历史，我认为他的一生对我国新闻事业是有巨大贡献的。令人惋惜的是他没有能跟上客观发展的形势，看不到人民的伟大力量，顶不住反动派威迫利诱，以致犯了严重的错误。

在阶级搏斗激烈进行的年代，中国共产党对于旧《大公报》还是寄予希望的。

1937年7月7日毛主席给彭雪枫同志的复电说："电悉。欢迎《大公报》派随军记者，尤其欢迎范长江先生。"

1941年美国密苏里大学新闻学院赠给《大公报》一块荣誉奖章。5月15日举行庆祝会，《新华日报》赠送了一个"同心协力"的条幅。

1945年国共在重庆谈判期间，毛泽东、周恩来、王若飞三同志接受《大公报》的邀请，前往重庆李子坝报社参加宴会。

尽管《大公报》犯过很多错误，中国共产党对《大公报》还是以统战对象来看待的。

可惜胡政之没有看到大陆的解放，没有看到他所最后开创的香港

《大公报》首先起义转到人民这方面来；没有看到《大公报》这个名称在中华人民共和国成立以后仍然保留下来，而且真正地成为人民的报纸。

1980年7月

（选自《文史资料选辑》第97辑，中国人民政治协商会议全国委员会文史资料研究委员会编，文史资料出版社，1985年1月）

第二辑

办报理念：忘己之为大，无私之为公

史海钩沉

——胡政之1916年开始对《大公报》的革新

付 阳 王 瑾*

　　1931年，《大公报》出满一万号时，曾大张旗鼓地庆祝了一番，其中以报馆名义发表的长文《从一号到一万号》明确将《大公报》分为三个时期：第一时期是1902年创刊到1916年9月，即英敛之时期（尽管他自1912年后即不管事，然名义上仍由他负责）；第二时期是1916年10月至1925年11月停刊，即王郅隆时期（主笔、经理都由他聘用）；第三时期从1926年9月1日吴鼎昌、张季鸾、胡政之三人接办起（到1949年），即新记《大公报》时期。众所周知，这三个时期以新记《大公报》时代存在时间最长（共有23年）、成绩最为辉煌，其间

---

　　* 王瑾，胡政之外孙，高级工程师（已退休）。

曾获得在世界新闻界享有盛誉的美国密苏里新闻学院颁发的奖章，张、胡及后起的王芸生他们把"文人论政"的理想发挥到了极致，攀上了中国报业的巅峰。

百年回首，人们几乎把目光都投向了《大公报》的这一时期，这诚然没有错。至于英敛之初创时期的《大公报》，主要是民国前的十年，也曾以"敢言"著称，后世也给予了大致中肯的评价。随着时间的流逝，英敛之在报业史上的形象愈加清晰、高大起来。最不为人注意、同时最遭非议的是王郅隆时期的《大公报》，《〈大公报〉史》以"王郅隆接办后种种"为题，用六百多字的篇幅来概括这段历史。《〈大公报〉史略》篇幅更短，只用了百多个字。他们都认定这一时期的《大公报》是"安福系的机关报"。《新记〈大公报〉史稿》绪论中也有同样的说法。众口一词，似乎无可辩驳。其实只要看看当年《大公报》的新闻、言论，了解当时的历史真相，这一说法显然是站不住脚的。王郅隆与安福系有很深的关系，并不等于《大公报》就是"安福系的机关报""皖系的喉舌"，这要看经济来源、报纸的实际内容、言论倾向等。实际上1916年10月王接办《大公报》之初，安福俱乐部还没形成。他之所以接盘《大公报》"是安福系的意思"也就无从谈起，何况他本来就是1902年《大公报》创始时的主要股东之一，接盘报馆主要也是商业行为。

一

　　1916年10月，王郅隆全面接收《大公报》后，聘请有过办报经历的胡政之为主笔兼经理。28岁的胡政之在和英敛之"面洽以后，入馆任事"，从此与《大公报》结下了不解之缘。他后来谈起民元报业时说，王郅隆虽然与北洋军阀（如梁鸿志、杨以德等）关系极深，"这也只是个人的关系，他对我极尊重，到我们接办后，他从不加以干涉。但《大公报》却不能不说多少受他一些影响""……尤其是王郅隆与他们的关系，当段祺瑞一上台我便不能不出洋了"。胡政之说的是大实话，作为报纸的所有者，王不可能对报纸没有一点影响。但可以肯定的是，在胡政之主持期间，特别是1916年10月到1918年12月他出国之前的两年间，和他1920年5月从欧洲回国到8月中旬辞职前，他对《大公报》革新的努力并没有受到什么干涉，《大公报》也没有因为王与安福系的关系而一边倒，或放弃对当道者的批评，实际上有些言论还是很尖锐的。下面我们先从胡政之的革新举措来观察这一时期的《大公报》。

　　胡政之初入《大公报》时，"报馆如衙门，主持人称师爷"，整个报馆都是天主教徒，只有胡一个人不是，七个访员（记者）都是"脑中专电"制造专家。胡把他们开除了六个，留下的一个，因为其父亲是总统府的承宣官（即听差头），"总统派车接谁和谁去看总统的消息，因为他是宣达者，所以不会错的"。同时，胡在北京聘请林白水、梁鸿志、王峨孙等为特约访员，每天以电话向天津发消息，或以快邮寄稿，新闻因此大有改观。这是他去除编造新闻的恶习、从新闻务求真实入手整顿《大公报》的第一步。

胡政之对版面进行了改革。《大公报》自1902年创刊以来一直是书册式，一个整版直排，分上下两栏，栏之间留一空白，每栏都加了边框，对折以后即可装订成册。从1916年11月10日起，也即他入馆一个月后，《大公报》由书册式改成了通栏式，将垂直的两栏改成四栏，以后又经过几次改革，改成六栏、八栏。在字号方面也进行了调整，各种字号大小间隔、搭配，改变了原来比较单调的状况，使版面变得错落有致。尽管最初排字工不习惯，深以为苦，但他每天晚上都要在排字房指导排版。

更重要的是他对报纸内容的革新。1917年1月10日，《大公报》在报头显著位置刊出《本报特辟教育实业专栏预告》："本报同人以为今日救国大计唯在教民、富民，故教育实业乃国家存亡的关键。拟即日于本报特辟教育实业专栏，广搜名家论著介绍、调查报告，披露各种成绩，以供爱读诸君参考……"几天后，在刊出这一预告的同时，还刊出了《阴历新年本报大改良广告》："（一）中央政闻公正灵敏，世有定评，益将自勉。宪法会议二读会开议在即，本报指派专员旁听，当日笔记寄津，次日与北京各报同时揭载，决不落后，而详略得宜，尤具特色。（二）各省要埠或招聘访员，或委托妥友，重要新闻随时

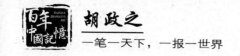

报告，借使读报诸君周知南北大势。（三）设'特别记载'栏，随时介绍海内外名流意见，使读者兴趣横生，多得实益。（四）特设实业教育专栏……"

1月28日，也即旧历年后几天，最能体现这一时期《大公报》特色的"特别记载"问世。这是胡政之亲自主持采访的栏目。每期采访一位名流，配发照片，谈论的话题从政治、外交、财政到社会、文化、教育、思想，无所不包，且采访对象不限于中国人，也有外国在华名流。这在当时无疑是个创举，在中国报业史上也有示范意义。为表示郑重，每期都会标明："内外各报有转载本栏记载者，请书明系由本报转录。"第一天发表的谈话笔记是采访李经羲，题为"军民分治与军民合治"。这一前所未有的形式引起了当时社会的注意，舆论哗然，竟至于有人说："《大公报》为李九先生作机关报矣。"之后的几天，报纸连续刊出梁启超、蔡元培、林纾、张弧以及日本驻华公使林权助君、日本正金银行董事小田切万寿之助等的访谈录。其中一些有着重要的史料价值。比如1月30日梁启超在谈到今后的社会事业时指出国人精神上的两个弱点，一是思想卑下，一是思想浮浅，称这种精神的病根不除，则多一种主张即多一重争执，多一人活动即多一重纷扰。无论如何终归无望。他为此提出两条针对性的救济方法，一是人格修养，一是学问研究法。这些观点即使放在今天，恐怕仍不失其启发意义。1月31日发表日本《朝日新闻》驻北京记者神田正雄的《与友邦同业诸彦书》，提出新闻要独立、公平，担当起指导国家社会的责任，记者人格修养不足、用力不勤是两大弊病。新闻从业者要有世界眼光，不偏不党，才能尽责。胡政之不仅亲自翻译并且在前面写了几句话。无疑，神田对中国新闻界的希望也正是他的希望。

其时新文化运动正在兴起。2月1日，"特别记载"发表北大教授林琴南的《论古文之不宜废》；2月5日又刊出北大校长蔡元培谈话，倡导职业教育，以及对大学教育的理想。在胡政之的努力下，这一时期的《大公报》开始逐渐形成一些自己的特色，对不同观点的包容，尤其体现了他作为一个报人兼容并包的气质。

在推出"特别记载"的同时，1月28日《大公报》推出"实业专纪"，发表《模范公司节省经费之实例》《中国畜牧事业》等文。1月29日，又推出"教育专纪"，其人有日本学者的《科学的教育》、蔡元培就任北大校长的演说词等。以后，两种"专纪"一直坚持隔日刊出一次。

在那个年代，报纸普遍只重视军事、政治新闻以及花边社会新闻，而这两个具有前瞻性和创造性的栏目，显示了胡政之的远见与魄力。当人们把眼睛只盯住政治舞台上走马灯似的"你方唱罢我登场"时，他已经如此注意教育、实业问题，其"特别记载"对文化、思想、教育和财政、外交、政治同等的关心，不能不让后人感到惊喜。

早在1916年11月10日起，《大公报》每天都在要闻版前面刊登"今日银圆行情"，以后还在报纸上登"各地股市"，说明胡政之很早就注意经济信息。

此外，胡政之在《大公报》设置"讲坛"，提倡学术讲演，关注学术文化动向，这些都有深远的社会意义。

二

　　身为主笔兼经理，胡政之本人经常亲自出马采访新闻，在报业史上也有开创性。督军团开会时，"杨梆子"（即天津军阀杨以德）常派车来接他，说是"请胡师爷去记"。但他们开会时满口脏话，根本无法记。加上王祝三和他们的关系，胡在这方面的作为也是有限的。我们以为，他之所以力图在教育、实业、文化新闻方面有所创新，在国际新闻与评论上下功夫，恐怕都与此有关。但也因此对报纸改革作了许多有益的探索。

　　评论是报纸的生命线。自1917年11月7日胡政之以"冷观"的笔名在《大公报》发表第一篇论评《财政与外交》以来，他几乎对当时国内、国际的许多重大事务都发表了自己的看法。他的言论，基本上代表了那一时期《大公报》的倾向。1916年11月9日，他在《诚意政治》论评中，批评中国政治缺乏诚意，总是以玩弄权术为能事，并对段祺瑞所谓尊重民意机关的承诺寄予厚望，对伍廷芳这个"敦厚诚实的老人"进入内阁表示欣慰。这时是他进入《大公报》之初，对军阀政府尚抱有一定的幻想，下笔时对"北洋之虎"段祺瑞难免有些好感。

　　经历张勋复辟的丑剧，经历一系列的风云变幻之后，到1918年，他的论评就冷峻得多了。其时，第一次世界大战即将告终（他称为

"欧战"），世界面临着新的变局，反观中国，则仍"以古色古香之政治自娱"。他在"时事杂感"《征聘旧人》中批评徐世昌上台后，执政的大半是前清旧人，完全没有了解新思想的能力，更不足以应付新潮流。在《又一暗流》中，他回顾了民国成立七年以来，政治舞台上的人物"大抵任感情而不任理性，问利害而不问是非"，指出在他们投机图利的私心支配下，时局只能纷扰不已。他因此感叹："中国人聚两人必闹意见，聚三人必分党派"，称之为"亡国之国民性"。

在《国内永久平和之前提》中，他直言"南北一丘之貉，结果不能相远"，所谓调和只"不过北方官僚与南方军阀朋分权力而已，与平和二字固全不相干也"。他谆谆地劝告政客"抱定宗旨，从社会上做功夫，就地方上寻事业"，劝告当国的官僚"放开眼光开放全国政治，容纳新进有志者之活动"，寻求真正的政治和平之途。在一个军阀混战的乱世，他的这些声音是微弱的，注定了当时没有人听，事后也没有人再去注意。

胡政之对于中外关系非常重视。1916年11月，天津各界反对法国殖民者任意扩张租界、侵犯中国主权，一时震动全国，《大公报》连续追踪报道。他本人从11月10日到12日连续发表评论《老西开交涉之研究》，谴责法国租界的无理要求，批评政府的措置失当，称其"对内则一味秘密，以愚国民；对外则求保体面，自欺欺人。外国列强知其奥妙，所以弃名求实，无不得逞。至于国民，在外交上表现出的劣根性也很突出，事前绝不督促当局，注意为未雨绸缪之计，交涉起后，又缺乏事实之研究，多为理想之壮言"，等到事过境迁，则早把

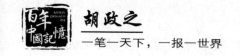
一切忘到脑后。在不平等条约的损失之外，事实上的损失更不知有多少。他不无沉痛地指出，如果政府、国民不根除劣根性，哪还有什么外交可言？

同年12月6日到7日，他就日本问题连续两天发表《我亦赞成中日亲善》。当时日本新上任的首相寺内竟出人意料地提出"中日亲善"，胡政之呼吁日本要先有亲善之实，以事实表示诚意，而不是停留在口号上。同时，他认为仅有政府的亲善是不够的，还要国民的亲善。"日本新闻家应当刷新其对中国评事论人之态度"，日本人拒人千里之外的骄盈之气也要改变，否则不可能与中国人握手言欢。他的结论是："政府亲善易而国民亲善难，在恶感已深之时言国民的亲善尤难。"所以他希望日本政府和国民应有相当的觉悟和忍耐性。

1917年2月6日，《大公报》以"美德间之战云勃起"为题，刊载了大量有关外电对此事的评论。第二天，又以"日紧一日之美德关系"为题，对方方面面的反应作了详尽报道，比如美国政府的态度、英美欢欣踊跃的民情、德国致美国的通牒全文及其附件等。2月9日的《美德国绝交后与中国》报道，就是对在华的英国、德国等相关国家人士的采访实录，"消息正确与灵敏"。其时，英美等国要求北洋政府参战，中国尚未作出决定。英国方面的议论是："中国数千年来政治家好持稍安勿躁暂且旁观之政策，英国从前固亦用此主义，今已大受其害矣。望中国人其速起也。"与此相反，德国方面的意见却认为，中国根本没有卷入战争的理由，参战不过是"徒供他人利用"而已。

　　1918年秋，在中俄外交风波中，胡政之亲临海参崴采访，历时一个月，在《大公报》发表长篇通讯《旅游漫记》，详细报道中东路问题及西伯利亚出兵等实情，开创了报纸主持人亲自出国采访、考察的先例。

　　他算得上是一个有世界眼光的人，那时就开始重视国际问题，作关于第一次世界大战的报道、评论，特别是他自己署名的那些评论，都有相当预见性，比他对内政的评论要重要得多，是一个很好的国际问题评论家。进入《大公报》正值第一次世界大战之际，他始终关注这次战争带来的变化，并洞察战后国际局势的变迁。1918年发表的《世界大势与中国》《内外暗潮》等论评，他已敏锐地感觉到日本对中国的严重威胁，并向国人郑重发出警告："彼日本已布置地盘，则问题本身之我国人，顾安能久于闭门自杀坐待处决耶？""此等危机已有萌芽，望我国民监视勿懈怠也。"

　　一战告终，他在《世界之新纪元》中提出：一、中国不能自外于世界之外，应打破锁国的旧思想，了解新时代的新思潮；二、新时代的外交公开、民族自决、弱国保护等主义都是为抵制强权而设立，不是用来奖励自暴自弃的国民，必须自己争气；三、酷烈的大战虽已停止，而文化竞争、经济竞争的激烈，绝不在战争之下，中国应"急图自全之道"。

三

《大公报》对"张勋复辟""五四运动"等重大历史事件的报道也引人注目。

1917年7月1日，张勋带辫子军悍然拥清废帝溥仪复辟。第二天，《大公报》以《共和果从此告终乎》的大标题，用多个版面的篇幅，对复辟的情形、处置黎元洪的传闻、任命官吏的种种、北京的秩序、清皇室的态度、外交界的反应等都作了详细的报道。饶有意思的是，"传闻大内得复辟消息，世太保、清太妃等均大哭，云每年四百万元恐亦难保云"。当天，胡政之就在第一版显著位置发表署名论评《复辟》，寥寥数语，冷静而不失乐观："吾人读法国革命史，诚知此举为必经之阶级，吾人观袁帝时代之往事，又不难推定其结果。"同一天在第二版还有一篇署名"无妄"的时评，甚至直言复辟是倒行逆施。

之后，《大公报》每天都以主要篇幅报道这一事件，直到闹剧在一片叫骂声和武力讨伐声中匆忙收场。7月3日的大标题依然是《共和果从此告终乎》，报道北京报界已失去言论自由；张勋传出上谕，要不断地封官晋爵；"北洋之狗"冯国璋在南京通电反对复辟；澄清了黎元洪自杀的传言；清宫内部已开始为权位而争，瑾太妃等痛哭不已。这一天的"紧要新闻"也刊出梁启超反对复辟通电的全文。在论评《两日来之成绩》中，胡政之列举了复辟的"成绩"：恢复红顶花翎、三跪九叩、总督巡抚大学士；新增"忠勇亲王"一爵；骇走北京住民数千；骇倒北京报馆十数家等，生动地记录了复辟闹剧中的种种丑态。

7月4日、5日，《大公报》连续以"讨贼之师起矣"为大标题，报道段祺瑞发表反对复辟的通电，并以讨逆军总司令名义发布布告，称马厂誓师讨贼，北洋军界发表全体公启，汤化龙、蒲殿俊、蓝公武、宪法研究会、宪政讨论会等个人或团体纷纷发出通电，曾支持袁世凯称帝的杨度也发表了反对张勋此举的电文。各地军阀四起响应，到7月5日，马厂军队一出发，北京城即已是一片"愁云惨雾"。

在7月4日的社论《敬告国人》中，胡政之指出，复辟闹剧使"国家人格扫地几尽，人类价值因以锐减"。7月5日，他在论评《忏悔之机》中说："张勋复辟固死有余辜，然使张勋敢为今日之举者，则历来之政府、各派之政客、有智识之国民，要皆不能辞其咎，故今日实予吾人以忏悔之机。今后国中智识阶级之人务当各养实力，各尽职责，勿图利用他力以排异己，勿更逾越常轨以致两伤。"

7月6日仍是"薄海争传讨逆声"，《大公报》连篇累牍报道的都是各地反对复辟的通电。胡政之说："今日乃军人拼命之会，非吾侪弄笔之时，做文章、打电报均是多事。"

到7月7日，闹剧即将告终，张勋四面楚歌，惶惶不可终日，欲乞降而不得。《大公报》在"逆贼无死所矣"的大标题下详尽报道了全国各地各方面对此的反应。7月13日，《大公报》以"讨逆功成"特

大标题发布了张勋逃入荷兰使馆、残余辫子军被遣散等消息。

多年后，胡政之在《回首一十七年》文中说："张勋复辟之役，本报言论纪事，翕合人心，销路大增，一时有辛亥年上海《民立报》之目。"1917年7月5日刊载的《本报特别启事》可以为证："本报日来销路飞涨，工人印刷劳苦异常。"

因为印报机是人工手摇的，没有用电力马达，所以工人日夜印刷不停。至此，胡政之接办《大公报》还不到一年，发行量已过万份，成为英敛之以后的又一个高峰。

过去一些介绍胡政之的文章常说他曾亲临段祺瑞马厂誓师现场采访，但从当年的报纸上我们没有发现有关的信息。而关于马厂誓师的报道应来自梁启超。1931年，《大公报》发表的《从一号到一万号》一文也明确说，7月张勋复辟之役，"本报言论纪事，精确明敏，段合肥马厂誓师之日，梁任公、汤济武两先生与之俱，当日誓师情形，即任公书寄本报发表者也"。

张勋复辟这一历史事件让胡政之思绪起伏。一年以后，他还写了《去年今日》《国庆纪念感言》两篇论评。他感叹民国短短七年，从武昌起义、南北统一、国会开幕到云南举义和讨伐张勋复辟，"国庆纪念日"竟有五个之多，并认为打破袁世凯称帝梦、粉碎张勋复辟和结束清王朝的意义同样重大。

1919年，北京爆发五四运动，胡政之远在巴黎采访，《大公报》对这一重大事件的报道同样足以名垂史册。

5月5日的《大公报》"北京特约通信"，以"北京学界之大举动"为题及时报道了"五四"当日在北京发生的事情，其中就有《北京全体学界通告》，有学生游行、集会时的口号、标语、誓词等。而在此之前，5月1日就曾刊出《山东问题之大警报》。

5月6日至9日，《大公报》连续跟踪报道《学界争青岛之昨闻》，对学生被捕、各方态度都有如实的记录。通过这些第一手的报道，后人不难发现，"五四"学生运动纯粹是外交问题引起的，毫无复杂的背景，没有组织，完全是自发行为。可见，比照报纸版面上同时刊登的那些不无肃杀之气的政府"命令"，《大公报》的立场是明确的。

5月7日，《大公报》刊出胡政之发来的《巴黎专电》，其中说德国已声明放弃属地："28日，英法美三国会议令日本国于得胶州湾后，以各国公认之条件归还我国。"这条专电本来是他4月29日从巴黎发出，但姗姗来迟，5月6日才到达天津，对"五四"并未产生直接影响。

5月9日，《大公报》有一条未经证实的消息《阁员总辞职说》，称8日午后外间纷传现内阁阁员已提出总辞职，并说是国务会议上议决的，其理由是外交失败，因而引咎辞职，详情尚未探悉。

评价一张报纸，对重大历史事件的报道是一个重要的依据。即使没有胡政之那些革新的努力，就凭它在"张勋复辟"、五四运动中的表现，我们就不能简单地将《大公报》1916—1920年的那段历史一笔抹去。

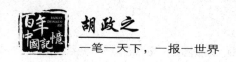
四

第一次世界大战以协约国获胜而告终。1919年1月，战胜国在巴黎召集和会，中国因为搭上了参战的末班车，才有机会以三等国资格派代表躬逢这一盛会。其时，各国记者云集巴黎，美、英等国有二百多人，日本也有三十多人，中国以新闻记者资格前往采访的唯有天津《大公报》的胡政之一人。他于1918年12月动身，于1919年1月23日到达巴黎。从25日和会开幕到6月28日中国代表拒绝在和约上签字，他以一个中国记者的独特视角，亲历了和会的全过程。他在《大公报》发表的"巴黎专电"，特别是"巴黎特约通信"也因而有着极为珍贵的史料价值。

在胡政之关于巴黎和会的第一篇通讯《平和会议之光景》中，他就指出，国家没有实力，不能自强，"公法固不足恃，即人道正义之说亦欺人之谈"。他告诉国人，巴黎和会实际上是由英、法、美、意、日五强操纵的，所有事项都是"五强"代表"先议决一定办法，然后提交大会报告一番而已。二、三等国家固无可否之权也"。连代表人数都是不对等的，"五强"各有代表五人，二等国家有三人，三等国家仅二人。胡政之目睹强国专制的实况，情绪激荡，终于发出了"国之不可不自强也"的呼号。

在《外交人物写真》中，几个中国"专使"莫不形神毕露，他们虽都算得上"外交人才"，"然陆征祥谦谨和平而拙于裁断；王正廷恫愊无华而远于事实；顾维钧才调颇优而气骄量狭；施肇基资格虽老而性情乖乱；魏宸组口才虽有而欠缺条理"。几个人为了争代表席次掀起了一场风波，接着，陆征祥离职出走，闹了个更大的笑话。胡政之因此慨然说："中国人办事，两人共事必闹意见，三人共事必生党派。"

在巴黎和会上，只有美国尚抱有公平的理想，能为弱小国家说句话，但在"五强"中却显得孤立。山东问题是会上与中国关系最大的一件事，中国代表竟然只参加过三次有关会议，其余决定都是在有日本代表而无中国代表的会议上作出的。胡政之的《平和会议决定山东问题实记》详细披露了其中的内情。

尽管中国代表做了不少努力，无奈英、法早与日本有勾结，美国也不可能竭力为中国谋利益，结局早已注定。在一系列奔走、让步都归无效之后，6月27日夜，中国代表王正廷、顾维钧、魏宸组三人就是否在和约上签字举行彻夜会议，最后为"抵拒国际专制主义"，临时决定不去参加签字仪式。

6月28日，协议国代表与德国代表在凡尔赛旧皇宫签订和平条约。签约会盛况空前，出席的记者就达四百多人。中国人中只有胡政之和他临时在法国请的助手谢东发以记者身份在场，见证了那个历史性的时刻，写下了感人的通讯《1919年6月28日与中国》（发表在当年9月3日至6日的《大公报》）。

那天的会场，代表席上留给中国代表的两个空位，直到午后三点依然空着，胡政之断定中国代表不会来了，他和谢东发分别告知各国记者，"一时争相传告，遍于全场，有嗟叹者，有错愕者，亦有冷笑者"。法国和美国人多有"惊诧叹服之感"，"英国人多露轻蔑之色"。威尔逊的笑容、路易·乔治的蛮态都和平时一样，只有克里孟梭很不高兴。日本记者见中国代表不到，有故作冷静的，有来问胡政之的，"大抵是绝对想不到而已"。一位美国人大呼："今日之中国真中国也。"一位法国人对胡政之说："此日本人之切腹也。"

胡政之以中国报界名义向巴黎各通讯社发送通告，称签字无异于"引颈自决"。中国作为协约国之一，竟然要在战胜与自由的名义之下，将40万人口的领土作为对日本的赠品，这种不公正之事在世界史上都是前所未有的。"中国之不签字，得保其国家之尊严与名誉。"新闻稿由谢东发以精警简短的法文书写，巴黎各报多数采登。其中有的报纸还发表文章批评法国政府一味敷衍日本，将给远东带来后患。法国民报甚至刊登了一幅讽刺克里孟梭的插图。挟"五四"的风雷，中国代表断然拒绝在《凡尔赛和约》上签字，不啻是给了不可一世的日本和英法等列强一个响亮的耳光。胡政之说，我国外交向来讲屈服，"今日之举，真足开外交史之新纪元"。

采访巴黎和会的经历令胡政之一生难忘，成为他新闻生涯中的第一个里程碑。多少年以后，他在动员萧乾以《大公报》战地记者身份奔赴欧洲战场时还动情地说："第一次世界大战被我赶上，现在第二次世界大战又被你遇上了。"

和会结束，他没有马上回国，而是继续在欧洲各国采访。从1918

年到1920年，他在《大公报》发表了一系列"欧美漫游记"，对比利时、意大利、瑞士、德国等国都有细致、深入的观察。

五

欧美之旅进一步开阔了胡政之的眼界，回国不久的1920年7月，他就在《大公报》发表的《本报改造之旨趣》一文中提出："新闻为社会之缩影。吾国社会所最缺者，为世界知识。自来报纸所载世界消息，或传自机关作用之通信，或译自辗转传闻之外国报，东鳞西爪，模糊不明，以致读者意趣索然。本报今后于世界潮流，国际形势，当编成系统，记叙本原，以期养成国民世界的判断力。"

向国人普及世界知识，加强系统、可靠的国际新闻报道，有如此清醒的认识，胡政之在百年报业史上算得上是先驱。在上海报界欢迎会上，他就指出："我国人与外国人隔阂太甚，必须注重国民交际。"而通过报纸普及世界知识就是其中极为重要的一环。

所以他一回到天津，即着手改造《大公报》。除了注重国际新闻的报道外，他还孜孜"以灌输政治常识自勉"，认为英国国民富于政治能力有赖于报纸对国事的详细记载，久而久之养成了英国人丰富的政治常识。他说："报纸者天下之公器，非一人一党派所得而私。吾人业新闻者，当竭其智力，为公共利益。"他以不负"大公"之名，做社会的公仆自任，决定开辟"社会之声"栏目，作为"社会公众发

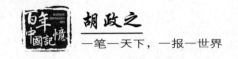
表意见之机关"，"专收外稿，为民呼吁"，传达社会各界的声音。在"政治腐败，国民失望"的中国，他以《大公报》为公器大力提倡改革、寻求精神解放，所有这一切都是他致力于改造社会的尝试。

从7月1日起，《大公报》开辟了每天都有的"思潮"栏目，内容涉及科学、文学、哲学、法律、政治、社会学等。当日的"宣言"中说："本报为顺应世界潮流，提倡文化运动，故特辟'思潮'一栏，用研究的精神求事理的真诚。不掺派别的意味，为一家一说张旗鼓，愿陈列其所知以供社会的批判。不愿矫饰其说，诱致社会于盲从。"此外，"世界新潮"和"经济大势"两个栏目是交错刊出的，前者发表的文章如《欧洲人之废战运动》《日本自由劳动者组合之真相》《劳农俄国之真相》等，后者如《商业上英美之争霸》等，大体上都是有关国际政治、社会、经济方面的深度报道。

7月2日，胡政之在《大公报》发表《世界新旧势力奋斗中之中国》一文，认为中国处在当时的世界潮流中，"必须对于旧势力足以自立，然后对于新势力乃有所建树可言"。要想自立，首先是平息内乱，修养民生；其次是充实国防。但他所说的"充实国防"不是专指练兵，他认为只有教育普及、科学昌明、工业发展，"有强健之国民，坚实之组织，则矗立世界潮流中，自可安然无虞"。

其时，中国共产党尚未出世，他即已开始关注社会主义思潮。在《世界新旧势力奋斗中之中国》中他已提及《共产党宣言》。在《资本主义欤社会主义欤》论评中，他说："中国自来四民平等，匹夫而傲王侯，布衣而致卿相，未尝有阶级也。……中国本无欧洲之历史，复非欧洲之社会，若强将西方社会主义之说，移植中土，此与创造历史、创造社会无异，其为不当，不待智者而后知之。"因此他提出中国的改造"当根据中国之历史国情，参酌世界之潮流趋势，采特殊之方针，取资本主义之长处，以谋殖产兴业，行社会主义之精神以弭社会革命"。"抑今日中国改造之根本问题，尤在教育，方今资本主义，已成强弩之末，社会主义之实行，不过方法问题与时间问题。于此首当注意者，为一般国民之政治教育，盖往昔之政治，为特殊阶级之专业，而今后之政治，则国民全体之职务。"

事隔八十多年，经历无数的风云变幻之后，重温他当年的思考心得，确实有恍如隔世之感。他的判断或有不当之处，他的预测可能并不准确，但他对民族命运忧戚之至诚，却不因时势的变迁而淡化。在这篇文章最后，他提醒国人要防患于未然，假如国民缺乏谋求公益的道德，并无担当公务的知识与能力，一旦在国家权力支配下扩大"公生活"，结果"将养成新官僚派，或少数暴民，矫窃公意，成少数专制之局"。抚今追昔，这些恳切之语不禁让人无语凝噎。

就此，我们可以把《世界新旧势力奋斗中之中国》《资本主义欤社会主义欤》和《本报改造之旨趣》看作是胡政之一年半来欧美漫游、考察的总结，表达了他对世界形势以及改造中国、改革报纸的基本主张，值得深入研究。

由于胡政之出国日久，《大公报》景况已大不如前。正当他准备重整旗鼓、改造《大公报》时，直系和皖系军阀之间的战争打响了。后来，皖系在战场上迅速战败，8月12日，王郅隆在仓皇出逃日本前夕发表声明，宣布与《大公报》脱离关系，并提退股本。同一天，胡政之也发表《启事》，"将《大公报》主笔兼经理职务概行辞退"，离开了他曾寄予希望的《大公报》。等到8月20日，"改组"后的《大公报》复刊时已面目全非，"思潮""世界新潮"和"经济大势"这些栏目都消失了，连报头的字体也变了样。此后的《大公报》自然不会受皖系军阀的控制，更不可能是"安福系的机关报"了。

从1916年10月到1920年8月，胡政之第一次进入《大公报》，前后不足四年，其间出国一年半，实际主持《大公报》的时间不过两年有余，但在他的报业生涯中却是一个极为重要的阶段，为他六年后第二次入主《大公报》，以"四不"方针开辟百年报业的"新路径"奠定了基础。

综观这一时期的《大公报》，其爱国热情丝毫不亚于其他进步报纸，新闻报道客观、翔实，内容丰富、活泼，评论也能切中时弊，特别是对"张勋复辟""五四运动""第一次世界大战"的报道，以及对战后世界潮流、社会主义思潮的介绍，都证明了这是一张站在时代前面的报纸，也证明为"安福系的机关报"之说是站不住脚的。

正是在这段经历中，胡政之不无痛苦地认识到了，一张报纸如果不能经济独立，又与政治势力有扯不清的关系，一旦政局波动，报纸也就跟着垮了。虽然这一时期的《大公报》不是什么"安福系的机关报"，但其老板王郅隆与"安福系"有着千丝万缕的关系，要想完全摆脱一个政治派别的影响也是不可能的。六年后，当胡政之故地重来，和张季鸾、吴鼎昌联手盘下已倒闭的《大公报》时，办一张"不党、不卖、不私、不盲"的民间报纸，走言论报国之路的酝酿早已成熟。以后《大公报》每一页的辉煌几乎都离不开胡政之的努力，他早年那些有益的探索、尝试（比如对经济新闻、国际新闻的重视等）几乎都派上了用场。

精神　事业　做人

李侠文*

　　记得去年4月间政之先生离港飞沪养病的时候，六七位同事一起到启德机场送他，大家看他上了飞机，飞机开到滑道另一边才散去。我和廷栋仍留在那里，一直等到那架空中霸王升空入云，出海远去。两人相对默然，心里有一种莫名的伤感。因为在他离港的前两天，我曾陪司徒医生回宿舍给他看病，医生对我说，胡先生患的恐怕是肝脏硬化，不易医治。这消息固然使人感觉沉重，但也没有人肯相信他的病是不治的，因为他平时那股磅礴的魄力、充沛的精神，使他在事业上克服一切困难，安知其不一样能把病魔克服？这一年来谷冰先生时常有信向同人报道他的病况，大家在悬念中都未放弃过他的病会康复

---

　　* 自20世纪30年代即参加《大公报》港、桂、渝、沪各版工作，先后担任社评委员、编辑主任、总编辑、副社长、社长等职。1988年出任香港《大公报》董事长，1992年转任《大公报》名誉董事长。历任第五、六、七、八、九届全国政协委员。2010年1月12日病逝。

的希望，因为不但在事业上极需要他，在每个人和政之先生的感情上更不忍失掉他。现在他真的逝世了，但他生平所表现的精神与魄力以及他对人对事那种亲切认真的神情，还是活生生地闪耀在我们的眼前，活在我们的脑海中。

我最初和最后一次见到政之先生都是在香港。最初一次是十年前我准备进入报馆工作的时候，他约我到报馆谈话，除了考问我的工作能力外，问我对于这个报有什么意见。他那种亲切诚恳谦和的风度，使我即时对这个报馆产生更多好感。我进来工作的第一个晚上，他站在我的桌子旁边，看我逐字逐句翻译外电，没有几天他叫我到他的寓所去，出题目叫我写社评，勉励有加。

自香港沦陷，创办桂林版，再由桂林疏散到重庆，复员后由重庆到上海，直到去年在香港复刊，十年来，整个报在艰难困苦中推进，在破坏中站起来，处处看出他的识见坚定、气魄雄浑、风度恢宏，使得每个同人更认识他的工作，更爱好他的事业，这种力量实在不可思议。他常说，如果他不能把事业推到世界去，他自己不能认为成功。所以这次对港版复刊，期望至大，认为这是使事业向海外推展的起点。复员后津、沪、渝各版同时刊行，馆内人手并不充裕，他准备以有限的人力物力使港版办起来，慢慢求发展。筹备时他亲自来港主持，每天为这个报伤脑筋。后来香港闹房荒，物价高昂，重刊时无论人力设备，都不及其他各版万一，就凭他与同人共同吃苦，使同人忘记了生活上的艰困、工作上的繁重，使这个报在几乎不可能的情形下复刊。大家都晓得出报的种种条件不具备，试版一连试了五天都未

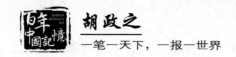

能放心，结果这个报还是出来了。试版的几个晚上，他一直陪同同人工作，好像对每一件事都想动手帮忙一下似的。出报那天早晨我们一直等到快天亮才回宿舍。我和经理部一位同事跑到机器房看印报，把印好的第一张拿上去，他一看见连说："恭喜！恭喜！"因为不可能的工作可能了，这也可以说是他的精神力量所致。出版了两天，我们劝他晚上不要再来操劳了，他晚上便在宿舍休养，但不久肝病终于发作。他本有血压过高的毛病，肝脏硬化当然也不是一朝一夕染上的，只是他平时太注重事业，忘了健康，在港又经过一番繁忙的工作才发作起来，这实在使港馆每个同人更感动、更惭愧。

他在港那几个月，和同人同住在一个宿舍，吃饭在一起，对同人的生活起居非常关注。他劝熬夜的人必须午睡，工作越紧张，便越须注意健康，可是他却把自己忘记了。他每天和大家闲谈，海阔天空，古今中外，说得满座皆春，人人眉飞色舞，而每一段话都包含着经验和启示。廷栋、宗瀛和我每天回宿舍午睡前，常常跟他一起去吃下午茶，听他谈事业，谈时局，以至谈个人的生活与交游。他是毫无拘束的无所不谈，使人觉得他人情极厚，而且非常有活力。他在谈话里恨不得把他所有的经验都告诉你，希望你立即成为一个得力的新闻记者。他常对全报的同人说，我老了，希望你们年轻人多负责任。这种爱护提携青年的热情，使报馆不断发生新陈代谢的作用。老同事曹、金、李、王①等一直是这样在做的。他看见青年人努力便高兴，听见

---

① 指曹谷冰、金诚夫、李子宽、王芸生四位先生。

新的知识便兴奋，他认为事业和个人一样，不进即退，必须时时学习，向上，求进步，否则必倒退，而被时代所淘汰。

报馆里的同人一片朝气，他是最大的推动力。在全国思想被统制的时候，报馆里从未有过任何同事因所谓思想问题而受到歧遇。去年穗渝两地有好几位同事横被逮捕，他营救出来后，特别跑到重庆去了一趟。他打电报给粤当局，愿意自行来粤做人质。要求先将同事释放。他要事业能够独立进步，所以他要爱护事业的生机，要应付可能的压迫。

抗战时期，全国一致对外，报业也一度不得不甘受统制，以致许多话都说不出来。人家对这个报越重视，他就越担心。他早就和同事商量，怎样逐渐摆脱压力，多为老百姓说话，使这个报在复员后能够更独立前进。可是为了顾全事业与员工生活，既不能随时关门，肆应之间，便费尽苦心。抗战时期一篇论河南灾情的文章，被迫停刊三天。连一条蒋介石邀请毛泽东赴渝商谈的消息，也被宪兵拦截报车检查、故意刁难。复员后号称取消新闻检查，而事实上新闻自由比从前更少。别的报可登的内战消息，这个报就不一定能登，登了就有麻烦。据南京当局说，这个报被人重视，所以特别要严格。无怪政之先生有一次在宿舍里谈论到新闻尺度的问题时，慨然说：我们如果所办的是一个新办的报就没有这许多顾虑了。时局在转变，社会要新生，在这个时期他想把数十年来全心全力所办的事业延续发展下去，他是不计毁誉地在做，其间苦心孤诣，真不足为外人道。

港版复刊之初，许多同事在工作上以致精神上感觉苦恼和困难。

一天他曾约了编辑部的同事在告罗士打酒店喝茶，分析大局并谈他的事业抱负。他认定旧的社会早已腐化不可收拾，新局面必须出现。对于这个报当前处境困难以及今后所循的途径，一连说了两个钟头，使每个同人对前途抱有信心。

他对青年人抱着期望，青年人对他也不致失望。这个报馆的待遇并不比别的报馆高。许多同事大概有这种经验，就是外面常有人以较高的待遇和较好的名义找去工作，但极少数人愿意离开，总觉得这个事业值得留恋，大家不是在为什么人做工赚钱，而是为了共同的事业用力，为社会大多数人服务。

政之先生本人一生为事业奋斗，个人享受绝不讲究，他常自称是穷书生，他的日常生活的确是书生本色。他自奉俭朴，刻苦自励，但也不勉强别人学他，不过他总是身体力行，起着示范作用。在桂林有一次我在编辑部写稿，用的是战时后方的粗劣土纸，我拿了毛笔不经意地挥写。他走进来拿起来看，我写一张送一张给他看，为了求快，字写得又草又大，每张纸写不了几十个字，他笑着拿起笔来改两句，写的是蝇头小字，比对之下，叫我立即感觉到在这物资缺乏的时候，不能这样糟蹋纸张，以后写稿尽量把字缩小。他认为个人生活能够朴素，然后容易自处，遇事可以不受威迫利诱，尤其新闻记者，最要有良好的操守，必须这样才可以减少过失。而《大公报》创业以及历尽艰辛不会垮下来，实在与这种精神很有关系。

他以前在《大公报》和《国闻周报》写的文章甚多，近十年来总是鼓励年轻同事执笔，由于业务的发展，他太忙碌，不常为文，只有在桂林版及港版初刊时多写些。他教人写文章，要在很嘈杂的环境下，以极短促的时间，把文章写出来，因为在编辑部写稿，有时突然碰到新事件发生，需要立刻评论，没有闭门静坐构思的余暇；不过这需要平时的学养，不是一学就得的。政之先生的文思极迅速，有时他无暇执笔，请同人替他笔录，他说一句写一句，竟能段落分明，斐然成章，事后不必改易一字。他的文章风格依我个人的看法，是以气魄胜。因为这位做新闻记者几十年的事业家，对整个社会认识深，经验多，写起文章，总是切合实际，综合名实，言简意赅，与季鸾先生那种明畅精辟的文风，各擅胜场，互相辉映，蔚成早期《大公报》社评特有的风格。新闻事业是随同社会前进的，一切文字都在反映社会的现实，无论对于什么事的评论，都要保持独立与进步的观点，促使社会前进，企求人民福利增加。这个方针是政之先生时常对同人强调的，过去尽管做得不够，但这个前提是未被放弃过的。《大公报》在清朝创办，到后来由吴、张、胡三位接办，在北洋军阀横行时期，同情南方的革命运动，以至拥护抗战，而直到现在，精神上始终配合着社会的进步，以求中华人民共和国成立的实现。政之先生是从旧社会出来的人，而他的脑筋一点不陈旧。这一年来他在沪养病，医生和朋友知道他太关切他的事业，听说报纸都不大让他看，我们不能听到他的意见，但照他过去的精神表现来看，我们相信他无论何时都会赶上时代，一定愿意看到他所从事的事业蒸蒸日上。

关于政之先生的主张和思想，当然不是几句话可以概括，如果不了解他的一生事业的社会背景，随便用一种尺度去论断，恐怕是不公

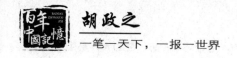

允的。站在新闻记者的立场，我们只觉得他在中国报业史上有不可磨灭的劳绩。

他一生的作为，一切为了事业，不是为了个人，忍辱负重，任劳任怨。他常说人人都可以发脾气，就是他发不起。他一生未曾凭借报纸来干名谋利、求个人的出路，他老老实实做报，一生在忧患中奋斗，热爱社会，扶掖青年，追求进步，不倦不息，实在是个难得的人。任何社会国家的建设最需要有热情、操守、气节的人，先有这一切，再加上知识技术始能对社会有用；如果这个人本身不健全，纵使有多好的主张与学识，又有何益？政之先生不但启示了怎样做新闻记者，更重要的是教我们怎样做人。在这个时候，我们特别追念这个人，这个人在忧患中死了，不过死的只是他的躯壳。他的事业，他的事业精神，尤其是他做人的道理是不死的。

（原载于香港《大公报》，1949年4月21日）

报人的态度

李宗瀛*

　　第一次会见政之先生是在上海，那是抗战刚胜利，人人都怀着不少远大的计划，政之先生正忙于计划如何扩展《大公报》的战后业务。

　　因为我那时即将参加《大公报》，当时自不免谈到一些个人的经历，但话题终于转到做报的态度问题。

　　在中国，由于社会黑暗面多过光明面，也由于一般所谓"清高"的士大夫习气，一个报纸取得读者的信心，似乎专靠"揭发"阴暗面。但政之先生对这点显然是并不完全满意的。

　　在短短的谈话中，他不断申述，要改造社会，仅靠抨击贪污腐败是不够的；除此而外，一方面固然要提出积极的意见，另一方面也应

---

　　* 1946年入《大公报》，曾任上海《大公报》采访部主任、香港《大公报》副总编辑。

奖励社会中的光明力量，使它更光明、更普及。

从政之先生的话中可以看出，他所谓的光明面不止是一种整个的趋势，或是一种政治力量；在他看来，即是一个人的努力，一个人做人的积极性也不应放过。从事报业的人应尽力发现这些大大小小的向上的力量，做忠诚的报道，热心的鼓励。

现在一个新的中国正在成长，这也许是中国成为一个自由独立国家的最后机会。这一个生长中的国家自然需要积极性的批评，但也更需要热忱的鼓励，使更多的中国人能脱离旁观者的地位，投身于新中国成立的斗争中。在这样一个时代中，政之先生所主张的报人态度应该是现在最正确的态度了。

（原载于香港《大公报》，1949年4月21日）

望平街上的哀思

——《大公报》的时代任务

曹聚仁*

胡政之先生逝世了！在他缠绵病榻的一年中，《大公报》也正在多事之秋，王芸生先生有如太师挚之奔齐，到香港去争取思想自由；吴鼎昌先生绝望于政治生活，也就辞去了《大公报》的董事长职务；平津易手以后，《大公报》的天津版这一发祥地，已经给挖去了根底，插下了《进步日报》的新苗；胡先生的死讯，仿佛给《大公报》划分了时代的签标；长江后浪推前浪，《大公报》这一群人已经完成了他们的时代任务了！

《大公报》的诞生，原是张季鸾、吴鼎昌、胡政之先生的精神结

---

* 著名记者、作家，曾任香港《星岛日报》驻南京、上海记者。有多本散文集出版。

合；他们决议之初，约定五事："（一）资金由吴先生一人筹措；不向任何方面募款。（二）我等三人专心办报，在三年之内，大家都不得担任任何有俸给的公职。（三）（略）。（四）吴鼎昌任社长，胡政之任总经理兼副总编辑，张季鸾任总编辑兼副经理。（五）由三人共组社评委员会，研究时事问题，商榷意见，决定主张，文字虽分任撰述，而张先生则负整理修正之责，意见有不同时，以多数决定。"（见胡氏《回首壹拾柒年》）。这是中国新闻史的新页，有了民国十五年以后的天津《大公报》，这才有以新闻事业为终身事业的报人，张季鸾、胡政之两先生都死在自己的岗位上，并不以办报为从政的踏脚石，这已不可及的了！

他们在创刊之初，标出"不私不盲"的方针："论人论事，力求深刻切实，决不随俗唯否，纵因此干冒风险，受人攻击，亦所不辞。"过去20年间，《大公报》不能说是没有政治关系，甚至如一般人所说的，它是政学系的门帘，张季鸾先生为蒋委员长的入幕之僚，吴鼎昌先生也成为蒋氏的股肱，也是事实，但他们仍把报纸当作营业做，并没有和实际政治发生分外的联系。他们"最高目的是要报纸有政治意识而不参加实际政治，要当营业做而不单是大家混饭吃，就算了事。这样努力一二十年以后，使报纸真能代表国民说话"。别人比之为东方的《泰晤士报》，他们却以《孟彻斯特卫报》自期。在抗战期间，他们在大筋大脉处绝不含糊，他们的报纸和国家的命运几乎连成一块，沪、汉、港、桂四次播迁，依旧屹然不动，他们的报格表现得最为忠贞。前年和去年，当国民党制宪行宪及召集国民大会之日，

《大公报》这一群，胡政之、王芸生两先生都不曾参加立法委员会国民代表的竞选，出处非常光明磊落，并未违背自己的本愿。

民国二十五年四月，《大公报》沪版创刊；从望平街的记录上说，这也是一道里程碑。我们知道望平街上也曾产生过风行一时的报纸，却不曾产生一种足以代表舆论的报纸，这其中，也曾有过无数种宣传性的报纸，却没有见过一种足以影响舆论的报纸；《大公报》昂然独步，无视望平街的传统尊严（至少在知识分子群的心头占了最重要的地位，本市的销数且不说，在南京的销数，一直保持着第一位），这么闯入了，这么站稳了，只有他们敢于批评政府，以诤友姿态出现，可说是了不得的了！

胡政之先生一生最醉心"民主"与"法治"。他从英伦回来，发表《心影记》，称颂英国的政治，谓："其政治之良风善教，培养涵育，由来已久；最难得者为常识丰富，人人守法，而公私之分明，是非之判别，尤为彻底而合理。""其一般新闻及论著文章则完全自由，但亦很少越轨的事件，所以然者，记者的常识，足以指导他的文字；社会的公论，也可以监督报馆的言行，大家心心相印，都不敢逞志妄为。"他写完了《十万里天外归来》以后，特著《宪政风度》一文，标举（一）服从法律；（二）尊重自由；（三）公道竞争；（四）容纳异己四要点。而于"诉诸民众公意，以法律形式交代政权，在野党随时有取得政权的希望，在朝党随时有放弃政权的雅量。上下交替之间，各自整理内部，培养新人；政治以竞争而进步"一端，反复言之，这是胡先生和张吴二先生心目中的极则，也是《大公

报》那一群人所努力的趋向。所谓："新闻事业应该不断求进步，至少要跟得上时代，最好能走在时代前面，领导社会，如果跟不上时代，那就难免落伍。"（胡先生语）就是他们的共同看法。

　　然而，时代暴风雨终于一阵紧过一阵地，吹送过来了，望平街上的枝叶，免不了这场最严厉的考验！走在时代前面，领导过中国社会的《大公报》，过去十年间，脚步那么坚定，到而今，也眼见有些跟不上时代，有难免于落伍之讯了。从竹帘那边传来的声音，那么的响亮：此或彼，没有中间的路线，一切都为着革命，报纸只是宣传的工具之一，不容有"只有政治意识而不参加实际政治"这么一条文化人苟延残喘的缝隙保留着！望平街要换上新旗了，"申""新"的时代固已过去，《大公报》的时代眼见也快过去了！我们知道马敦和帽庄的老板，在他的手中换过了多少样式的帽子，他们的抽屉中准备着多少样式的帽子来适应种种主顾，想不到不戴帽子的时代也会到来，这可把马家的老板吓住了！难道望平街的时代就这么过去了吗？代表望平街的三宝："新、申二报""马敦和帽庄""外国人坟山"就这么的完了吗？

　　　　　　　　　　（原载于香港《星岛日报》，1949年4月25日）

毕生尽瘁新闻事业

——忆胡政之

陈纪滢[*]

一

　　我知道胡氏的大名，约在中学时代，因为我自幼喜欢读报，自上高小起，祖母就容许我每月花费一元三角钱在暑期内订阅平津报纸，以便了解北洋军人互相混战的情形。……我在上海与北平（那时还叫北京）的报纸上，常常发现胡政之写的文章。知道他是个名记者，

---

　　* 陈纪滢为著名记者、作家。虽始终不是《大公报》正式成员，但从20世纪30年代开始一直和报社合作，外出采访，撰写稿件，和胡政之有过较长时间的交往。1949年到台湾，曾为"立法委员"。《中央日报》董事长。于1997年病故。

曾采访过巴黎和会的新闻。好像那一次也只有他一个中国记者从事采访。

……

在"九一八"前后，我曾多次为北平《晨报》写文章，不只副刊，偶尔也写通讯。《益世报》也是我投稿的地方。

有一天，我接到一位署名"胡霖"先生的来信，说是由赵惜梦先生介绍，盼我把日军侵占哈尔滨后的一切动态及社会反应，写出有系统的通讯来。通讯稿寄"天津法租界三十号路一八一号新记公司李大为先生收"等语。因为惜梦兄于不多日子以前，曾有信给我，说天津某处希望我能为他们写通讯，当时为避免检查，没说明是哪个报，但影影绰绰好像指的是《大公报》。"胡霖"先生是什么人？当时我不知道（自然后来才知道是政之先生的学名。季鸾先生给我们写信永远签名炽章，从不署季鸾，前辈先生的谦逊可佩）。我接到胡氏的信后，一面把当时日军侵略吉东及松花江迤北一些动态，跟自沈阳事变后东北社会一般情况，写了一篇概述，照地址寄李大为先生（后来才知道这仅是一个收信人的代号），同时也回复胡氏与惜梦兄各一信。

我仔细端详了胡先生的来信，虽然仅是一页信笺的八行书，但无论用词遣字及那笔龙飞凤舞的书法，都显示他是极有修养、身居高位的人。

这封信算是我与胡氏接触之始。

当我第一篇通讯刊登在《大公报》要闻版，报纸到达哈尔滨时，我也同一天接到胡氏的第二封信。这封信对我夸赞备至，使我简直无地自容。他又指示我随时写长篇通讯或简短新闻，并且注意争取时效。于是我便暗地展开了秘密通讯工作。

……

这时我才知道《大公报》原派驻在哈埠的记者李玉侃君已被日军拘捕。由于我的秘密通讯，不但使该报的哈埠新闻报道没有断绝，反而加强起来。天津是日本特务机关的大本营，它怎能熟视无睹？日本人必暗中查访这个通讯员是谁，以捕获为快。

明知我的工作是具有相当危险性的，但一方面那时年轻不怕事，另一方面我因独得方便之门（在邮局任职——编者注），我如不干，怎能对得起良心？……

最初几个月，每个月底我收到一封自天津寄来的保险信，里边四张十元红色交通银行的钞票，算是我一个月的稿酬。那时节，我在邮局的薪金共合哈币120元左右。这40块现钞相当于我薪俸的三分之一，不能不算是较高的额外收入。而当时还有一件最大的收获，则是常常接到政之先生的亲笔信，有时几个字，有时长篇大论。我想他综理全社社务，哪有时间给我这么一个小萝卜头的通讯员亲笔写信？顶多叫编辑部的一个职员与我保持通信就够了，何须自己写？而且之勤之快，令我惊奇。

后来我服服帖帖地愿意为《大公报》服务，其中原因之一，就是被胡氏勤于亲笔写信所感召。几十年来，我也亲自经历若干成功的事业家与大人物，勤于自己写信，乃是不可缺少条件之一。

……

所以截至民国二十一年八月，我一直担任《大公报》的东北特约通讯员，在所有关内报馆时的通讯记者，先后一一被捕，独我幸免于难，不是我有什么本事，乃因为我的工作掩护好，同时我个人也特别小心。一回想起来，这种秘密通信完全基于青年炽旺的爱国心；否则，以日本特务搜查的厉害，我是难以幸免的。同时我也不能不特别感激政之先生，他不但亲自处理我的稿件，并且我的职业与真实姓名他也完全保密。日本特务若是从天津方面查访，也未尝不可以弄个水落石出的。

……

民国二十二年六月间，我在上海突然接到季鸾先生一封信，除对我所写通讯谬奖外，说很希望我于最近期间到天津报馆谈谈，详情见赵惜梦兄另信等语。过去，报馆跟我写信的，都是政之先生，这次忽然改了季鸾先生，使我惊异非常。果然，惜梦兄的信于次日也由北平来了。大意说，报馆很盼我抽身去一趟东北，看看伪满洲国一年来的情况，还嘱咐我要守密……

约在七月十五日的下午，我在天津法租界三十号路一八一号《大公报》馆同时谒见了季鸾、政之二位先生。这幢高高的红砖房子，几乎在三十号路底，再过去就是墙子河，河那边就是意租界了。报馆正门既不宽也不大，并且也不算高。我很纳闷，为什么一个堂堂报馆，有这么一个门脸儿。后来才知道，原来这是一个工厂改建的。纵然不是改建，北方旧日习惯，除非王府官邸，一般住家都是小门深院，以象征主人的涵养。

……

工友把我领上二楼会客室。不一会儿，两位先生相偕自内出迎。在此以前，我连他们照片也没见过，但我立刻能分辨他二位谁是谁。两位先生由季鸾先生先开口，对于自"九一八"以来所写的通讯，以及种种意见夸赞了一番，并且问及我的职务与生活等，政之先生也偶尔插入说几句话。两位先生一胖一瘦，身材中等，着中装。当时盛暑，都穿疏罗大褂。政之先生穿的是一件浅蓝色的，季鸾先生则穿一件发黄的。因为两位先生满面堆笑，态度诚恳，语言亲切，一刹那间，就消除了我初次会见久所向往名人的不安心理与形态上的拘谨。那年季鸾先生46岁，政之先生45岁，正当中年人生旺季；而且由于馆务的急剧发展，事业鼎盛，从眉际之间，可以窥见两位都是有毅力，富果断，经验丰沛，深具信心的人。季鸾先生言谈徐缓，态度温和，政之先生笑声爽朗，表情分明。谈了一阵子，就归入正题。季鸾先生说：

"过去两年，承你帮忙，报纸增加了不少东北新闻。现在我们想今年'九一八'两周年，出一个特刊。为了充实内容，希望你与惜梦兄分别跑一趟日本占领区，他去热河，请你去东北，热河好去，东北就麻烦些。你能够向邮局请假最好，否则，我们实在不好意思。"

说完之后，政之先生就接着说：

"我们曾商量好久，这个差使非你去不可！一方面你有多种关系，地方情形熟悉，另一方面你有应付能力，一定可完成使命。"

两位先生虽是初次见面，但他们的言论、品德，早已久仰，他们这番谈话，自然毫无虚伪，不是故意鼓励我去冒险，自有他们的真正评估。但以一个涉世未久的青年（那时我才26岁）听来，也不免飘飘然。可是我仍是按捺住内心的喜悦，既是应该也是诚恳地答复道："两位先生对我的厚爱，实在感激。过去写的那些不成熟的文章，承蒙不弃，已经是非常惭愧，如今又交我这样重要的使命，更觉光荣！不过因为我的能力很差，恐怕要辜负两位前辈的期待。"

政之先生听后，就抢着说："你也别客气了，咱们研究实际问题吧。"

我就先问："我采访的范围与对象是什么？"

季鸾先生答道："一切都看看。日本在过去一年内，扶持溥仪傀儡皇帝，又在东北施行经济、军事、文化侵略。你去看看，他们究竟做了些什么？东北老百姓的反应怎样？总之，不必有专题。站在一个记者立场，做一般性的采访就是了。"

我唯唯诺诺。

然后政之先生问我："你打算怎么走？万一日本特务找你的麻烦，你怎么应付？"

我听后，深致感激之忱，站在报馆当局立场，纵然为了获取新闻，也不能不顾及职员的安全。然而，他们如不问，我也没有先夸示我有万全之策的理由。我答道："北宁路早已停开，目前只有从塘沽至大连这一条海路可走。至于应付日本检查人员，我已稍有安排；但是否有效，还须看我临时应变的能力了！"

然后我把一些准备，包括证件与携带的东西，约略说与二位先生听。季鸾先生在一边点头，政之先生则展开了笑容说："预祝你成功！"

他又交代了些事务工作，然后我便与二位告辞。

这是我自"九一八"与《大公报》发生关系以来，初次晤见张、胡二公。虽然仅仅约有40分钟晤谈时间，由于他们的态度友善，对事认真，与人关切，使我留下不可磨灭的印象。我后来心甘情愿为他们服务，导源于这次晤谈的原因最多。

民国二十二年九月十六日我在山海关乘北宁路火车，于上午到达天津站，立刻住进国民饭店。等我洗浴及吃了点东西后，立刻与政之先生通话，他叫我下午二时到报馆。届时前往，当我见了他，他对我所表现的喜悦与欢迎的那种情绪，是我毕生难忘的。

他说："太好了！太好了！没想到你今天能回来！"然后他转变了一种试探的口气问我："累不累？"我答道："不累！"（其实我在北宁车上挤了一天一夜没睡觉，哪有不累的？只因为年轻好胜，岂能在长辈面前说泄气的话？）

"好了，你从现在起，开始写你这次采访经过。写一般印象，先不作专题分析。我给你地方，写好一张稿纸，就先排一张。你晚上就住在报馆，写到明天下午，大概要三万多字，填满一张报纸的四分之三。"又说："来来来，到这里来。"我就跟着政之先生进入编辑部南边的一间屋子，他指着一张办公桌说道："你就在这里写，我叫听差给你预备茶水、稿纸和文具。你也就在这儿吃饭。我再叫工厂小孩随时来取稿。"于是，他引我再走进里边的卧室，他指着一进门的一

张空床说："晚上就在这儿睡觉。"

他又说："你所有寄来的照片及资料都收到了，等会儿我给你拿来，以便参考。"

从见他到我坐在椅子上开始撰稿，总共不到一刻钟。真可以说急如星火，最迅速的安排了。

原来我若不回来，就由报馆凑上一版有关东北资料与惜梦兄自热河采访所撰写的文章合出半张，以作"九一八"二周年特刊。因为我恰好在"九一六"回来，不先不后，还来得及刊载我的作品。所以政之先生作了临时决定，要出一大张，也就是四版，以扩大宣传声势。他这种斩钉截铁临时的安排，真是报人争取时效的最佳风范，也是我以后从事任何工作，无时或忘的一种教训。

……

我脑子里略经组织，于是奋笔疾书，开始撰稿。不到一小时，已写了二三千字，恰好工厂取稿的小孩来了，我就叫他每隔一小时来取一次稿。我写到七八点钟了，已完成一万五六千字，足够排满一版又半。

当中，有一位杜协民先生把我从东北预寄的几大包资料送来，很高兴地对我说道："你真了不起，除非是你，任何人也没有办法收集这么多资料，而你又能把它安全寄回来。""没什么，别人也许没我这么方便。"因为我是从邮政职业中，学会躲避检查人员的方法，因而我的秘密文件得以平安寄达目的地。"胡先生教我把你寄来的东西锁在保险箱里，谁也不许动。除了照片，资料都在这里。"

原来政之先生已选择照片制铜锌版去了……

……

那天我写到十一时，实在太疲乏了，只好停笔休息。我在九小时之内完成二万字，平均每小时二千多字，照古人的说法"倚马万言"，我当然还是"笨手"，但以一个多日辛劳、食睡不足的人能有如此成绩，总算差强人意。我预计第二天，再完成一万字，时间绰绰有余，不必烦心了，所以那夜我睡得最香甜、最踏实。工厂小孩于"九一七"早上十点钟又来了。他告诉我，昨天排好的稿子都交给王芸生先生去校阅。本来任何稿件应先交给编辑校阅，然后付排，是一般通例，但这次因为赶时间，先排后阅，次序倒置了一下。因我一直写到下午三点，大功告竣，内心舒坦，无与伦比睡好了觉，我又回到报社给政之先生留下二个字条，大意说："我写了三万多字，全部已交排字房，希望先生删改，并加子题。"《大公报》传统，写文章的人都不署名，任凭报馆决定。当一个人按时完成一件工作，不但情绪轻松，胃口也大开，所以痛痛快快吃了一顿，消除了多日紧张情绪。

……

快十点钟了，政之先生正准备写社评，从他嘴里才知道季鸾先生卧病在家。我烦他代致问候之意……

……

我安睡通夜。第二天，不到七时，我就醒了。工友把"九一八"的报纸拿给我看，共四大张，其中一大张是"九一八"特刊。我的文章列为首篇，以初号大字"东北勘察记"标题，然后按内容分列了若

干子题。以"生人"署名。我庆幸没用我的真实姓名，因当时顾虑尚多，若用了真名实姓，多所不便。至于为什么用"生人"二字，也并非凭空捏造。因为在我记事中，有多处使用以"陌生人"出现在伪满社会字样。芸生兄在核定稿件后，就以陌生人再简化为"生人"向胡先生请教，才确定我游记的署名。我觉得这个署名很有意义，在日本特务布满东北各处情况下，能容许一个"生人"突破他们的包围，闯入禁地（那时还没有竹幕、铁幕等名词），让我一个光棍记者，如入无人之境，到处采访，不是我能干，实在是他们无能！

我又看了那七八张铜版照片，选择得很好，印刷也精美。我记得有伪皇宫、伪国务院、长春（那时叫新京）街景、哈尔滨、沈阳火车站，还有佳木斯日本移民区域等图片，令人看了就生"故国山河在"的感觉。

……

我从头到尾看了一遍，除有一二词汇增删之外，全文照刊。霎时，不知不觉我偷偷掉下了几滴眼泪。这几滴眼泪，是我两个月惊险与辛劳的结晶，也是报馆对我的心血最大的报偿……

那天社评——"'九一八'二周年感言"是政之先生写的。首先他介绍我的记事，说是"本报不畏艰险，特派记者深入采访，使国人明了东北真相，同情东北同胞的遭遇，知道日本人的野心，速起反抗日本当政的措施。同时也警告日阀，应适可而止，勿逼人太甚"。文字简赅，条理分明，而以感情贯注，一如季鸾先生的手笔。要不是我知道季鸾先生在卧病，一定会使我误会到仍是他写的。由此可知，张、胡二氏因意气相投，笔调一致，甚至词汇用语几不可分。

……

大约上午十点，工友传出话来，晚上六时，胡先生请我到他公馆吃饭，为我洗尘并庆功，叫我在报馆等候，一齐去。

这是一个很好的安排。下午五点多钟，编辑部同人齐集编辑室，向我致意，无非是称赞我写得生动、真实等语。我当然不能自满，只好推说，因时间过于匆忙，文字草率，希望他们今后不吝指教。胡先生不久也来了，见了我就说："一块吃饭去，谢谢你的辛苦。"但他说话时的神态令我惊疑，不似前天和昨天那么既说又笑，轻松愉快。也许是我的敏感，好像出了什么岔子。

我和许多同人到达英租界黎家花园后，才知道胡公馆原是前大总统黎元洪的住宅。这所住宅是报馆替他租赁的。所谓花园也不过是庭院里植有花木而已，并非如想象中的花园……

……

那时我也不知道季鸾先生得的是肺病。肺病在古老的中国社会是受忌讳的。对于病情不便深问，也是中国社会的一种礼貌。

因为我这次采访，原是季鸾先生设计，政之先生赞同。不料我采访归来，季鸾先生就病倒，我无机会亲自向他领教，心中不免歉然。我也不知道他看了我的作品反应如何，确实相当惦念他。

在就座之后，政之先生刚才严肃的面容，似乎稍微绽开了一点。他首先举起杯来，向我敬酒，并且说道：

"纪滢这次冒险成功回来，我代表报馆向你致贺意！"我答道：

"非常感谢胡先生的盛意。很惭愧，写的东西极其肤浅，以后还希望胡先生及各位多多指教！"那时节，所有在座最年轻的，也比我大个六七岁。政之先生长我二十岁。因此我的简单答词，不完全是泛泛的客套，也是由衷之言。

不一会儿，酒过三巡，菜过五味，政之先生一面张着笑脸，一面也显着神态沉重，说道："纪滢，我告诉你，你千万不要介意。咱们今天这个特刊，风头是出足了，麻烦也来了！"

然后，他就把南京行政院的一封电报内容说给大家听。原来今天一出报，驻天津的日本总领事（忘记姓名，似是桑岛）就把《大公报》"九一八"特刊内容转告日本驻南京大使馆；日本大使馆又转报东京日外务省。外务省马上指令有吉明公使向中国政府提出严重抗议。说什么"日中两国正在敦睦邦交声中，天津《大公报》竟私派记者潜入满洲国秘密采访，虚构事实，破坏两国感情，殊属不友谊之行为"等语。我外交部接到抗议书后，即刻呈报行政院。行政院由院长核实，令秘书长致电报馆查覆。馆方于下午三时接到来电，马上采取措施，并分别致电中枢友好，解释原委，并盼望转告外交部不可接受日本的无理抗议。到下午五点钟已接到许多来电表示支持《大公报》的立场了。

胡氏讲这一段话时，一部分同人如谷冰、萱伯、芸生等好像都已知道这桩事了，部分同人则跟我一样，乍闻此讯，都表示了相当惊讶，彼此相觑。

原来那时期的行政院长是汪兆铭，他还兼任外交部部长。他鉴于日本侵占东北后，谋华北日急，为了缓和日本的逼迫，他就公开声明，他的外交路线是"一面交涉，一面抵抗"，统起来，叫作什么"睦邻政策"，因此惹得日本敢公然拿《大公报》的特刊向我政府提抗议。汪兆铭虽然不惜卑躬折节媚日，但中枢尚有主张正义之士替《大公报》说话……因此在六点钟胡公馆的宴席上，情势已经缓和下来，怪不得政之先生几次进室内去听电话。

"胡先生，我非常抱歉，替报馆惹出事来！"

政之先生听后，乃郑重其事地答复我："报馆既刊登你的文章，报馆就负责，一切责任由报馆担当，你不必介意。"

"话虽如此，但内心实在歉然。"我说。

"有什么歉然的？难道我们反对日本扶持傀儡不对吗？难道我们替东北老百姓说话不对吗？假如政府借此压迫我们，我们就诉诸舆论，拼命到底！报馆关门也不怕！"

这番话，说得光明正大，掷地有声，我暗表示钦佩之意。然而在没有结论以前，我以"当事人"身份，还不能明白赞扬，自是正理。

然后，胡先生劝大家喝酒，他自己也连饮几杯。

这顿饭吃得我既不安，也愉快。因为我实在没有任何责任，报馆当局坚决的态度，我深感欣然……

后来谷冰兄告诉我："从上午十一点起，南京电报与电话不绝，就是为了这件事。政府若强硬，从外交部就该驳回去，不值得把消息转告给我们。民间的举动，政府可不负任何责任；何况这种举动，又不是丢国家颜面之事！"然后他劝我："你没丝毫错误，不必介意。

我们也不会把真实姓名泄露出去。"

"我倒不怕他们知道'生人'是谁！"当我谢了谷冰之后说。

第二天，天津出版的日文《每日新闻》，果然刊登着日本政府为《大公报》出特刊所提抗议及新闻，语意之间，极尽煽动恐吓之能事。当时日本在华外交官穷凶极恶，兴风作浪的乖戾之气，与政府对日外交的软弱态度，都留给我极痛楚的印象。

九月十九日上午胡氏来馆，把我召进他的办公室，还没坐下，他满面堆笑，冲我说道："纪滢，昨晚真对你不起，使你心里不舒服！现在雨过天晴，一切云消雾散了。"然后他又把南京汪兆铭及其所属骂了个狗血喷头。胡氏骂人的口头语是"该死！"他对屈辱外交不知骂了多少个"该死！""该死！""该死！"

……

……季鸾先生的如椽大笔固然已影响了中国重要的时期，使《大公报》的地位抬高，然而如果不是赖政之先生的擘画经营，使报纸行销全国，可能它的影响力要大打折扣，何况胡氏写作能力之强，绝对与张相颉颃。所以不知有多少篇社评，出自二氏何人之手，不仅读者不能完全辨清，就是馆内同人事后也几难确定。可知张胡二氏对世事论点相同，文字技巧也多处相似。

有一个时期，季鸾先生患病，社评撰述由政之先生负责，每天写不同题目，所有笔调、词汇、主张，简直与季鸾先生一模一样，几乎无法辨别不是季鸾先生所写。就是谷冰、芸生等，因受张、胡二氏多年熏陶，立论下笔的风格也与张胡二氏相似。于是"大公报体"成为一时风尚，也塑造了一种文字典型。甘乃光先生曾在抗战时期对人描述过《大公报》社评有一套"公式"（先叙述，后引证，再加分析，态度不偏不倚，随时注入中国人的感情）。虽不尽然，但大体说中了"要害"……

如果说，《大公报》所以成功，多靠季鸾先生的一支笔是可以的；如果说，完全靠他，也不尽然。任何事业，都需要集体合作，发挥团队精神，尤其文人更需要合作，因文人都有显著个性……要是两个人合办的事业，地位既相等，能力又不分上下，社会关系差不多，除依靠合理的制度外，还需要靠道义、修养、互信和那份坚贞不渝的感情，才能维持事业于不坠，才能维持友谊于永远！何况张、胡二氏之外，还有第三位吴达诠（鼎昌）先生……

唯有胡氏，毕生尽瘁新闻事业，从未旁骛。他于民国十五年九月一日与张季鸾、吴达诠两位先生接办天津《大公报》以后，以科学管理，现代经营，把一个歇业已久、营业不振、规模甚小、籍籍无名的新闻机构，于数年之内，便跻身于全国报业之林，销行之广，影响之大，实为空前。抗战前开创上海版，抗战后又创汉口版和香港版，后来又创重庆版和桂林版。在全国报业中，转徙之勤，开辟之多，既是唯一，也是独见。

这些事，固然《大公报》同人都有责任，然而主管其事，权衡利害的却是政之先生。这些经验都不是"报业巨子"所具有的，更不是"新闻大亨"所经历。冒险犯难是政之先生一生最辉煌的精神发挥，积极创业更是他追求的崇高理想。我不敢说，他是民国以来报业的唯

一全才，可是能够与他匹配的，实不多见……

政之先生又为我谈英敛之先生的为人。他说，英先生是满人，却信奉天主教。英氏目击清政府的腐败，不唯不稍加庇护，而大张挞伐，所以《大公报》在一开始，便是一张敢于发言的报纸。他的业务虽然两度发生问题，但仍一本书生办报的精神，不接受交易式的金钱，实在办不下去了，宁肯关门大吉，也不向人伸手要钱。英先生的风格如此，令人可敬。所以本报同人接办之初，以前人之办报德行为续刊之荣。英氏知道我这批人的作风，也以交代有人为乐。

……

——我俩（指与赵惜梦）约好于十五日下午，相偕去医院看望他（指胡政之）。

虹桥医院在沪西，地点清幽，建筑新颖，名医聚集，设备良善。胡先生的病房在二楼。一敲门，胡夫人见是我们，就报告政之先生。我们走到床前，胡氏还满面堆笑，问我们什么时候到了上海及今后行止，又说："一辈子没生过病，这回病倒了！"我们见他只是面容稍显消瘦，精神还很好。于是我们安慰了他一会儿，希望他安心静养，早日复原。胡夫人把我们送出来，才知道他得的是肾脏病。胡先生身材中等，体形稍胖，平时对于饮食，毫无禁忌，兴致来了，也喝几杯。那时"糖尿病"这个名词没有今天这样耳熟。我想胡氏得的一定是严重的糖尿病，影响了肾脏功能。这种病到今天除了换肾脏仍难保绝对有效，那时更束手无策。我们在门外安慰了胡夫人一些言语，默默辞别。

这回是我认识胡氏以来最后的一次见面……

二

　　季鸾先生逝世时，政之先生正在主持港馆。港馆创立于抗战爆发，为沪馆闭馆后的海外根据地。一部分人事由沪馆调去，一部分则由津馆派往，起初，政之先生来往于渝、港间照顾两馆。那年底，香港沦陷，他又率港馆员工在桂林创业，续行出版。他又来往于渝、桂之间，备尝辛苦。一个报馆的关闭与开创都需要烦琐的筹划与经营，以现在的交通便捷及物资的充沛，尚且不容易，何况在战时？香港既是海外孤岛，两广又是北方起家的《大公报》陌生之地，开开关关，其中所经历的困难，不言而喻。所以曾琦曾说："吾人于'七七'以后，见《大公报》之移汉移渝，同时复在港在桂设分馆，颇惊其办事之敏锐与办事之周详，较之军队退却，秩序井然，曾何多让？该报渝馆，迭遭轰炸，照常营业，其编辑发行两部职员之牺牲精神，诚不愧张、胡两先生之领导。"

　　这种评语，《大公报》确实当之无愧。但千万莫以为《大公报》有充足的财源，支持它关馆开馆。据我所知，《大公报》之由沪迁港，由汉至渝，都不是因财源充足，才能够建立事业的；只是一种不屈不挠的精神支持它这么做，而靠着《大公报》这块金字招牌，到处有人借款才能够如愿以偿。又因为它有还债的信用，才能再借新债。

这个理由很简单，却不大容易被人了解，主要还靠政之先生魄力大，对于办报一直是勇往直前，从不后顾！

民国以来，所有报人我见过不少，但如胡政之先生这么魄力雄伟与气度大的，还很罕遇。虽然他个人自奉甚俭，但对于创业，从无瞻循踌躇之弊。早在天津时代，日本人就推崇他为"中国报界大王"之一。季鸾先生文名虽甚大，但西洋人，如路透、哈互斯、德通及联合社、国际社等，甚至于电讯机构与记者，到了天津，不见得访问季鸾先生，都一定要与政之先生接触。原因是所有外国同业都以发行人（Publisher）看政之（胡霖）先生。虽然他从来没有印过一张《大公报》发行人的名片，然而，在外国同业心目中却都视他为《大公报》发行人，再加他的英、日语说得都流畅无比，容易与外国人沟通思想。何况他不但在中国新闻界中是前辈，就在外国同业中，他也是资深记者之一。在中国他是民国八年采访巴黎和会的唯一记者。来访的外国同业也很少能与他有同样资历。一般说来，在国内，季鸾先生的大名可能较高于政之先生；但在国外，则政之先生的名望实高出于季鸾先生。

他有季鸾先生的长处（执笔写文章），却比季先生多了一份处理业务的经验。无论怎么复杂、艰难的事务，到他手里，无不迎刃而解，而他那种不畏艰难与果断精神，则又非常人可比。因此，《大公报》在张、胡二公训练出来的干部，虽非个个都是文武全才，却也是脚踏实地，经过多年工夫苦苦熬出来的。除王芝一人是由英敛之先生时代移转过来的高级职员外，其余均是张、胡二公于民国十五年接办后，一步一步、一年一年培养出来的。王曾是天津时代政之先生处理业务的副手，等于今天各报的副总经理。《大公报》到日本购买机器，都是他跟着政之先生同去。《大公报》津馆于民国二十六年关闭时，他留守天津看护财产，并以印刷业务，维持留守人员的生活。我在津馆时期，曾与他恳谈，得知他处事细密、经验宏富。民国三十五年《大公报》复馆纪念会上，又与他相遇。因此之故，如曹谷冰、李子宽、许萱伯、金诚夫、王文彬等，虽然分任各馆经理，掌管业务工作，但都是一步一步、一层一层熬上来的。

《大公报》自张、胡二公主政后，有一个不变的传统，就是凡主管业务的人，必先受编辑训练。也就是说，每一个人必先在编辑部担任多年的重任，才能够调到经理部来做经理。这种传统，有许多好处。第一，报馆的灵魂在编辑部。编辑部编出好的报纸来，才能赢得读者的爱好、社会的声望。报纸内容不好，言论不公正、不动人，以及编排、版式不美观大方，即使有最好的机器也是白搭；第二，有了好版面、好内容，如果广告招揽不好，行销不力，营业也不容易维持。所以一个报馆首须编辑部健全，同时经理部能够配合，相辅相成，合作无间，才能使馆务发展起来。

《大公报》以有编辑经验的人员统领经理部，实在是智慧，也是前辈报人多年积累的经验结晶，值得效法。譬如半夜的一顿饭，编辑部出身的经理人员，就会命令厨房准备丰富的小菜与佐食，大之，如同人福利、宿舍、待遇等，就不会有不公平现象。

　　……

因为政之先生是四川华阳县人，虽然在家乡待的年头不多，但四川的人际关系，受中国传统同乡之谊影响甚大。《大公报》自民国十五年续刊以来，那时全国报界没有一家设有常驻四川的记者采访新闻，独有《大公报》远从天津以特派员名义分驻成都与重庆两地。当民国二十年前后，四川军人混战时期，唯有《大公报》报道最详，分析有力，因此不但全国报纸竞相转载，也为《大公报》在四川奠定下一个很普遍的销报基础。据我知道，《大公报》在"九一八"以前，天津版销到四川一省的报纸，就有三千多份。在平寄时代，一份报由津至川，至少要二十天，后来有了航空，也需一周之久，才能到达。《大公报》移川后，等于旧友重逢。四川朋友因为主办人之一胡政之先生是四川人，所以认为"《大公报》是我们四川人办的嘛"！所以特别有感情。有感情的事物，一切好说。因此，《大公报》移川后，主要销路在川康一带，无论通都大邑或穷乡僻壤，他们别的报尽可以不订阅，唯有《大公报》是精神食粮，一日不可缺少。何况他们以《大公报》为自己的光荣……

自季鸾逝世后，虽然香港撤馆，桂林建馆，政之先生仆仆风尘于渝港、渝桂路上，达半年之久。民国三十一年春，他把桂馆安排妥善后，携家眷至渝定居，迄抗战结束。自民国三十二年起，他被政府选任为国民参政会参政员，递补季鸾先生的遗缺，可以说是顺理成章。政之先生欣然接受……

附：胡夫人的信

1974年3月6日，我忽然接到胡夫人自纽约来的一封信，内容如下：

　　纪滢先生大鉴：敬启者：敝人数月前，偶在纽约中国城书铺，购到香港出版之《掌故》杂志第二十六期，读到大作《胡政之与大公报》。其后又陆续购到二十七、二十八、二十九几期，均继续刊载。前星期又读到《传记文学》杂志二十三卷第六期，六十二年12月《重庆时代的大公报》，内有前记一节中，曾提及前文系发表于《中华日报》副刊，不知是否《掌故》杂志转载该文？不知有否单印本出版？窃思先夫逝世于1949年（民国三十八年）4月14日，至今已逾二十载，刻下读到大作《重庆时代的大公报》回忆往日情景，历历在目，抚今追昔，倍增伤感！加以贱躯近常闹病，体力日衰，犹能及时读到先夫往日事业之片段，颇堪告慰。所谓一生一死，乃见交情，衷心感激，实非拙笔所能表达万一！草草不恭，敬此道谢。即请

　　　　　　　　　　　　　撰安　胡顾俊琦敬上
　　　　　　　　　　　　　　　1974年2月27日

　　……

我得到胡夫人这封信后，喜出望外，急速回信，并探询一切。不久，我就得到她于4月18日的第二封信，内容如下（节选）：

"纪滢先生台鉴：前接大函，欣慰奚似！本拟早日作复，奈贱躯近患胃及胆石病，以致饮食减少，体重骤降（轻了二十磅），精神不佳。加之因在工作关系，又不能休息，迟迟作复，尚祈原谅！不日预备去医院检查后，即行开刀。仅将关于先夫之事，略述如下：先夫所有手札书籍，因鄙人于1951年春，只身到香港，因系偷逃，除带少数川资之外，身无长物。因当时里弄组织很严，时遭监视，予佯为散步街头，跳上电车到南市车站，购了一张普通车票到广州（那时卧车票需预订，并需答复询问），再行设法到港。关于先夫照片，就是杂志上登载之西装照片，我处亦未有。唯一有两张照片，乃系先夫参加联合国时签字之照片，乃系前两年因亲戚在联合国工作代为复印，赠我两张，容作纪念而已。若先生需要，当可寄上。先夫儿女，除予生一子，由共党处托友人设法带出（一九五二年），其时小儿德生只九岁左右，其他儿女，因已婚嫁，均留国内未有出来，亦从未与他们通信。因先夫共有五女三子，除幼儿德生已读完建筑工程硕士学位外，并已结婚，已有两个小孩，刻在密歇根工作。他已考得执照，与老板合开一公司。予则一人在纽约，在中国国际商业银行（即前中国银行）做一雇员，聊资糊口而已……"

……

这位胡夫人是胡氏前室因病逝世后，在抗战初期续弦的。夫人江苏嘉定县人，为外交界耆宿顾维钧（少川）氏的胞侄女，出身望族，幼受庭训，受过高等教育，气质不凡，而端庄蕴藉，备受人尊敬。

……

以上这四封信（后两封因与胡氏关系不大，故略去——编者），是我意外的收获，对于胡氏生前死后又得到不少资料，真是难能可贵！如果不是《掌故》发行普遍，我怎能有此重大收获呢？现在我因时间关系，未能征得胡夫人同意，就擅自把她的信公布出来，一方面很惶恐，另一方面也觉得很荣幸。在胡氏去世二十五年以后，我能以一篇小文，居然找到他夫人的踪迹，而又能与他的旧属发生联系，想政之先生在天之灵也获得一些安慰吧！

……

（选自《胡政之与〈大公报〉》，
香港掌故月刊社出版，1974年12月第1版）

张季鸾、胡政之和《大公报》研究部

杜文思

　　"九一八"后，日本帝国主义者得寸进尺，华北形势日非。天津事变之后，形势愈益险恶。天津《大公报》筹划出上海版，我是"先遣部队"之一，1935年初调来上海。1936年夏，我在上海《大公报》做经济记者，患病返北平医治，未等手术后痊愈提前出院，带伤采访，数度往返平津（中国及日本所设立经营棉花的机关、社团，分布在天津、北平），连夜赶写报道，邮寄上海报馆；并向胡政之总经理汇报。嗣后，连接沪馆同事高元礼函电催促，说胡政之盼我早日返沪。这次胡政之找我（及吴子修）谈话，再次阔谈其大公报"研究部"计划。另次，在我写《占输出首位之我国桐油业概况》见报后（见1936年5月24日至29日上海《大公报》），曾有几家日文报纸翻译转载，以及永利化学工业公司总经理范旭东先生提请邀借我到"中国工业服务社"时，胡政之也曾以不同词句透露计划成立研究部的信息。

"研究部"提出和规划

1936年9月，上海《大公报》第一版以大字标题连续大篇登载我写的经济报道《华北棉业概况》，报馆内外议论纷纷。或说《大公报》历来是政治、文化报纸，为什么把一篇《华北棉业概况》放在第一版连载？编辑部议论，要不要把这则报道的续篇移到经济版或地方（通讯）版？当时，对放在一版提出意见的有王芸生（副总编辑）、李子宽（沪馆经理）、范长江（特派员）等人；主张放在一版的有张季鸾（总编辑）、胡政之（总经理）、张琴南（沪版编辑主任、副总编辑）、孔昭恺（要闻编辑）等人。

胡政之在编辑部说："这个问题提得好！这也涉及我们报纸的基本观点和长远方向。我（胡）和张（季鸾）先生的看法是一致的，社会活动中心是经济活动。一旦政治安定、社会正常，哪还会有这么多政治、军事要闻？报纸第一版也好，其他版也好，绝大多数将是有关经济、产业的报道。这是从长远看。从当前说，现在中国最重要的大问题是日本侵略。日帝侵华历来有两派主张、两种意见：一派主张鲸吞，以少壮军人为代表。这样做太明目张胆，颇招反感，损耗大而易遭抵抗；另一派主张蚕食，以经济产业界为代表。这么做安步徐图，稳妥牢靠，易招徕合作。像'开发华北棉业'，正是这派的一种具体行动。对报纸说，这是以经济形式出现的政治要闻，不次于出兵占领

的报道，也是日本占据华北领土之后的继续报道。我们没有淡忘华北；何况受损害的区域不仅限于华北，被掠夺的权益不只是棉花。至于我们办报的旨趣，不仅是在政治上要办成有远见、有主张，能代表舆论的报纸，尤其是在产业经济方面，要有见地，是权威、准确地反映实际情况，指出构结所在和前途方向。"胡政之说："这是我（胡）和张（季鸾）先生、吴（鼎昌）先生一致的主张。"

嗣而胡政之和我及吴子修谈话（当时我受地下党领导，从事革命工作），再次发表《大公报》的远景规划。胡政之滔滔地说："一旦时局安定，《大公报》即将设立'研究部'，和编辑部是平行的。研究部的人手，将要比编辑部多；资料室要充实，或许划归研究部。和吴先生、张先生初步讨论过，研究部设经济、政治两小组，打算邀请陈豹隐（著名经济学家，早年留日，为张季鸾所敬佩）、陈博生（代表一派观点的日本问题研究专家，曾任北平《晨报》总编辑多年，胡政之甚欣赏）分别主其事。政治组主要是研究国际关系，重点是研究中日关系和日本政治情况；人事安排除了陈博生、王芸生，还考虑于立忱回国后是放在政治组还是放在经济组，另请陈博生推荐一二人（后来李纯表参加《大公报》，也和筹设研究部是紧密关联的）。在经济组下分设工业、农业、社会、国际（世界）、贸易（市场）等经济小组。工业经济以杜文思为主，一旦时局平定，将派你们到日本学习，要抓紧学日语。农业经济以徐盈为主，不是学习农业技艺。中国和日本国情不同，社会结构不同，研究中国农村经济，只能深入本国农村社会探索总结，寻求答案。届时再具体考虑吧。"胡继续说："社会经济打算叫吴砚农管，叫蒋逸霄或另物色位女记者帮他。国际经济以吴子修为主，找位英文好的同事或蒋荫恩协助。考虑是否请人来。你们主要是提课题和联系专家、学者。和专家、学者谈论课题，要使人家感到我们《大公报》也不乏通家里手；提意见也要提到点子上；自己写东西就更要有内容、有分量、有见地，希望我们研究部出去的人，至少都能写专论或作专题报告，这就要你们随时关心、注意、研究国内外本部门业务的重大事件。你们不是一般的普通记者，惯写浮光掠影的动态新闻，要擅作有真知灼见的学术论述，应该是博闻多识的权威专家。"胡政之着重地说，吴先生和张先生，对经济问题都很重视，也都素有研究。

胡政之说："日本的几家大报，都设有研究机构，和许多大学院校、研究所，实业界、金融界以及政府部门的专家、学者经常联系，互通信息。专家、学者的研究心得，或是对某问题的建议、意见，可撰文交报馆出版，报馆也可提出课题请专家撰述。我们《大公报》在北方，和北大、清华、南开等大学及一些学术研究团体的专家、学者早有联系；现在南方再开展联系一些单位。"他说："在日本，不论是国内或国际上每发生重大事件，报馆的研究部门在一二个星期内，甚至在一两天就出版了专题报道的小册子，把事件的背景、起因、经过、现状以及展望预测，介绍得原原本本，来龙去脉一清二楚。时事读物时间性很强，这就全靠平时和专家学者多联系，常来往，交朋友。报馆比学院更了解社会，接触实际，超然公正，洞察全局。这样，绝对能把报纸办成社会向导、舆论权威。"胡政之还津津乐道地

说："《大公报》在这方面是有一定基础的，我们的《星期论坛》，都是专家执笔，言之有物，颇具权威。"胡政之说："报人切忌庭院研究，深居庭堂，与世隔绝，默诵书本定律，不通晓社会实际，或者食古不化，或者隔靴搔痒，这不符合报业要求；未触及问题症结，当然也就无补于实际。"按当时（1936年）胡政之所说的"时事教育""指导舆论"的专题小册子，是模仿日本民间报纸的一种经营方式，其主要目的，与其说是为提高社会、时事教育，还不如说是为了提高《大公报》馆的声望与地位。中华人民共和国成立后，新华社编辑出版的《时事手册》《半月谈》《瞭望》等，集全国全党的专家，著文撰述，以宣传政策、指导舆论、辅导学习、传授知识，这绝非一间私营报纸所能办到的。但在那当时历史条件和具体情况下，《大公报》当事人能有这种设想，却也是难能可贵了。

嗣而我向张季鸾请教关于研究部的底蕴。张说："还是先从经济报道谈起吧，我们接办《大公报》之后，就一直重视经济报道。诚实的、科学态度的报纸，无论新闻还是言论，都是记载社会史实、报道社会事物、指导社会前进，而经济活动确是社会繁荣的真正动力。《华北棉业概况》不正是其中一只'麻雀'吗！除了报道日寇的具体掠夺，也显示我们在始终注视着祖国的领土和人民！从这个角度看，难道说这不是要闻吗？"张季鸾说："就报人观点来说，对于自卫守土、浴血抗战的英雄业迹，固亟须也很必要宣传报道，例如马占山率部英勇杀敌，我们《大公报》就着重宣传报道。对于祖国东北、华北的锦绣河山、广土厚藏、物产资源、经济设施，也需不断报道介绍以激发卫国守疆，收复失土，抗敌杀侮的豪情壮志和必胜信念！"张还说："我们认为这类的研究、介绍，就是实际、正确、有用的科学知识，亟须提倡。所以，我们才主张把《华北棉业概况》放在一版。"还说："报馆知道你人品正直，工作努力，所以视为中坚骨干之一，你要安心工作。在天津时，报馆派你到南开大学经济研究所去学习；一旦时局平定，报馆还将送你到日本去进修。吴砚农及于立忱到日本留学，也是报馆资助的，这说明我们不但重视经济研究，也乐于培育努力工作的青年同事。"（按：所谓"将派杜文思去日本进修"，这是安抚人心的空头支票。事实是不但迄未派送我到日本进修，并且因我在中共地下党领导下从事革命工作，曾先后被胡政之开除三次。）

关于研究部的稳步前进、配套成龙

《大公报》于1936年创刊上海版后，曾设立大公报代办部（地址在上海福州路436号，谢家崧、伊任先等人当时在代办部工作），零售、订阅《大公报》及《国闻周报》，并代售（包括函购）各书局的图书。当然，其目的绝非仅限于以书局的经销店为满足。照胡政之的话说："堂堂《大公报》岂肯垂青于经销图书的区区回扣！"张季鸾的说法："现代报业除刊行报纸外，应为社会实际服务，凡社会应倡行之事，报纸宜为其先锋或助手。研究部、代办部是为了传授知识，服务读者。"其内部业务计划系列贯穿着研究部、出版部（印刷）、营业部（门市、发行），循序渐进，配套成龙。大公报的姊妹报刊《国闻周报》及已经出版的曹谷冰写的《苏俄视察记》、王芸生写的（署名）《六十年来中国与日本》、范长江写的《中国的西北角》《塞上行》及赵望云作品《农村写生画集》等，这时就由代办部供应。

1936年上海《大公报》曾举办"科学奖金"。说者谓《大公报》是"赶时髦"或称其为"沽名钓誉"；其实这是他们计划筹设"研究部"的一种步骤。胡政之说，由于《星期论坛》的瓜葛辗转，在社会科学方面还有相当的关系熟人；在自然科学方面，渊源则没有这么深厚。我们要多结识些这方面的专家学者。《大公报》研究部要列入自然科学和工程技术方面的联系，是张季鸾的坚决主张。张屡次提道："欧美各国以至日本，富强之基，概在科学。中国今日教育设施、社会建设，仍缺乏切实的科学基础，普通人士无正确科学头脑，要须大规模普遍地提倡科学，从社会日常生活加以启迪，使人人能格物穷理，以进于利用原生富民强国之途，务使重视科学、信仰科学之风，短期内普遍全国。"后来张、胡决定：（一）研究部列入科技组；（二）设科学奖金；（三）参加范旭东倡议创办的中国工业服务社。

七七事变后，当然这些计划都搁浅了。1938年胡政之主持《大公报》香港馆，果然出现了"研究部"之名，但与1936年上海《大公报》所设议的研究部大相径庭。这个"研究部"是属于编辑部的一部分（当时港版编辑主任金诚夫，要闻编辑许君远），也只是做了资料室的部分工作。"此时此地"的具体情况，既没有和专家联系（也顾不得这些），更没有出版专题小册子。当时，研究部成员只有李纯青和张篷舟（杨纪）。李是从日文杂志报纸上搜集、整理日本资料，配合报道。例如，当时日本内阁改组，配合新闻，《大公报》介绍了大部分阁员的简历并附以肖像，丰富版面，充实报道，生色不少。张只是做了部分中文剪报资料，但张的此番资料工作，却奠定了他后来编辑大公报《人民手册》的基础。此外萧乾的办公桌也设在研究部房间，其工作则是专发文艺稿。这一时期，胡政之在香港虽然没有联系学者专家，但他对香港工商界，如罗文翰、王宽诚等人，时相过从。

老板们亲自定稿的《大公报》广告，也写出："言论公正充实，消息迅速准确，注意农村经济，促进人化事业。"他们十分强调"普通调查民生疾苦而宣扬之，此固为报纸之职"；或谓："宣扬民生疾苦，亦即揭露政治腐败，倡导社会改革，促进经济建设。"在"注重国民经济""报道民生疾苦""利用厚生""格物穷理""准确翔实"的要求下，伴随而来的必然是提倡社会调查。诸如，天津《大公报》为了产地调查翔实报道农村情况，曾派出旅行通讯记者（报道冀南农村情况）；上海《大公报》曾陆续发表徐盈写的（江西）农村调查；不断刊登杜文思的工业调查（此篇《华北棉业概况》亦是经济调查）；蒋逸霄写的《上海的纱厂包身工》；朱金康写的《水上篷户区》；赵望云画的《农村写生》；尤其是脍炙人口不胫而走的范长江写的《中国的西北角》，等等，曾陆续出现在《大公报》的版面上。

张季鸾、胡政之在一段时期，尤其是当胡政之、王佩之等到日本考察新闻副业返回之后，曾梦寐以求把《大公报》办成"指导舆论""标示方向""时事教育""传播知识""学术研究"的联合机构，具体说，亦即是要把《大公报》这个系统或这个集团，扩展成办报纸、印刷出版、学术研究、社会信息等的联合（经济）实体；这也是胡政之任丁君叮为上海馆副经理并肯予培育的原因。但自"八一三"（实自七七事变）后，时移势转，特别是自香港版创刊后，他们的主要精力不再放在"报纸事业"上了。

以上谨就张季鸾、胡政之对《大公报》研究部的筹划和措施所写的片段追记。

1985年6月

（选自《文史资料存稿选编》第23辑，全国政协文史资料委员会编，中国文史出版社，2002年8月第1版）

我所认识的胡政之先生*

李侠文

　　抗战前后这段时期，是《大公报》历史上最重要的时期。它在促进全国团结合作，鼓动人心士气，发扬民族精神，支持抗战到底方面，发挥了一定的作用。"九一八"以后，日寇野心不戢，谋我更急，华北形势日非，《大公报》未雨绸缪，以津馆为基地，预先增辟沪馆。"七七"事变后，津馆最先不保，随着战局推移，沪馆亦告放弃，其时报馆同人分为两路，一路由津转往汉口，一路由沪南下香港。汉口馆后来迁入重庆。香港陷敌前，桂馆已成立。迨桂林失守，最后都集中到重庆一馆。毁一馆，设一馆，百折不挠，在日寇的飞机炸弹威胁下，同人流离颠沛，备尝辛险，而弥久弥奋，坚守工作岗位，终于迎来抗战胜利。在此过程中，张季鸾（炽章）、胡政之

---

　　* 编者注：原文为《我所认识的张季鸾、胡政之两先生》，有删节。

（霖）两位先生呕心沥血，主持至计，运筹策划，与同人同心协力，甘苦共尝，其贤劳不可湮没。而季鸾先生患有肺病，中道以劳瘁转剧而长逝，未能目睹胜利之到临，尤为可惜。

今年为"七七"事变50周年，今明两年又分别是季鸾、政之两先生诞辰100周年。他们去世距今先后46年和37年了。他们的音容笑貌，以及他们生前谈及如何写文章、办报纸、做报人的道理，留在我的回忆中，历久不谖。

现谨将本人与这两位报界老前辈生前接触所见所闻所感受者，就记忆所及，拣杂写此拙文，以为纪念。

我进入《大公报》工作，接触的第一个人是政之先生，以后相处十年，经常见面，他给我的教益特多。1938年秋冬之交，报馆招聘编辑、翻译，有数十人应考，取录三人，我也在内。政之先生约见我，问我过去有无撰文编报经验以及工作志趣等。我念中学时编过学生刊物，念大学时曾向北平《独立评论》和上海一些刊物投稿。我认为在抗战期间参加新闻工作，也是报国自效之道。他听了我的回答，表示满意，叫我上班。我记得上班的第一个晚上，他站在我的桌子旁边，看着我逐句翻译外电。过了没有多久，又把我找到他在坚道的寓所去，出题目叫我写社评。他知道我到过暹罗，出的题目就是评论当时一位暹罗侨领遇刺的事件。他说，写社评要开门见山，不可拖泥带水，但没有告诉我评论的内容应着重什么，任我自由发挥。我这篇社评的处女作翌日见了报，没有经过什么删改。

日寇掀起太平洋战争前，他到桂林去视察桂馆的筹备情形。行前，他约我到会客室谈话，经理金诚夫、编辑主任徐铸成两位先生在座。他说将调我到桂版工作，暂时留港改编要闻，仍写社评，我的工作要同徐先生的工作打成一片；并说编辑部的负责人都是这样经过采访或翻译、编报、撰评等锻炼提升上来的。我入馆时间甚短，由翻译而撰评而当要闻编辑，在以"科班制"严格训练人手的《大公报》，同人认为这是异数。我初入馆时，做着和梁厚甫兄相同的工作，合作编辑过一本《世界各国概况》。我们本来就熟识，同在一起做事后，形迹更见接近。几个月后他被《工商日报》聘请去当总编辑。政之先生知道报馆的人事不简单，青年人容易见异思迁，我也可能相继他去。他行前对我特意谆谆嘱咐，拳拳勖勉一番。

那时报馆做了应变的部署，报址由洛兴行迁往利源东街一家小印刷所的楼上，地方狭小，我的桌子和徐铸成先生的相连，相对而坐。我天天编报，中间写写社评，并为《大公晚报》写时评，有时也翻译或写些专栏。那时没有公休制度，同人写稿不给稿费，但没有人计较，大家都干得很有劲。我没有编报的经验，事先也没有人指导，我空枪上阵，自行摸索。有一次我把一篇冗长的文告发排，全发长文，大样上出现一片汪洋，幸得徐先生临时指点，增加一些分题，改动一些栏数，版面才像个样子。政之先生对我可谓是"大胆使用"的了。我和他初见面时，他曾问我会不会写文言文，如果不会，恐怕帮不了报纸什么忙。我入馆后，曾试仿《甲寅》杂志式的蹩脚桐城文体写过一篇稿，文字实嫌陈旧，没有被采用，我送给外间一家新办的杂志刊登。受了政之先生这一问的影响，我写稿常常夹杂着许多文言句子，

连新闻标题也试过用些不大通俗的字句。我想他这样问问，意在强调一个新闻从业员必须掌握文字工具，并不是要同人把报纸搞得老气横秋的。

我离港前，与林慧洁结婚，偕同赴桂。政之先生关心我经济上有无困难，问我要不要帮忙。我平生最不愿欠下人情，婚礼从简，所费不多，对于他这一片好意，表示心领。事隔十年，港版复刊，我先由沪来港，内子于几个月后到来，他单独约我俩在中环一家法国餐厅吃晚饭。他说："我记得你们新婚的晚上在这家餐厅进餐，被我遇见了，所以我今晚特意请你们到这里来。"

从一些小事情，也可看出他对后进青年如何宽厚和多方诱导。我在渝版开始编报时，有人先在拼版时做了手脚，翌日向他指摘那天的报纸编得不好，他只一笑置之。不是金诚夫先生告诉我，我还不知有此事。我主编渝版时，有一次没有采用"中央社"发的一条新闻稿，事后证明这个报道失实，唯独《大公报》没有刊出，他认为判断准确，十分高兴，曾向陈序经先生谈及，传回来我才知道。有一天我在编辑部用毛笔在土制的稿纸上挥写，他恰好来到，拿起稿子来看，我写一张送一张给他，为了求快，字越写越大，一张稿子写不了几十个字。他没有明说战时纸张奇缺，应节约用纸，却笑着拿起笔来，在纸上加上两句，写的是蝇头小字，相形之下，使我自觉不好意思。

《大公报》被认为是培养人才的场所，外间有人办报纸、办事业，常会向报馆延揽人手，像其他一些同事一样，我有过多次可以转换工作环境的机缘，但我终于一直留下来，除了觉得《大公报》是一家为各方所重的大报之外，政之先生的关爱备至，也是一个原因。季鸾、政之两位先生主持报馆，对同人的确有一种凝聚力。在这一家私营报馆里，他们分明是老板，我们是伙计，但他们却使人不大觉得有这种关系的存在，总是把报馆看作大家共同的事业。

1941年季鸾先生逝世后，渝桂两馆的人事和职称有了一些调整。我当时在桂林抱恙，休养多月。我的名义是社评委员，主要工作是写评论，没有编过几天报，在1944年湘桂大撤退前去了重庆。渝馆容纳了各馆涌来的人员，僧多粥少，工作安排大费周章。政之先生初时叫我协同杨历樵先生编辑《大公报小丛书》，不久仍然叫我每月编报两周。他说我将来要负责广州版的编辑部，此时不可把编务抛荒。后来我由渝赴沪，是过渡性质，仍是每月一半时间写两篇社评，一半时间编报。

1945年抗战胜利，津、沪两版次第恢复。大家都归心似箭，不愿在川久留。政之先生要我留下一段时间，碍于他的情面，我答应仅作3个月的逗留，让家眷先行赴沪。

他看见报馆经历了抗战的艰难困苦，现在载誉重返津沪，他的喜悦，可以想见。他对我说："这张报纸的影响不下于一个政党，你看办报是不是很有意义？"他参加了访英代表团，又参加了中国代表团出席签署联合国宪章的旧金山会议。他回国后在重庆逗留了一些日子，交际甚忙，经常在季鸾堂内设宴款待到访的军政财经文教各界人士，每次我都做陪客，他让我与各方多做接触。他把我介绍给客人时，还会美言一二。

　　自季鸾先生逝世，评论工作由总编辑王芸生先生主持，政之先生虽是总主笔，实则不大过问。在抗战结束到解放战争开始，《大公报》发表的评论，尤其在国共问题上，有些被认为还可以，有些论及东北交通与战事的，证明非常谬误。王先生后来作了检讨。李纯青兄在《为评价大公报提供史实》一文中也有详细分析，这里不必赘及。在王先生离渝赴沪前，因为纯青兄等已先走了，大约有几个月我成了他撰评的唯一助手，有时我写的社评比他还多。一般的评论，他只出题目，任我自己去拼凑；较为重要的题目，或由他自己来写，或由他把意见说明，我来执笔。他曾授意我写过批评国民党劫收失人心，出动特务在沧白堂和校场口大打出手，如《民主的习惯》等文；也曾授意我写过抨击八路军在东北一些行动，如《为交通着急》一文。后者的错误，王先生在检讨中已说得很清楚。他虽承认此文的主意完全是他出的，但我究竟是执笔之人，不能说全无文责，自应感到疚歉。回想当时自己的心态，首先是希望国家在战后早日进行建设，不要再有内战，并没有看到蒋介石在美国支持下，处心积虑要对付共产党，内战已势不可避免，可谓昧于大势。对于东北的真实情形，我相信连王先生也并不了解，只凭国民党一面之词去评论，自然舛误。在王文彬兄和我留守渝馆时，吴玉章、王维舟两老曾邀我们两人到他们在两路口的办事处做客，吴老在小客厅接待我们，指着墙上一张东北地图，讲国民党如何在东北破坏双十协定，我对东北的情况，才算知道一些。

　　政之先生一直拟议战后要在广州设馆，不再寄人篱下去收复港馆。张发奎回广州受降，政之先生在季鸾堂设宴送行，还请了罗卓英、欧阳驹等粤、穗当局，席间仍说到广州版，并说我将来会到广州去。后来时局变化，才改变了主意，决定把港馆恢复。那时国民党使全国经济陷于崩溃，发行金圆券搜掠金钞，蒋经国在沪成立的所谓"打虎队"扬言取缔投机倒把，起先声势颇为汹汹，报馆将所存金钞全部献出，换回了天天贬值的金圆券。恢复港报，哪里来外汇？馆内一些老同事心存疑虑，但由于政之先生主张坚决，大家才无异议。记得他在沪开会讨论筹设港馆时，吴达诠也在座，他没有说上几句话。依照他与张、胡创办报纸的约言，他去做官就不能再过问报馆的事，但他毕竟是创办人之一，恢复港版与否是件大事，自会请他出来表表态了。

港版编辑部虽自始即由我负责，但最早进行筹设时，并没有通知我，总管理处也没有正式发表我的新职务，连王芸生先生和我谈起此事也觉得奇怪。过了不久，政之先生忽然叫人送来一封信，说"关于兄赴英事，兹须着手进行，已托萧乾兄负责介绍，希兄与秉乾直接接洽……"原来他打算让我先去英国进修两年才回港工作，已托了萧乾兄代为进行，但我事先全不知情。大抵他知道我有过出国的念头，对此项安排必会乐从。没想到英国战后财政困难，减缩预算，英国的文化机构已送过两次奖学金给《大公报》的人，还要应酬别的新闻单位，因此拖延了一年多，国内解放战争已展开，我也不再去进行此事了。

重开港馆的经费是挪用了政之先生一位旅美经商的好友李先生所

赠予报馆购置图书的五万美元。在港再次租用利源东街那家小印刷所的二楼。地方狭小，编经两部同人虽只有30人左右，也容纳不下，有些桌子只好轮流坐。那时在港办报，要多拉广告，打开销路，都很不容易。随着由内地涌来香港的人渐多，物价日涨，又闹房荒，安排同人的生活就大费脑筋。政之先生和我们"同住同食同劳动"，他住在宿舍顶楼一个小房间内，起居饮食都没有人特别照顾，来回报馆与宿舍之间都是坐巴士，有一次在巴士上给我碰见，人多找不到空位，他站在车上，一手抓住扶手，一手拿着一小包花生米，逐粒送入口中，肥胖的身躯在车行中摇晃，悠然自得。

为了出版这张报纸，他埋头苦干，不倦不休。各种条件实在太差，报纸试版五次都不放心。他每晚都来看试版，关心每一个环节，处处都想从旁帮上一手。出版那天（1948年3月15日），他等到拂晓开机，看到我们从机房拿上来的第一份报，他兴奋地连声说"恭喜！恭喜！"这份报可以说是他心血的结晶。在他的鼓舞下，同人不怕环境恶劣，不怕工作繁重，把一件几乎是不可能的事情办到了，我从这里多少体会到什么叫作"创业艰难"。

他以事忙、久不执笔为文，但仍为港版写了复刊词和另几篇社评。出版两天后，我们劝他在宿舍休息，晚上不必再到报馆来。毕竟上了年纪，不胜繁剧，不久他就生病了。他原患血压过高，未曾悉心调理，我找了一位司徒医生给他诊治，发现他患了肝硬化，司徒私下告诉我，他的病难望痊愈。我每天从宿舍到他的房间去探看，他卧在床上和我交谈，仍是谈笑自若，对事业、对自己都充满信心。大家决定请他回去上海医病。我和几位同事送他到机场，看着他乘坐的客机腾空飞去，越飞越远，我想到他此次将会一去不返，心里非常难过。于右任先生称美季鸾先生"不自顾其穷，不自惜其病，不自恤其死，念念在国家，念念在职务"，这些话同样适用于政之先生。

许多老同事认为政之先生为人严肃，同人工作有错误会被他面斥，大家有点怕他，可是在我心目中，他十分和蔼可亲，特别是港版复刊前后这段日子，他怕我们劳累，叫我们每天下午回宿舍午睡，回去前常和我们几个青年同人去餐室喝茶，大自国事，小至家务，以及生平交游和早年做记者的趣事，无话不谈。他病发前，我曾陪他去逛山顶，两人沿着山上的小径走了一圈，他的步履还算轻健，边行边谈，多半是与办报有关的。他喜欢和青年接近，从他的言谈中，使我觉得他恨不得把平生办报做人的经验一下子全传授给你似的。他看见青年同事肯努力工作就高兴，听到新事物新知识就津津乐道。青年同人中谁的思想比较进步，政治倾向如何，他都心里有数。1947年国民党要打击《大公报》，在渝穗两地无理逮捕了多位记者，经过设法营救才获释放。他为此跑了一趟重庆，并曾致电广东国民党当局说，他本人愿到穗做人质，要求先放人。

政之先生一生保持着淡泊文人的本色，自奉俭朴，不谋荣利，时时向同人提出要"事业前进，个人后退"。他常说，廉洁自持，才能卓尔独立。在桂馆曾召集同人讲话，强调报馆除了搞好版面内容、评论有正确主张之外，必须注重经营。清末民初不少文人办报，有些文章传诵一时，报纸昙花一现，瞬告关门。沪上有些报纸销路甚好，但言论不被重视。办报要有原则，政治是灵魂，对国家社会提不出主张，起不了作用，光是想赚钱，又有什么意义？《大公报》正是吸取这些教训，要使报纸经济自给，以保证其独立性，不受外来干涉。做记者尤其要讲操守，过去有些记者受人津贴，又去骂人，被人报复。他叫记者不要打听别人隐私，如果有人要把某些秘密告诉你，你最好不要听，可以声明不代保密。因为他可以把秘密告诉你，自然也可以告诉别人，别人传了出去，你就逃不了责任。要有操守，才能不受威迫利诱。个人如此，报纸亦然。他说过去他办报、办杂志，能顶住一些军阀政客的压力，"尽管他们有权有势，只能炬赫一时，迟早会倒台，我的报纸却是长期存在的，我无求于他们，有时我不买账，他们也无可如何"。在重庆时，我记得他说过在某一场合，国民党一个粮食部长，对于《大公报》刊登有关粮食的消息不满，竟说可以多配粮食给报馆，希望以后笔下留情，政之先生大为光火，当众把这个家伙训斥一顿。

说到报纸的经营，同行无不佩服政之先生。在抗战前后，各馆在各地预先开设，逐个撤退，战后又一一恢复，人力物力安排调配，头绪纷纭，事至繁重，而他洞烛机先，指挥若定。在太平洋战争爆发前，他在港馆购下一批白报纸，后来纸价飞涨，而港版能应付裕如。有时让出几卷纸就够支付同人一个月的薪水。战时渝馆收入不错，刊登广告要一周前登记。抗战胜利后，有财力恢复津沪等馆，还分别赠送同人一笔复员费用。只是购买美国印刷机，非用外汇不可，因此公开申请了20万美元的公价外汇，此事成为后来被指接受国民党变相津贴的口实。这部新式卷筒机，是美国战后运来远东的第一部，《大公报》从未启用过，转卖给了广州《南方日报》。中华人民共和国成立前各馆有一批同人为避国民党迫害来港，在中华人民共和国成立后再由港返回内地，港馆本来就亏本，此时开支大增，全赖经理费彝民先生多方筹措，对付过去，最后凭这部机器来清偿债务，这是政之先生生前所绝对料想不到的。

政之先生是经营事业的长才，同时也是文章好手。他早岁由日本留学回国，即开始他在传播界的事业，办过杂志、通讯社，并以"冷观"的笔名投稿《民立报》。新记《大公报》创刊时，他与张、吴轮流撰评，后来他这位总经理事务繁多，虽偶亦撰文，而言论的责任主要由总编辑季鸾先生负起。在抗战前及其初期重要的文章皆出季鸾先生之手。所以，他的文名不像季鸾先生那么广泛被人所知。他是第一次世界大战后到法国采访报道凡尔赛和约签署新闻的第一个中国记者。一生有为有守，见识广博，洞明世事，积行内满，文辞外发，自能议论周匝，饶有气势。在渝馆有几次他在办公室外碰见我，问我有没有空，叫我随他进去，让我坐下来，他站在旁边口授社评，由我笔录，他念一句，我写一句，中间没有停顿，段落分明，斐然成章。我给加上标点，就送交编辑部发排。他认为做新闻记者要锻炼自己在忙乱嘈吵中也能够集中精神写稿，他自己当然做得到。他的一位四川同乡曾赠他一副对联："文章自古夸西蜀，事业于今胜北岩。"虽属藻饰之词，但也能道出他的文才和事业抱负。

在大动荡的时局中，他一直保持着开明的态度和冷静的头脑。他

抱病前曾召集编辑部多位同人在告罗士打酒店茶叙，谈他对港报的嘱望，分析了当时的大局，指出国民党政权已窳败到无可救药，新的局面必将出现。他谈了两个小时，这番话是针对当时国内局势的激变、同人精神苦闷，思想波动而发。他强调国家和事业都有前途，鼓舞大家抖擞精神干下去。

他对国民党政权未见得有什么好感。国民党人背后指摘他在港、桂两馆最后退到重庆前，老是"躲开政府"。国民党当局对新闻的控制，尤使他反感。抗战胜利后，新闻限制丝毫没有放宽，反而对《大公报》特别加严，认为《大公报》受人重视，关于国共之间的一些新闻，别家报纸可登，而《大公报》不能登。他曾慨然说：如果我们现在办的是一张新的报纸，也许就不会碰到那么多麻烦了。

他以无党派的社会贤达身份参加了国民参政会。当国共和谈濒于破裂，蒋介石硬要召开"国大"制定"宪法"，他和另几位参政会的老先生相偕去见蒋介石，希望和谈能有转机，劝蒋展期开会。蒋很厉害，答应把会期展延数天，但有条件，就是开会时，他们这些贤达必须参加。政之先生在报馆一次社评会议上神情沮丧地把经过告诉我们，并说为了报馆，他去"跳火坑"，到时他去签个字报个到就回来，大家报纸照编，不要受他影响。

我还记得另一次，他由南京回来，说到他那次一到南京，美国大使司徒雷登就派了秘书傅泾波来访，准备了洋房汽车招待他，并试探他是否有意出任行政院长。他谢绝了司徒雷登的接待，自己跑回《大公报》驻南京办事处去睡帆布床。

　　他是在上海解放前夕逝世的。他曾在病榻上对费彝民先生说："董必武是我的好朋友，你们有什么问题，可以去找他。"

　　世间没有绝对完美的事物，更不会有毫无缺点的完人。《大公报》迭经世变，张、胡两人肆应其间，诸多局限，从不同的角度来看，自必有不少可议之处。如何在一定的历史背景、社会环境下，正确看待这个事业和这两位报人，将有待于高明之士。有人把过去的报纸和人物，或说得天花乱坠，或大张挞伐，我对此实不想妄参末议。本文只想写出这两位报界老前辈在我个人心目中的形象，并以我自己为例，追述他们是怎样栽培扶掖后进的。限于水平，囿于情感，所述不周至，见解有偏颇，在所难免。我参加这个报馆的工作行将届满半个世纪，岁月不居，人生易老，自顾碌碌无所见长，于事业鲜有裨补，实有负前辈曩昔的殷殷期望，走笔至此，只有惭恧。

1987年8月于香港

报业全才胡政之与《大公报》（节选）

詹若文*

风云际会接办《大公报》

《大公报》于20世纪初叶创刊于天津。辛亥革命后，创办人英敛之无意经营，1916年将《大公报》盘给皖系政客王郅隆。《大公报》作为安福系的报纸，办得没有起色，于1925年12月停刊一段时期。1926年9月1日，由吴鼎昌、胡政之、张季鸾三人组织新记公司接办，在天津原址续刊，《大公报》从此以崭新的姿态出现在读者面前，显示出新的新闻舆论的生命力。吴、胡、张也因此闻名于世，特别是胡政之持久地为这份报纸贡献了毕生心血，成绩卓著，人所共知。

---

* 原《大公报》编辑。

新记《大公报》续刊之日，正值北伐军与吴佩孚军大战于汀泗桥，武汉风云骤变，一个新的历史时期即将到来。吴鼎昌是北方拥有资财的金融巨头，面对着陌生的汹涌而起的南方革命势力，心旌悬悬，不知如何对待。他出资办报，作为日后向革命势力投靠的资本，是一种老谋深算。他与胡、张有留学日本这层关系；胡、张回国后又同在上海报界工作，志趣相投，几经颠蹶，已日趋成熟，积累了办报经验。这时张季鸾失业在天津闲居。他们相会于津门，都有一番事业的抱负，眼见旧《大公报》馆双门紧闭，便动了接办的念头。吴鼎昌拿出了五万元作为投资，用一万元盘下房子、设备，其余三四万元准备赔上三年。三人相约准备使出浑身解数从事经营，不接受任何方面的津贴，只许成功，不许失败。吴任社长，不支月薪，胡政之任经理兼副总编辑，张季鸾任总编辑兼副经理，月薪各三百元。有人说，《大公报》的成功，得力于吴鼎昌的钱、胡政之的组织经营和张季鸾的一支笔，这话是有根据的。

《大公报》续刊之日，发表张季鸾的《本报同人之志趣》，提出"不党、不卖、不私、不盲"社训，是针对当时某些报纸的弊端，确立的一个新的办报的方针。那时确有若干报纸依附于某些党派势力，靠拿津贴过日子，因此要"不党、不卖"；也确有若干报纸为了达到某种目的，不择手段地造谣生事，因此要"不私、不盲"。这"四不"是包括政治立场、新闻言论、经营方针和办报风格的概括语言。

胡政之在后来写的《回首十七年》一文中说："先是我等三人决

议之初，约定五事：（一）资金由吴先生一人筹措，不向任何方面募款；（二）我等三人专心办报，在三年之内都不得担任任何有俸给的公职；（三）我和张先生以劳力入股，每届年终，须由报馆赠予相当数额的股票；（四）（系谈职务分配，略。）（五）由三人共组社评委员会，研究时事问题。商榷意见，决定主张，文字须分任撰述，而张先生则负整理修正之责，意见有不同时，以多数决之，三人各不同时从张先生。这也差不多是我们创业时的宪法。"

这种以事业为重，专心办报的精神，在《大公报》历数十年不断发扬光大，大批新闻人才的涌现与此密切相关。

从清末到北洋军阀时期，新闻舆论的中心一直在上海。上海《申报》《新闻报》，加上《时事新报》和《时报》，号称全国四大报纸，行销各地。其他各地的报纸哪怕是在政治中心北京的《晨报》《京报》等，办得也很出色，但行销也只限于华北地区。1926年天津新记《大公报》续刊，才如异军突起，两三年内发行南北各地，远及穗港，且在1936年又创刊上海版，有向《申报》《新闻报》问鼎之势；至于《大公报》在国际上的影响，更超过了其他各报。

从1926年续刊，到1936年把经营重心移到上海，可看作是第一阶段。这个阶段的《大公报》是生气勃勃的。吴、胡、张恪尽职守，专心致志。吴鼎昌白天在盐业银行办公，晚上到社和胡、张议论时局，交换意见。在业务上吴主要掌握经营方针和购买外币等事项，因为购纸是报社的大宗支出，印报用的洋纸，价格要随外币汇率涨落而涨落，吴筹划得当，从未有失误。胡政之每天上午处理经理业务，下午参加编辑会议，评比各报内容，晚上与张研究社务，出题目分写社论，昼夜不得安息。至于张季鸾，主要忙于编辑言论工作，每天由他主持编辑会议，研究当天的新闻评论，审阅稿件，安排版面；除自写评论外，要为吴、胡润色评论。凡重要新闻他都亲自处理，标题字句斟酌，反复推敲，往往有惊人传神之笔。张平易近人，谈笑风生工作认真负责。不论白天黑夜，来访客人不断，谈及时局等各种问题，从中了解到许多情况，形成评论观点。他写的评论分析透辟，笔锋犀利，带有感情，极富文采。在旧中国，张可以说是报界第一支大笔杆子，首先对社内文风的建立有重大影响。

在胡、张的积极带动下，报社全体同人共同努力，把《大公报》办得很有生气。20年代的中国报纸，谈不上编辑技巧，整版都是一栏到底，随后虽然作了标题，但大都不注意突出重点。显得支离凌乱，至于评论就更加贫弱了。而《大公报》却有许多创新。从内容说，每天都有犀利的言论发表，有独家新闻充实版面；从形式看，标题醒目，版面活泼，铅字字体多种多样，经常配有图片，后来又摒弃新闻用语的陈词滥调，一律改用白话文写作。这是《大公报》的首创，博得广大读者的好评，也是对新闻事业发展的一大贡献。胡、张都是这方面的有力倡导者。胡政之曾说："在今天还写文言文，用成语，用典故，那是年轻婆娘学扎脚，又臭又难看。"这段话，至今还被旅美专栏作家梁厚甫恭楷写好，挂在书房中作为座右铭。

1926年《大公报》续刊时发行数不到2000份，广告收入仅为200余元；一年以后，就涨到6000份，广告收入增至1000余元，取得收支

平衡，站稳了脚跟。此后业务不断发展，盈利逐年增加，各方英才会集，工厂设备更新。到抗战时期，沪、津、渝、港四个版共发行20万份。

总管全局的胡政之里里外外奔忙。在续刊初期，每天一早必到闹市、公园，了解报纸的零售情况，还装成读者听取市民对报纸的意见。他一字不漏地检查报纸的差错和不足之处，比较本市外埠报纸，发现新闻线索，及时发电指挥驻外记者采访。他精通日文，也懂英、法文，每天对日、英、法文报纸都要看过。他规定中版编辑每天下午4时至6时都要到编辑部细细看报。他精力充沛，作风严谨，事无巨细都要过问，真是无时不在、无地不在。如果把报纸比作一部机器，胡政之不愧是一个出色的机匠，时刻注意机器的运转情况，及时加油和拧紧每一个螺丝钉，并竭力改进机器性能，使之更有效地运转。

胡政之是办报的多面手，样样拿得起来。人们都认为张季鸾文章采写得好，其实胡政之文章也写得好。1941年张去世后，报社编辑出版《季鸾文存》，在收集材料时，由于社评是不署名的，时间久了往往难以分清哪些是张写的，哪些是胡写的。最后几年，胡已极少亲自动笔。抗战胜利后复员到上海，他写过一篇社评，题为"和与活"，是呼吁和平、反对内战的，颇能表明他的心态，留给人们较深的印象。

受胡政之一手提拔重用的著名报人徐铸成深有感触地说："邵飘萍、黄远生诸先生富有采访经验，文笔恣肆而不长于经营。史量才、张竹平、江汉溪诸先生工于筹计，擘画精致，而不以著述见长。在我所了解的新闻界前辈中，恐怕只有胡政之先生可称多面手，文、武昆乱不挡。后起的如成舍我辈，虽然也精力充沛，编辑、经营都有一套，但手面、魄力，似乎都不能与胡相比。"（见徐著《报海旧闻》）。

胡政之精心网罗人才，知人善任，为《大公报》组织了一支精干队伍。他任人唯贤而不是任人唯亲，这是他办《大公报》获得成功的关键所在。他从不录用那些已经成名的人，认为这种人很可能要一阵就走，于事业无补。他看中的是可以培养造就的新秀，给予充分的机会在实践中锻炼成长。因此报社的基本队伍没有"圣（剩）人""贤（闲）人"，像棋盘上的几个棋子，一个要顶几个用。每个人都把报社工作和自己的事业结合在一起，全力以赴，蔚然成风。

胡政之既爱才，又善于用才。30年代，《大公报》除了以青年知识分子为对象的"文艺"副刊外，还有以市民阶层为对象的《小公园》，以及11种由社外专家学者主编的学术副刊，如《艺术》《哲学》《史地》等。必须物色一位编辑《小公园》又监管各种副刊发稿等杂务的人，于是找到了萧乾。1935年春，萧乾到报社与胡第一次谈话，萧说："由我来编这样的刊物恐怕不大对头。"胡说："你觉得不对头，这就对头了。我就是嫌这副刊编得太老气横秋，把你请来就是要你放手按你的理想去改造这一页。你怎么改都成，我都支持你。"萧乾当年不过22岁，就是从编《小公园》入手，得到培养和锻炼的。

又如著名记者范长江，早年是北大学生，课余之暇给报社写稿，胡政之见他文笔不错，又很勤奋，就让人通知他，每月固定给以15元酬金，要他专为《大公报》写稿。1930年暑假，范长江到报社与胡见面，胡欣赏他的文笔精进，嘱他多写较长的通讯，题材不必限于北大一隅。1935年暑假，范长江给报社来信，说打算回四川故乡，到川西一带旅行采访，胡政之慨然出钱资助，力赞其行。这年下半年，范长江的长篇通讯在《大公报》连续发表，轰动一时。后来结集《中国的西北角》出版，至今仍为人们称道。范长江的成长和成名，也是同胡政之的慧眼识珠和提供条件分不开的。

胡政之发掘人才是多方面的。有的是接受推荐，有的是从来稿者和通讯员中发掘，有的是从同行中挑选，只要认为合适，就写信约谈，不惜重金礼聘，千方百计延揽入社，杨刚、徐盈、子冈都是这样参加报社工作的。

胡政之在用人上极具眼光和韬略。1939年8月，在香港《大公报》的萧乾接到伦敦大学东方学院邀请任教的通知，因待遇不丰，又要自筹路费，去与不去正犹豫不决。胡政之获悉后，答应由报馆负担路费，极力促成其行。当时法西斯德国正剑拔弩张，大战一触即发，胡政之凭着新闻敏感，看准了形势，要先摆一着棋在那里，以便随时报道战局。萧乾领到报社的路费，当晚不幸被人窃去，遭此意外十分懊恼。胡及时如数再给一份，并安慰萧乾说："好事总是多磨的。人生哪能没有挫折！今后你多写点通讯就都有了。"萧乾远赴英伦，不久大战果然爆发，萧乾在伦敦为《大公报》设立了办事处，并赴欧陆前线采访，成为欧洲战场上唯一的中国记者，精彩的战地通讯源源而来，成为《大公报》的独家特色。

1945年春，太平洋战争已逼近日本本土。当时在重庆版任编辑的朱启平给胡政之写信，自荐到美国太平洋舰队去采访。朱通晓英语，身体又好，足以胜任这个工作，胡政之慨然允诺。后来，朱启平跟随美军到了日本，也写了许多出色的通讯。日本投降之日，朱参加了密苏里舰上的签字受降仪式，以"落日"为题的通讯一时为人们所称颂。

由于延揽人才并作了通盘部署，《大公报》的国内外通讯网络是最健全最强大的。一批有名望的特派记者遍及各地，他们的通讯报道成为《大公报》的一大特色。沉稳、和蔼的徐盈曾担任重庆版采访部主任和统一北平办事处主任，他广泛联系科技界、工商界，采写了许多人物特写和有关报道，材料翔实，见解精辟，是报道这两方面的权威；热情、奔放的子冈以她敏锐的眼光和富于文采的笔调，写了许多脍炙人口的精彩通讯；她同时又是写散文的级手。男子气十足的杨刚一度坐镇美国，她的美国通讯深入浅出，议论风生，也是很叫座的。抗战接近胜利那段时期，在美、英、印度，在太平洋美国船队、在欧洲盟军部队，在缅甸的中国远征军，都有《大公报》记者的足迹，他们采写的战地通讯、独家消息为各界争相阅读。这是任何别家报纸不能相比的，《大公报》一时声誉倍增。

胡政之在用人唯贤，知人善任的同时，对于才力不胜，认为不堪造就的人，就毅然辞退。对于品行不端，有亏新闻记者操守，如某人领取了国民党官方的津贴，一经发现，就毫不留情地开除。

　　从以上两个方面着手，使《大公报》这支队伍既能胜任和努力工作，又特别讲究操守和职业道德。其影响及于整个新闻界，使社会观感为之一新。

　　　　　　　　　　　　（原载于《经济新闻研究》，1990年第47期）

报坛巨擘的风范

——追忆胡政之先生二三事

曾敏之[*]

　　我认识胡政之先生，始于1942年。时值抗日战争最艰苦的岁月。承好友陈凡兄的推荐，在柳州第四战区采访的岗位上，接替陈凡在《大公报》任记者，接受我入馆的正是胡政之先生，因此，我能从一个文学青年跻身于具有全国而又有权威舆论影响的《大公报》，这在我人生的道路上是重要的转折。

　　从1942年起，我在《大公报》工作了18年，中间历经桂林、重庆、香港三地《大公报》的岗位。在未入《大公报》之前，对创办

---

　　* 1942年进桂林《大公报》任记者。后为重庆《大公报》采访主任。1948年任香港《大公报》《文汇报》驻穗负责人，后任香港《文汇报》副总编辑、香港作家联谊会会长等职。

《大公报》的胡政之、张季鸾两先生的道德文章及声望，早有"高山仰止"的情绪，因而以忝列《大公报》记者职务为荣。18年的漫长过程中，因形势地域之隔，我与季鸾先生难亲承謦欬，仅从他的主持笔政所撰的卓越谠论，遥企风采。于政之先生则有亲聆教诲的机会，因为他身任《大公报》总经理之职，负责数馆经营之权，常往来桂、渝、港之间，所以能见到他，也聆听过他有关从事报业的议论。记得有一次他向编辑部全体同事包括内外勤人员畅谈中国新闻业的历史，真是如数家珍。特别提到过封建皇朝时代的断烂朝报，认为是新闻纪事之滥觞，指出从清末民初时期国事蜩螗，军阀跋扈，所谓新闻报业，皆受制于权势之手，以致有办假报渲染拥戴袁世凯称帝的劝进丑闻。政之先生于痛述往事之余，坦诚向同事提到他与季鸾先生、吴达诠先生共办新记《大公报》的宗旨，以"不党、不卖、不私、不盲"为社训，勉以身体力行，为中国新闻事业开创报格与报人操守的先河。政之先生说创办之始，就曾"三人签约三年之内，各人皆不得就有俸给之公职"。这也是他们终生不从政的思想开端，后来达诠先生因担任国民党政府要职，离开了《大公报》，而他与季鸾先生是服膺社训终其一生。这种乐业敬业的精神，可说陶冶了《大公报》全体同事形成强力的集体，也以"四不"培养了人才。

政之先生是民初以来驰名国内外的名记者，创办《大公报》虽任经理担负企业营运的擘画之劳，但是他从不放下记者之笔，于采访、撰评表现了"文人论政"的风格，树立了楷模，令新老同事佩服、学样。特别是对新闻报道、撰写评论一丝不苟、一字不含糊的认真，已成了《大公报》享誉的因素之一。我参加《大公报》长期从事记者采访活动，记得由柳州调回桂馆初期，曾于一篇报道中写错字，用错词，受到政之先生在检查会议上批评，要求严肃对待文字上的谬误。经过他的言传身教，我体认了严师的深意，因此以后兢兢业业，力求寸进，勤读苦练，以期不愧于记者的本色。

历史与事实已证明，《大公报》"文人论政"的报格、品格，正是政之先生与季鸾先生以他们的深湛修养，具有唐代史学家刘知几所提的"德、才、识"三项标准，加上忧国忧民的思想情操而树立起来的，继他二老之后的王芸生、李纯青、李侠文、萧乾等一辈中坚的健笔，正是坚持"文人论政"的立场、观点促进《大公报》的评论能饮誉海内外，起过书生报国作用的。

谈到政之先生的修养，我记得他曾勉励从事新闻工作的有为记者，要精通历史，通晓国情，博览群书，开阔眼界，增广见闻，他与季鸾先生推荐我们应通读《资治通鉴》《史记》《汉书》《方舆纪安》……以了解古今历史的嬗变及山川风物的知识。他们自身的学养，就是循着艰苦的探索而深化的，我一直谨记这教益，只愧在实践过程中未能充分达到他们的期望。

从《大公报》的发展过程看，早已构成一个现代化的新闻企业，这是政之先生具有高瞻远瞩的现代襟怀与魄力所致。单以企业的组织而论，参加《大公报》的员工，凡资深而作出贡献者，都享有一定的股权，而非出资的资本家所独有。远在天津创办（或称复刊）《大公报》初期，吴达诠先生独任筹款投资之责。政之先生与季鸾先生分任

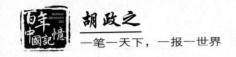
经理与编辑事务，当时就定了协议，政之先生与季鸾先生以劳力取得股权。因此这种集体股权制的倡导、运用，就是后来《大公报》企业权益组成的先例，也是政之先生抱着个人会自然消亡，事业应后继有人的宗旨而厘定的制度。

我在《大公报》先后于桂馆、渝馆、港馆工作过，令我难忘的还有一件事，就是生活待遇。政之先生眼光独到，认为办报要凭资金、设备、人才三个条件。他特重人才，因为有了资金、设备，如不能凭优秀人才尽力于事业，是难望有卓越成就的。因此政之先生的办报思想，人才是首选，以优薪聘用人才。举一个例子可证明他的卓识。第二次世界大战时期，萧乾在伦敦的东方学院任教，待遇优厚，生活舒适安定，名位也高。政之先生却设法远聘他担任欧洲特派记者的职务，不惜重金资助萧乾遍历西欧战场，拍发专电，撰写新闻报道及通讯文章，因发挥了萧乾的才华，使当年的《大公报》的通讯报道驰名中外。另一位朱启平则担任太平洋战区采访，于日本战败时以《落日》的长篇通讯描绘了日本代表向麦克阿瑟将军签署降书的场景、气氛……也成为轰动中外的文献性的珍品，半个世纪过去了，至今中外仍引述朱启平的文章。

这就是人才，著名记者的效应。早期的著名记者范长江、孟秋江、陆诒都曾以著述为《大公报》广播声誉。

值得记述的还有政之先生关心员工生活的美德。想当年单身汉的员工是不忧一天三食的，全由报馆供应，厨食之丰，品味之佳，不逊于市场上的餐馆。虽在物质条件艰苦时期也充分安排好日常生活。记得渝馆中一路的食堂不仅提供外勤记者美好的饮食，就是由李子坝编辑部进城的领导层也是座上客，政之先生就是借聚餐的形式与员工沟通感情，了解下情，改进业务的。

1947年冬，政之先生由上海飞抵重庆，约我谈工作，当时我是重庆《大公报》采访主任。政之先生说香港《大公报》要加强华南的新闻报道和扩大发行，派我担任广州特派员，并沿武汉、长沙、衡阳、桂林、柳州、梧州而到广州，考察《大公报》各地分馆的业务情况。我欣然接受任务。从1947年起离开重庆，1948年后调香港《大公报》工作，与政之先生会晤聆教的机会就少了。但是对这位中国报坛巨人、先驱的平生光辉业绩，真是有"高山仰止"的景慕，也有"终身藏之，何日忘之"的情怀。每当看到某些论客对新记《大公报》的历史、对政之先生的不公平的识评，我就从心底回敬杜甫的名句："尔曹身与名俱灭，不废江河万古流！"

2001年于香港

壮志未酬身先死

——追思胡政之先生

陈纪滢

一

1949年1月初，我携家眷自北平到上海。把家眷安置在旅社之后，我便去南京路《大公报》馆看谷冰兄等。从他处知道政之先生病情严重，最近新换了个医院，希望能有转机。当时我听了，十分难过。因为我虽已辞卸报馆职务有三年之久，但与报馆上上下下的友谊并未中断。无论在北平、天津、南京、上海，只要我的公务完了，我所接触的朋友，仍以《大公报》同人为多。

这天，谷冰、芸生、子宽、光中等邀我去国际饭店内丰泽楼吃饭，谈了些华北情况，饭后匆匆而别。第二天清晨，我邀老友赵惜梦兄同去沪西虹桥医院去看政之先生。到达时，护士小姐正在为他注射，我们就在门外扶廊等候。大约十分钟后，胡夫人自室内迎我们进去。疾走到床前，政之先生一见我俩，特别有感触似的，问："你俩怎么来的？"又惊又喜的一副神情。随后又说："一辈子没生过病，一病就不起！唉，完了！"

我们劝他倒下休息。他还问我们住在哪儿，今后行止如何，我们一一具答。并且拿话来安慰他。

胡先生是个胖子，不和他见面还不到一年，这次看见他居然比平常消瘦了太多，尤其是摘去眼镜后，两只眼窝塌陷着，上额越发显得短狭，毫无昔日那份严肃神情。只觉得他好似一位半生戎马叱咤在疆场上的英雄，一旦遇挫，就显得特别落魄。胡先生素日以健康自恃，没想到他这次竟为病魔困扰，并且他已预感不起，所以从内心反映出来的神情是失败的，也是令人不胜怅惜的。

我是最不适宜到医院看亲友得重病的一个人，因为无法掩饰我真实的感情，虽然尽量克制自己，仍不免形诸于色。这次我竭力控制感情，故意做出笑容，但等我与他握别并且请他安心静养的时候，我眼角里竟已充满泪水。我竭力躲避他的视线，匆匆走出病房。到了门外，我禁不住泪如涌泉。可是为了不使胡夫人多心，又赶快擦干，强睁笑眼，与她道别。

1949年3月间，我正在桂林筹设邮政储金汇业局，忽然从报上读到政之先生在沪逝世的噩耗，立刻打电报安慰胡夫人。他害的是肝

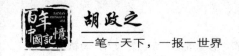

癌，是不治之症。虽然我那时为局务正在弄得头昏脑涨，可是我仍在长时间内对于胡先生之死，心头上埋伏着无限哀痛之情，跟季鸾先生逝世时候心情一样。

好像曾给谷冰兄写过一封长信，说明我对胡氏撒手西去后的哀情。屈指算来，一晃也已8年了！

但我始终还没用文字哀悼过胡先生。今乘给季鸾先生编印小册子之便，重新检查旧作，深感有补写这篇文字的必要。

二

我首次和胡先生有接触是1932年春天。那时日军侵占哈尔滨未久，《大公报》原驻哈埠的特派员李玉侃被敌宪监视，无法活动。朋友因我服务邮局有种种便利，就介绍我为该报以通讯方式报道吉黑两省新闻。当我第一篇通讯寄达天津后，就有一位署名"胡霖"用《大公报》信笺的人给我写了一封信。信中大意是鼓励我多写此类稿件，并告诉我该馆对外通讯所用"李大为"的代号。我那时并不知"胡霖"即胡政之先生的本名。只是字迹写得龙飞凤舞，十分有气魄，不似普通职员的手笔。后来我打听清楚，就时常借寄通信稿之便给胡先生写信。直到民国一九三八年八月，季鸾先生与他要我由上海赴天津，我才与胡氏见面。

当时我的印象是：季鸾先生儒雅风流，有学者并有政治家的风度。胡先生则胖胖的活像一个大老板，也是一个有事业雄心的人物。等我潜赴东北调查伪满情况月余，再回到天津时，胡先生对我采访结果表示出来的一团高兴，使我受宠若惊，事前绝未料到。杜协民兄那时正任会计主任，他告诉我："你的稿子一寄到，胡先生就叫我锁在保险柜里，谁也不许动！"当我把"九一八"的特刊稿子在九一六写完之后，他特意在他那黎家花园的公馆设宴为我洗尘，并介绍全馆同事相识。好像我以后再没有机会看见过如像那天他大张其口，咯咯笑出声来。

他的不轻易有笑声，与季鸾先生永远是一副笑眯眯的脸，都是给我印象最深，和同受鼓励最多的地方。

以后我便被留下来代何心冷先生编《小公园》，同时发本市新闻副刊稿。心冷死后纪念特刊，是政之先生交派我编的。他还写了一篇极尽哀悼的文章。1933年10月到12月间，季鸾先生突然卧病，他主持经理业务之后，还需要撰写社评。对外交际及处理社内一切事务。我常听见他接日本朋友和英美朋友的电话。他和季鸾先生一样，英日语说得都好。外国报界对于胡霖先生的大名是以报界巨子看待，其地位之隆，足与外国某某系媲美。《大公报》那时社址在天津法租界卅号路一八八号。楼下是经理部，楼上是编辑部。楼下后边是排字房与机器间。《国闻周报》附在编辑部的一个内间里编辑。当时经理部有王佩芝、杜协民、李清芳、袁光中等，编辑部有曹谷冰、许萱伯、杨历樵、马季廉、王芸生、艾大炎、费彝民、赵恩源、张逊之、高元礼、曹世瑛及女记者于立群等。驻外记者南京有金诚夫，上海有李子宽、

程玉西，北平有张琴南、孔昭恺，汉口有徐铸成等。谷冰与萱伯轮流编要闻版兼看特别栏及大样。历樵、恩源编国际版。彝民翻译外国通讯社电讯。芸生、季廉、大炎等曾先后编《国闻周报》。张逊之是天津地头蛇，有大亨之称。曹世瑛采访本市及体育新闻。

以人才而论，迄后15年，一直是这批人为《大公报》开创局面。中间只有马季廉继何心冷于战前死在天津，后许萱伯死于香港。《大公报》一直是开馆闭馆，闭了再开。抗战时期先后增加大批新进人才。

季鸾先生态度温和，待人宽厚，馆中同人敬而爱之。政之先生治事谨严，不苟言笑，馆中同人敬而畏之。他俩给人印象不同处如此。他俩处事接物的方法也如此。《大公报》就靠这两个宽猛相济亦刚亦柔的报人奠立了基础，并维持了二十几年的兴盛局面，为中国报业取得国际光荣。如果说季鸾先生是大公的灵魂，则政之先生是血肉。血肉与灵魂，相辅相成，缺一不可。

三

记得1933年冬，我在报馆以票友记者身份编了几近半年的副刊与本市新闻之后，我要回原籍去过旧历年，他跟我畅谈他民初当记者的经过。

"我们当年做记者可以说得万事通。我为了跟同业争新闻，每天黎明时，常常跑到崇文门去抄告示。因为那时候有许多重要法令都贴在崇文门内，天亮之前就贴好。等我抄好把电报拍出之后，别的同业们还未起床。所以我的新闻常常抢在大家前头。记者条件是勤快，不怕辛苦。

"《大公报》的特点就是文人论政，不偏不倚。有心的错误不让他有，无心的错误难免。

"《大公报》的人大都老实而少才华，但规规矩矩以报为家，为终身事业。"

他并且嘱咐我回到乡下，仔细视察农民生活，随时把农民疾苦写给报馆。

那次我曾问他："胡先生整天这样忙，身体这样好，请问您摄生的方法怎样？"那时候，他四十几岁，健康情形极佳。他听后，笑了笑，说："做报馆的人还有什么摄生之道？唯一的办法，就是打补丁式的睡觉，随时睡，睡的要多。"

后来我由原籍再回上海。他与季鸾先生时常轮流去京沪旅行。除非他太忙，否则一定邀我去谈。政之先生每次归馆后，常以"静观"笔名撰写通讯稿，文章观察深刻，眼光犀利，行文简劲，不愧为名报人的手笔！

多年以来，我曾怀着浓厚兴趣试辨季鸾先生与政之先生所写文章有什么不同，这几乎是件难事！因为他俩是同一个时代人物，同到日本留学，又同在上海从事新闻事业，同在中国公学授课。他俩与吴达诠先生三人共同接办《大公报》后，无论所持立场，与对事物的见

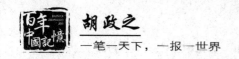

解，更趋一致。所以他俩发表出来的文字，非常易混淆，很难令人截然划分哪篇是谁的手笔。后来我更进一步地从他俩行文时所用术语和名词等方面加以区别，慢慢才找出他俩文章之不同处。

大概是这样：他二位的文章在结构、文意、气势等方面没什么差异，但季鸾先生的文章重感情，政之先生的文章重理智。季鸾先生爱用新名词和术语，政之先生稍微保守一点。季鸾先生文字已够洗练，政之先生则更求遒劲。还有一个最大特点，政之先生爱好对仗句子，尤其在社评里用的较多。季鸾先生有时也用对仗句子，但较少。

季鸾先生除是政论家外，还是文学家。政之先生则是一个政论家兼名报人。

因此，季鸾先生逝世后，为编印《季鸾文存》，着实费了一番考订功夫。1944年12月《季鸾文存》出版时，政之先生亲撰序文，节录如下：

季鸾兄逝世三载余，国内外读者及各方友好多以张先生文集何时出版相询。我个人与季鸾有三十年交情，同舟风雨，久共休戚。也极愿其文集及早观成，以留永念。但为季鸾编文集有一困难，他虽终身从事文字事业，却并不自珍，以为时事文章朝刊夕烂，他属文向不留底稿，也不自搜存，所以早年文章都已散失无存。自民国十五年九月，《大公报》续刊，以迄三十年彼之不起，这一期间，它的主要文章皆在《大公报》，最为完整。然于编选之际，也有两点困

240

难：一、抗战期间，《大公报》连失津、沪、汉、港四馆，辗转播迁，文物荡然。现所得之《大公报》始民国二十一年，以前者俱阙，所以选自《大公报》的文章也非全豹。二、《大公报》社评向采不署名制，执笔非一人。若干重要文章且多是大家商讨后而由一人执笔，久之则难辨认究属谁之手笔。我编选此文，重读旧报，一面怅触往情，同时也难以辨别何者为季鸾所写，何者为我自己所写，且有已经选入而经其他同事辨明系我所写而复抽出者。资料不全，辨认困难，也有若干文章虽事过境迁而仍觉未便收入，且有虽已收入而遭检落者。有此数难，所以此集只能称为"文存"以见其非全。

季鸾是一位新闻记者，中国的新闻事业尚在文人论政的阶段，季鸾就是个文人论政的典型。他始终是一个热情横溢的新闻记者，他一生的文章议论，就是这一时代的活历史。读者今日重读其文，将处处接触到他的人格与热情，也必将时时体认到这一段时代的历史。季鸾既逝，其文尚存；国族永生，亟待进步。我编《季鸾文存》既竟，既伤老友之逝，尤感国事之待我侪努力者尚多。国人读季鸾之文，倘能识其一贯的忧时谋国之深情，进而体会其爱人济世的用心，则其文不传而传，季鸾虽死不死！

中华民国三十三年十一月十日胡霖序于重庆大公报社

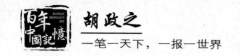

从胡氏序文，可证实两点：一点是他俩所写文章难以辨认；另一点是季鸾先生"热情横溢"。可惜季鸾先生早逝，否则他若死在政之先生之后，也同样编印一部《政之文存》，由季鸾先生作序文，其情形又将怎样？

四

抗战以后，《大公报》连续关闭津沪两馆，由季鸾与政之二位先生，分两路另行建馆。一路是跟随政府西迁，一路向海外发展。政之先生就担任了香港建馆的任务。1940年日本夺取香港，他又在桂林建馆。香港与桂林都不是办报的理想地点，尤其是对《大公报》更较困难。政之先生独负艰巨，在这两个文化水准比较低落，地方色彩浓厚的城市创办新闻事业，真有点吃力不讨好。但靠他的宏大气魄，卒能够战胜困难，在"东方之珠"与"八桂"播下文化种子。在抗战时期，对海外与西南诸省颇尽宣传之效。

季鸾先生长于文章，政之先生则兼长处理业务。截至1949年以前的《大公报》，有几个特点，不完全被外人知道，也不受人注意。但是我认为却是《大公报》成功条件诸多种之一部分。这些特点则多半出于政之先生的安排。

（一）以编辑部领导经理部

这种制度也许在美英等以新闻为企业的国家已视为落伍，但在文人论政阶段的中国，新闻事业仍是不可避免的一种倚重。迄至现在，大多数报馆，仍然维持这项传统。不过，论有绩效，《大公报》堪称首屈一指；论做得彻底，《大公报》也唯一无二。如众所周知，《大公报》第二辈同人中，所有负责经理业务的人，如曹谷冰、许萱伯、李子宽、金诚夫、王文彬等无一不是经过在编辑部熬夜编要闻版的阶段而改任。程序是这样的：一个新进人员除担任职员外，多半因从事文字工作而进馆。在编辑部由担任采访、编辑起，然后编要闻版，或派在外埠当特派员。大约服务十年之后，不但文字工作已站得住，对内对外也有了相当人望与信用，再派到经理部门主持业务。

这种制度在别馆并不严格，尤其对日抗战时期，后方几家大报，只要在商界兜得转，有办法招揽广告，就是头等经理人才。但《大公报》则不然，管业务的人一定是从事编辑业务的老手，才能充任。从没派过一个无编辑经验的经理人员。

这种安排究竟有什么好处？我以为：第一，在人事制度上，不失为鼓励与提拔资深从业员的一种办法。第二，最大的好处，莫若使编辑、经理两部同人联结一起，促进互相了解。使编辑部同人得到重视。因之提高服务精神，保持版面时时革新。无论在言论上、新闻上，随时争取进步，提高报纸的地位。第三，编经两部籍人事交流，可得到业务上的诸多配合。

《大公报》于抗战前后，因在各地建馆，很自然地形成这个制度，也得此机会试验这种制度。别的同业则没有。

（二）通信课的成功

从在天津起，《大公报》编辑部特别重视通信课。这一课专门负责与全国各地通讯员联系。《大公报》在"九一八"前后，全国有一千多个城市，设有通讯员，构成广大通信网。通信工作至繁，尤其每位通讯员都希望在精神上与报馆保持密切联系。假若既不刊用他的来稿，也不回复他的信，当然他不满意。只刊用来稿，但不能在工作上保持必要联系，仍难免不抱怨。

通信课专门负责回信，并且经常指示通讯员采访何种新闻，注意些什么事项。

试想，远处边陲一个小小通讯员，当他收到报馆一封充满友谊与工作指示的信件时，心里所生影响，是可想象得到的！

别的报馆都有类似设置，但我以为抗战前《大公报》在天津时节的通信课最为成功。抗战时期就差了，但因基础已固，不受影响。

（三）健全的人事制度

大家都知道自张、胡、吴三位先生协力接办《大公报》之日起，就奠立下以道义为重的文人合作基础。到"九一八"事变前，因业务发展很快，不能不大量引用新人。于是一项雏形的人事制度开始厘定。直到抗战发生，才渐臻完善。无论人员录用、派职、叙级、定薪俸和升迁、黜降等才有了明文规定。至于后来高级职员可赠股金等，都是人事制度中的一部分。

胡氏因我服务邮界，曾向我探询邮政人事制度种种细节，我曾把邮政整套章程和种种卡片检送全份，以资参考，所以《大公报》的人事制度比较完备。

　　然而它的好处，绝不止于表面上保障职工生活与谋求社员福利。最重要的点，还在成文规章外，另有不成文的精神鼓励。试想，一个从事文字生活的人，怎能够呆板地以办公时间和表面工作为考绩的根据呢？因此，一个新闻事业机构，既不能完全没人事规章，也不能完全依靠制度。全凭运用灵活，才能使人员得制度的善果，不受制度的损害！

　　我认为《大公报》之所以有轰轰烈烈的一段历史，重要原因之一，就是人事安定，而且还不断地增加新鲜血液！

　　除以上三个特点之外，《大公报》关于发行、广告、机器房、工人管理，都有比较别家高明的一套办法。任何家都有过工潮，唯独《大公报》没有。别家常在广告与发行商出毛病，《大公报》则未闻。

　　这一切，固然也有季鸾先生的意见，然而政之先生的主张独多。他把多年主持新闻业务经验，用于《大公报》。使《大公报》得由天津根据地，由华北发展华南上海、香港、汉口、桂林、重庆等馆，在抗战前后，真正能够深入大江南北，各省普遍发行，到全国各个角落的报纸，除大公外，恐怕还不易找到第二家。

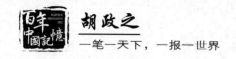

五

以我浅陋的见识，直到今天，我还没有看见过办报气魄之大，手腕之高明，能胜过胡氏的人！

在第二辈大公人物中，曹谷冰兄兼备张、胡二氏之长，人望亦佳。在张、胡氏相继物故之后，本来可领导大公走上中兴大路。可惜……

季鸾先生去世后，胡氏自桂林赴渝主持社务。嗣桂林陷敌，所有职工都集中重庆。在李子坝报馆楼上辟"季鸾堂"。每年季鸾先生忌日率领职工祭奠，从未中断。政府也聘任胡氏为国民参政会第三、四两届参政员，并于抗战结束前后聘派胡参加访英团及出席金山联合国制宪大会。政府重视他可见一斑！

1945年底，《大公报》在天津老家复刊。新馆址设罗斯福路（即旧日界旭街）我与老友季迺时兄从北平专程去津，参与复刊典礼。当晚报社在旧英界某大饭店宴请全体同人，以示庆祝。在这个会上，胡氏且谈且笑，气势豪迈，不减当年。然而距我初次在津于会，匆匆已12年了。

胡氏祖籍四川，自幼随家人游宦北方。光绪末年去日本留学，习法律。1912年服务于上海民立图书公司。1913年，主办大共和报。季鸾先生在该报任译员，他俩同时在中国公学授课。1916年，政之先生服务于英敛之先生所主持的《大公报》。1919年，政之先生赴欧洲采访巴黎和会新闻。归国后，在上海创办国闻通讯社，附刊《国闻周报》。1926年与季鸾、达诠两先生协力接办《大公报》。从此之后，张、胡二氏一生尽瘁《大公报》，以迄于死，未兼任其他任何官吏职位。

季鸾先生去世时仅57岁。政之先生死时也不过60岁。以现代眼光来说，他俩都在壮龄，竟致志未酬身先死！

胡氏原配夫人于抗战前死于天津，留有子女众多。抗战时儿女皆已婚嫁。两位小姐都擅长平剧，在《大公报》晚会上，时有表演。抗战初，续娶江苏顾氏，名门闺秀，贤而有德，据云现在卜居香港，不知确否？

1957年7月18日追记

胡政之先生的新闻观

浦熙修

    胡政之（霖）先生是政治协商会议第四方面九代表之一，他告诉记者，他至今不知道为什么要被选为代表，也许因为在参政会中与傅斯年、王云五三位同被认为无党无派而与团结问题有关吧。他向来用脑不用口，所以要他发言是千难万难，他承认李璜先生说他的"一切看穿"，所以消极了呢！他的文章常常写一半就写不下去了，《美国归来》也是篇未完稿。他今年57岁，他想再过三年就告老退休，不过最近他的工作极忙，要布置各地分馆的工作，联络各地的通讯员，他真怕政治协商会议耽搁太久，因为大家都是有工作的人。过年后，他想再到上海去，上海的机器正在装置中，印刷要受制于人，实在最痛苦不过，现在上海版已自12万份自动减低为8万份。他感慨："在上海清一色报纸之下，只有一家民间报纸，寂寞得很呢，甚愿新民报前去陪伴。"

记者昨天星期日在浓重的过年气氛中去访问的时候，他正独自坐在大公报的办公室里。他说："国共的纠纷，因为事实上没摸清，实难做审判官，必待双方在会议上提出正式文件，第三者才好评判。"但他承认，本着同情弱者的心情，有力量的在朝党是应该多让步的。

"该怎样让步？政府如何才能民主？"记者问。

他说："除国共两大党外，其他的党派，向未公开，其党纲、人物，一切都是未知数，这也尚待实际的材料。"

他同时认为今日能够让老百姓喊出"不许打"，已经是进步的现象。政治走上轨道，必须大家都了解政治，形成社会的公是公非。政府的措施，虽然有些地方太坏，但我们也不该否认其中还有不少无名英雄。把坏的淘汰，这是自然的法则。以后只要社会上各种事业都发达，大家就不致群趋做官一途。譬如过去新闻记者不齿于人，而现在已经有不少人愿意往这条路上走。从政者，需要将自己事业的经验贡献于国家，读书不是仅为着做官，例如英国供应部大臣，过去就是百货公司的经理。中国也许是人才缺乏之故，很早就要出来做事，外国常常三四十岁才是开始工作之年。

他年来在英美的观感，认为美人活泼，而英人持重，在新闻上的表现，美国消息灵通而描写好，英人论断精而报道正确。

"但美国为什么特别关心中国呢？"

他说："美国国强民富，就好像一个人身体大胃口强，他们是想到中国来一施身手，倒也不是真正了解中国。英美文化科学之发达，确是资本主义之光。但中国人的天性是爱好自由主义的。孙中山的三

民主义也确能兼采苏联之民生、英美民权之所长，我们应该真正走上这条民主之路。"

他认为中国的新闻记者还该在文字修养上加功夫。英美的记者专门学新闻的并不多，但他们的本国文字一定够用。所以他认为，一个新闻记者，在普通大学毕业之后，再加以新闻技术的训练就够；新闻系毕业也不是绝对不可用，但仍需要严格挑选。

"新闻也可以说是社会的一面镜子，社会有种种不进步的现象，当然也不能独责今日新闻记者的能力差，"他认为，"中国报纸太重视政治新闻，这是因为中国是官的世界而不是老百姓的。在外国，详细报道水灾的社会新闻就能作为第一条。"他更说："中国国际新闻之多为任何国所无，马歇尔的新闻这样重视，这适为殖民地的表现。一等国家早就降为三等国家了，将来建国，实在还需要为抗战出过力的老百姓出来做，新闻也常该从这方面来发掘。"

"那么大公报的一贯态度是什么呢？"他指着墙上挂的社训说："不私、不盲。"但他也感喟自由主义者的两方不讨好，批评政府，指责中共，都不是讨好的事，所幸新闻记者本不是要以讨好为能事。

他接着答复记者说：大公报和政学系并没有什么关系，当年仅仅是张季鸾办《中华新报》时的一点私人关系。其实政学系也不是什么严密的组织，仅仅是几个私人集合，大家以事务为重，自谷钟秀、张耀曾、杨永泰等反袁参加护法政府，继之张群、陈其美（英士）等协助蒋委员长北伐，无形中形成了这一种势力。他个人对政治并不感觉兴趣的。他对今日的竞选热潮，认为这是民主的初步试验，就是假的，也不足为怪，终有一天会弄假成真的，虽然他自己坐在办公室里没有兴趣去参与。

（原载于《新民报》晚刊，1945年12月31日）

政之先生的政治态度

萧　乾

　　就文章而言，我同《大公报》的关系是从1933年开始的。那年10月，《大公报·文艺》发表了我的第一篇小说《蚕》。 我的第一篇旅行通讯《平绥琐记》则于次年发表在《大公报》所主办的《国闻周报》上。1935年7月，我成为它的工作人员。如果把兼职的5年也算进去，我同它至少有过10年关系。它是我大学毕业后走上的第一个岗位，也是我一生工作时间最长的地方，此外，我也是1948年香港《大公报》复刊的参加者之一。

　　一提起《大公报》，我就不能不想起已故的胡霖（政之）先生。我曾在张季鸾先生主持下的《大公报》工作过，但我同胡先生接触更多一些。我希望有人出来为他写一本传记。那不但对新闻从业员有好处，对一般事业家也必有所启发。

　　1935年我一进馆，就看到他把一位自己认为不称职的同事毫不留情地辞退。当时他把我同那位本市版记者同时派去法庭旁听一个案子，事后又让我们二人"背靠背"地写。我事先不知他的意图。等那位同事离职后，我才晓得原委。我当时十分气愤，并且再也不干本市采访了。然而现在从另一角度看，那件事也说明《大公报》"干部政策"的一个特点：只要精干的，不要冗员。想在《大公报》混，是很不容易的。

我进馆后，最初四年主要是编"文艺"副刊，跑旅行通讯只不过是自告奋勇的额外工作。在副刊方面，我可没少给他惹乱子。

1935年还只有《大公报》一家，设在天津法租界。一次我发了一篇揭露法国殖民者在安南（今越南）的劣迹的文章。第二天，法租界巡捕房的一个胖子就气哼哼地闯进编辑部，一边训斥、威胁，一边就用警棍在桌上猛敲一通。巡捕走后，胡老板只笑嘻嘻地说了声"以后可得当心点"，没有一句责备。

1936年在上海，由于发了陈白尘的《这不是出戏》，乱子惹得更大了。尽管我把那以抗日为题材的独幕剧中所有"东洋人"中的"东"字全打成叉子，驻沪日本当局还是在工部局法院以"反日"罪把《大公报》告了下来，害得胡、张两位老板几次出庭受审。最后虽因那个叉子胜了诉，可也给报馆惹来不少麻烦。事后胡老板不但没有怨言或指责，还称赞那个叉子打得好！

1938年至1939年在香港，"文艺"版经常因审查抽文而开天窗。有一回审查官索性在整版上画了红叉（即禁登）。那天我刚好过海去九龙看电影。报馆也不知道我去的是哪一家，胡老板居然派人一家家

地去找，硬是从黑洞洞的影院里把我拽了出来，补发了稿。那回我也急得通身是汗，可胡老板只诅咒审查官蛮不讲理，仍没嗔怪我一句。

现在回想起来，这绝不仅是对我放手的问题，而是表现了他对侵略者、对帝国主义者的憎恨。

在任用杨刚的问题上，胡老板再一次表现了他的政治态度。

1939年9月，我在他的大力支持下去英时，谁来接编"文艺"成为迫切的问题。当时馆内外都有人举荐接任者，而当我提出由杨刚来接编时，遭到多方反对。理由：她是个共产党员。几经考虑后，有一天他发话要我电告杨立即来港。1943年他访英时，到剑桥来看我，对我几次称赞杨刚"真是人才"。她从编副刊开始，进而写通讯和社评。

胡霖不是共产党员，那时也并不靠拢共产党。他是把"才"放在党派之上的。

1988年1月10日

（原载于香港《大公报》纪念册）

数十年如一日的老报人

　　本社总经理胡政之先生患肝硬化症整整一年，昨晨在上海寓所逝世。胡氏系本报创办人之一，先后经营本报达30年。现在国家正值大变革时代，本报亦遭逢空前难关，正需要他的英明领导，不料辛劳的工作妨害了他的健康，无情的病魔夺去了他的壮志。这不仅是本报事业上的大打击，也是中国新闻界很大的损失。

　　就本报说，本报创办人为张季鸾、胡政之、吴达诠三先生。张先生主持言论，胡先生管理业务，吴先生筹措资金。现在张先生逝世近8年，吴先生已辞去董事，而胡先生接着逝世。本报领导人先后离去，同人分散各地，在集中力量方面，的确已不如以前了。可是我们要向读者报告的是：胡先生虽然肩负本报各版的总责任，但他是一贯主张与同人分名分利分权的。他并不喜欢个人出风头，也不是"有利独占""大权独揽"的人物。所以在正常状态下，他并不采取"大小事必亲"的办法，总希望各个同人发挥自己的力量。但是到了紧要关头，他绝对不回避应尽的责任，应办的事就立刻办。他勇于负责，长于决断。在抗战时期，本报各版多次搬迁。每遇事业开创与毁灭阶段，都非胡先生大力主持不可。他做事最专心最勤劳。尤其是在天津时期，本报事业很艰苦，他几乎日夜不离开报馆，对各部门的工作都能尽心去指导。去年3月本报香港版复刊的时候，他不顾一切劳苦，仍然日夜工作，自强不息。他常说："新闻事业应该不断求进步，至少要跟得上时代，最好能走到时代前面，领导社会。如果跟不上时代，那就难免落伍。试看以往有些地位的报纸，不少被时代淘汰了。我们应该知道不进则退的道理，事业要求进步，个人也更要求进步。"他以这样"老当益壮"的精神，为本报香港版的复刊辛劳过度，以致抱病回沪就医，孰料经过长期疗养，终竟不起！

在当前新闻界说，他是忠诚努力新闻事业数十年如一日的老报人，对现阶段的新闻工作，有过很大的贡献。他自己说过："自从我们接办《大公报》以后，替中国报界开辟了一条新路径。我们的报纸与政治有联系，尤其是抗战一起，我们的报纸和国家的命运几乎联系在一块儿。但同时我们仍把报纸当营业做，并没有和实际政治发生分外的联系。我们的最高目的，是要使报纸有政治意识，而不参加实际政治。要当营业做，而不单是大家混饭吃就算了事，要使报纸真能代表国民说话。"对新闻记者这职业，他认为应有"无我的精神"，他说："新闻记者是完全为社会，也即是说为他人服务的。所以在执行业务的时候，决不能掺杂一些自私的念头在里面。有些记者把办报当作升官发财的桥梁。但我敢说，他们财也许可发，官也许可做，但绝不能成为一个成功的新闻记者。"他这样说，实际也这样做，他从事新闻事业40年，私人生活始终俭朴廉洁，没有治过什么田产，也没有作过如何享受的打算。照这样勤谨努力数十年的事业家，在中国新闻界实在很难得。目前时局仍是动荡不安，人民痛苦达于极点，新闻事业同遭厄运。而胡先生永离人间，不能再为人民服务，岂仅本报同人丧失一英明导师，人民亦减少有力的代言人了。

（原载于重庆《大公报》社评，1949年4月16日）

第三辑

深情追思：一笔一天下，一报一世界

胡政之·赞善里·金庸

——《大公报》在港复刊逸事

梁羽生*

　　1948年春初，胡政之从上海到香港。此时国共相争的局势正起着
重大变化，刘伯承、邓小平率领的晋冀鲁豫野战军千里跃进大别山，
揭开了战略进攻的序幕，优势已经转移到中共手上。胡政之必须为
《大公报》作出如何应变的决定了，他是为了恢复香港版《大公报》
而来的。

---

　　* 曾供职香港《大公报》。有多部武侠小说问世，脍炙人口。

张、胡并称一诗一联

《大公报》一向张、胡并称，张即被于右任盛赞为"豪情托昆曲，大笔卫神州"的张季鸾。胡除了写得一手好文章外，还善于理财。有人赠他一对楹联："文章自古夸西蜀 事业于今胜北岩。"胡政之是四川华阳（今成都）人，成都文风素盛，如古代著名的才子司马相如和现代著名作家巴金就是成都人。上联"文章自古夸西蜀"切胡政之籍贯。按照中国赠联给名人的传统习惯，上联如果切籍贯，下联就该切姓氏。因此有人认为下联"事业于今胜北岩"的那个"北岩"应该是指清代"红顶商人"胡雪岩。胡雪岩（1823—1885），原名光墉，安徽绩溪人。发迹于浙江，但在其巅峰时期，主要财源却是来自西北。胡政之（1889—1949）与胡雪岩虽不是同代人，但也相去不远。胡政之9岁那年，因为胡登崧在安徽做官，随父入皖，至18岁方始回四川原籍。因此这两个人不但姓氏相同，和安徽这个地方，也都有点关系。但问题在于，他们纵然有某些地方可以相比，毕竟不同"界别"。即使是一代巨贾的胡雪岩，也不能与一代报人的胡政之相提并论。

还有第二种说法，说下联的"北岩"应该是指英国的报业巨子北岩爵士。北岩爵士的事业高峰是接办《泰晤士报》，正如胡政之的事业高峰是接办《大公报》一样。

有人认为，以胡雪岩比胡政之虽不算恰切，但却颇能道出胡政之那副"左手算盘右手笔"的本事。不过，胡政之的算盘是为《大公报》打的，涓滴归公；胡雪岩则只是为了自己。高阳写《红顶商人》，说胡雪岩发达之后，居室之美埒于王侯，姬妾众多，住满十三楼院。这些都是有史实可考的。胡政之身后萧条，并无积蓄留给儿孙，张季鸾也是一样。张、胡二人都是以劳力入股的，再加上一个以资金入股的吴鼎昌，就是人称"新记《大公报》"的三巨头了。

三巨头合作之始，就有言在先，谁做官谁就得退出《大公报》。1935年冬，吴鼎昌接受蒋介石邀请到南京当实业部部长，便即刊登启事，声明辞去《大公报》社长职务。1941年4月，《大公报》获密苏里新闻奖。5月，张、胡联名对美国公众广播，题为"自由与正义万岁！"不幸张季鸾就在同年9月逝世。至此，《大公报》三巨头已是三去其二，只剩下胡政之一人主持大局了。

最后的辉煌

1945年4月，胡政之作为中国代表团成员，出席在旧金山举行的联合国制宪会议，并于6月27日在大会通过的《联合国宪章》上签字。对别人而言，获此殊荣，已是如愿足矣；对胡政之而言，则是尚未甘休的。直到扶病前来香港之际，他才表白心迹，要"将香港《大公报》的复刊视为自己事业的'最后开创'"。在胡政之领导之下，协助他从事这个开创的，还有随他来港的费彝民、李侠文、马廷栋和李宗瀛等。他们像胡政之那样，都是把自己的一生献给《大公报》的人。

为了尽快复刊，胡政之每晚亲审稿件，撰写社评，五次试刊，历时两个月，卒抵于成。1948年3月15日，香港《大公报》正式复刊。胡政之在亲笔撰写的复刊词中表白：第一，不满国民党，说："《大公报》'名之所至，谤亦随之'。循环内战中，我们不知道受了多少诬蔑。"第二，也反对内战，说："我们存在着国家至上、民族至上的信念，发挥和平统一的理想。"

正是由于"名之所至，谤亦随之"，多少年来，人们对《大公报》的评议，纠缠不清。已故《大公报》社评委员、共产党员李纯青直到垂暮之年，方始在北京写出《为评价〈大公报〉提供史实》一文，对胡政之这篇复刊词做出如下评论："胡政之看到国民党大势已去，不愿与蒋家同归于尽，估计《大公报》也不可能在共产党的世界继续存在。因此，他选择了在'国门边上'——香港办报，'希望在香港长期努力'，走这一条出路。"

评论见仁见智，对胡政之来说，他总算是在最后的日子，完成了最后的辉煌。

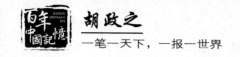
查良镛 "听" 胡政之话

港版《大公报》复刊之后一个多月，胡政之突然病倒，医生诊断为肝硬化。胡政之返沪就医，从此卧床不起。于上海解放前夕，1949年4月14日寂然逝世。

胡政之去世已经超过半个世纪，影响却延续至今，与其纠缠于他的身后是非，不如多谈一些他的生前逸事。

在香港这段期间，胡政之住在赞善里八号四楼，是报馆的宿舍。赞善里位于香港坚道，横街小巷，毫无特色。附近有点名气的建筑物只是一座中区警署。宿舍是再普通不过的旧楼，楼高四层，四楼连接天台，活动空间较大，"环境"算是最好的了。我之所以记得如此清楚，是因为我后来也在那里住过，正好也是住在四楼。胡政之住的是一间单人房，卧床以外，只能容纳一张书桌。但若按"人均量"计算，他所占有的空间则较多。当时和他一起住在四楼的"大公人"，年纪最大的是谢润身，人称老谢；年纪最小的是查良镛，大家都叫他小查。说到这里，相信大家都会知道，他就是今日名闻天下的金庸了。老谢是经济版编辑，小查是翻译。另一位级别和老谢相当的是翻译科主任蔡锦荣。还有一位人称"何大姐"的何巧生，是翻译科的副主任，年纪比老蔡还大，在"文革"期间，和老蔡一样，几乎被打成右派。金庸在赞善里宿舍住的时间很短，大概只住了几个月。何大姐则住了十多年，现还健在。这次为了写胡政之，我曾经和她通过几次电话，她虽然年已九旬，对往事还记得很清楚。

我是1949年7月才入住赞善里宿舍的，当然见不到胡政之了。不过我在那个宿舍，倒是住了七年多。对于这位我早已心仪的前辈，虽未得承教泽，亦已感同身受。

胡政之是《大公报》的"至尊"（三巨头只剩下他了），老谢、老蔡等人则只能算是"中层"，双方相处，亲若家人。看来"等级森严"这种观念，在老"大公人"的脑袋里，似乎尚未形成。

胡政之逝世后，查良镛写了一篇题为"再听不到这些话了"的文章，其中一段话就是胡政之对小查、老谢说的。胡政之谈到美国人，说："肤浅，肤浅，英国人要厚实得多。你不要看美国现在不可一世，不出五十年，美国必然没落。这种人民，这种行为，决不能伟大。"查良镛写道："近来看了一些书，觉得胡先生这几句真是真知灼见，富有历史眼光。"说的也是，像胡政之这样的智者，思想敏锐，诊断往往超前，预测失准，不足为病。天道周星，物极必反，只争迟早而已。老谢退休之后，移民美国，住在波士顿，如今已将近一百岁了。

2002年5月

（选自《笔花六照》，广西师范大学出版社，2008年2月第1版）

再听不到那些话了

查良镛*

  与胡先生相处只有一个多月，在这一个多月中，因工作、吃饭、睡觉都是在一起，这位伟大的报人对于一个年轻的新闻工作者生活与学习上所发生的影响是极其深远的。我常常想起他那些似乎平淡无奇其实却意义精湛的话来，现在却永远再听不到那些话了。

  港版初创，内容与"香港文化"似乎格格不相入。有一次吃饭时胡先生说："报纸的任务是教育读者，以正确的道路指示读者，我们决不能为了争取销路，迎合读者的心理而降低报纸的水准，歪曲真理。"

  当胡先生病况渐深时，有一次与寿充一兄及我谈起他的病因，他说："我这病种因于少年时候，当时年轻力壮，不论工作生活，一任

---

  * 笔名金庸。曾任香港《大公报》编辑，后在香港创办《明报》，任社长。著名文学家，著有多部武侠小说和其他著作，享誉海内外。

性之所趋；现在年纪老了，当时隐伏的病根都发出来了，所以年轻人决不可自恃一切拼得过，身体务须好好保养。"

一个下午，胡先生与谢润身兄及我谈到工作问题时，问及我本来学什么，我说："外交。"他说："外交不是根本的学问，以后当多看一点历史与经济的书籍。"这句话我依照做了，而且已得到很多好处。后来谈到美国人，他说："肤浅，肤浅，英国人要厚实得多。你不要看美国现在不可一世，不出五十年，美国必然没落。这种人民，这种作为，决不能伟大。"近来看了一些书，觉得胡先生这几句真是真知灼见，富有历史眼光。

去年，也是在这个季节，也是这种天气，胡先生离开香港。我站在报馆宿舍门口，看着他一步一步走下坚道的斜坡。临别时他说："再会。"我问他："胡先生，你就会回来么？"他说："就会回来。"说了淡淡地一笑，我从这笑容中看到一种凄然的神色，我立在门口待了许久，心中似乎有一种不祥的对命运无可奈何的预感，果然，他永不会再回来。这些话也永远不会再听到了。

（原载于香港《大公报》，1949年4月21日）

胡政之

一笔一天下，一报一世界

我所见的　我所佩的

陈　凡*

　　入馆八年，一向是跑腿的时候多，所以和胡先生接触的机会比较少，谈话的时候也比较少。可是透过这八年来的工作，他老人家做人做事的风格，我还是见到一二的。我想把这一二写出来，作为对胡先生的悼念。

　　我所见的胡先生，我所佩的胡先生，简要说来，可用八个字概括，那就是"能用能容，有策有守"。前四个字，指的是对内；后四个字，指的是对外。

　　所谓对内，就是说他对于在《大公报》工作的数百人。一个事业的主持人，能用人不算奇，但是能容人却不大容易。能用而不能容，恐怕就只能留住些"饭碗契约"尚未满期的人，事业热诚比较饭碗兴

_____

　　* 陈凡，《大公报》记者。

趣浓厚的人就不会留得下；能容而不能用，则工作效率难求，而整个事业也就难得推进。唯有两者具备，他才使得《大公报》这个事业随日月以发展。有许多事业机构中，随时都闹所谓"人事"纠纷，而《大公报》人事纠纷比较少，即使有也没有严重的爆发，以致危害这个事业，其主要原因，我觉得就是因为有胡先生的"能用能容"在尽消炎作用。他要每个人在他的事业目标下卖力，但他也容许每个人在相当范围之内保留他的"个性"，所以他不但是一个老板，他同时是这个事业的有担当的领导人。

所谓对外，我指的是他在《大公报》这个事业本身以外的活动，其实也可以说是他为《大公报》这个事业在外面的活动。因为他老人家后半生的活动，如果不把《大公报》这个事业放在里面，我想是很难得到十分恰当的解释的。为这个事业，他殚精竭虑，有些时候他明知道是会牺牲的他也只得牺牲，明知道是痛苦的他也只好忍受。碰到这种关头，他是有他的策略甚至战术的。可是一个读书人，如果单有这些，他最多成为一个朝秦暮楚的权谋之士，不见得就有什么可佩。而胡先生之所以可佩，是因为他"有策"之外还能"有守"。他是有原则的，有立场的，有最后限度的。他这20年来，在社会上的声誉日大，但无论社会各方面于他的是什么，终其半生，始于报而止于报，这一点就已经很不容易了。

胡先生的病是很久了，可是却在这个时候逝去，对于他，我觉得真是一个不幸中之不幸！可是他还是在这个不幸的时候逝去了！

长江滚滚，昼夜东流，日出日落，生生死死，本来都是常事，不

过，这个历史的时辰却有些特别。就是这么一条长江，江以北，阳光初展；江以南，夜寒尚厉！他却就在这个时候，就在这江声浩浩的长江之岸，撒手而去了！不，我想他并不愿撒手，他是就算活到一百岁也还记住他的事业的！所以，毋宁说他怀着几分留恋，几分遗憾，而尤其重要的是怀着几分希望……

（原载于香港《大公报》，1949年4月21日）

以工作代哀思

朱启平[*]

　　13年前，当我还在读书的时候，学校里开会请人演讲，有一次请到政之先生，讲的话忘了，只记得他是矮矮胖胖的。

　　后来参加报馆工作，一个小同事对最高的负责人，自然接触少，也谈不上观感，只觉得大家对他都生敬畏，他不多说话，每次开口，都简洁了当，直撞核心。

　　在报馆时间久了，接触的机会增加，渐渐地发现，在他面前，可以忘却自己的身份，谈所欲谈，不感拘束。问问同事，都有这种感觉。日子更长一点，见闻累积，更觉得他是值得敬佩的前辈长者。政之先生起病的时候，我正在纽约，路遥音稀，不知详情。后来频接谷冰先生来信，才知道情形严重。当时杨刚也在，大家商量，以为请他

---

　　* 《大公报》著名记者。1940年参加重庆《大公报》，曾被派往美国太平洋舰队任随军记者，参加在美舰密苏里号上举行的日本投降签字仪式，写出著名通讯《落日》。

来美诊治为妥，几度函请，未有结果。谁知他病势已重，根本不能动身，也没想到他现在已过，而且剧疾经年，受到磨折。

乍闻长者逝世，无可抑制的感伤蓁深。多少往事，陡然重现。记忆零乱，思想复杂，要捉笔追述，哽咽难尽。

追述政之先生，立刻想起他做事为人的两大方面，一是创办《大公报》，二是服务国家社会，二者是相辅相成的。对《大公报》的观感，自然是人言言殊。但是谁也不能否认，这张报在中国新闻事业中有其地位，对国家社会有其贡献。我们报馆从业员的方正，使社会增加对新闻记者的尊重；我们做事认真积极，提高了报纸在文化事业中的水准；我们长期服务，指明了新闻记者可为终身职业。这一切，不能不说是在政之先生领导下实现的。

他之所以能领导成功，在乎用人兼容，处事明白。《大公报》的人，意见上的距离可能天差地别，可是政之先生都能用，而且不顾外面的压力。他常对这点自感满意，还常说他对同人是否在报馆工作都无所谓，要紧的是经过《大公报》的一段，出去到哪里都希望是人才。看看目前在馆同人和离馆的许多朋友，充分证明他的话十足兑现。

处事他更有办法。不管他在馆离馆，对报馆的事一直在注意。常常出去很久，回馆没几天，馆内的事他都知道了，随着迅速处理。记得曾问他怎会这样消息灵通，他笑说："只要你肯听，别人自然肯讲。"领导而不蒙蔽，居上而知下情，自然措施得法，开展有路了。

为人做事，他有许多地方足以示范。他常说："世界越来越小了，因此人要越来越大。"他真做到了"大"，他要和人分利，还要和人分名。分利易，分名难，他都毫不踌躇。他常要求同人，在负责做一样事的时候，同时要使另一个人随时能负起替代的责任。那就是说，对共事而负责较轻的同事，应该给他进一步的机会。他再三强调大家要求进步，更不要怕别人进步，要当心的是自己不长进。但是对自己，他的要求更深一层，他常说"事业前进，个人后退"。

这种胸襟，这种气魄，以他的年龄处境，十分难得。

在照顾报馆外，他在抗战前后多年中，也为国事尽力。我总记得他在1944年参政会中发言的一幕。那时候大家希望团结合作，在抗战后和平建国。政之先生是全力主张团结的。他在参政会里素来不讲话，这次却站起来了。会场中特别拥挤，也特别紧张，大家屏息而听，听他那苍老之音，呼吁团结，字句虽含蓄，意义却明显。那几天，林祖涵代表中共，张治中代表国民党政府，先后发言。抗战时期政治上的乐观发展，那时候是一高峰。

努力国是，他始终不懈，甚至抱着牺牲自己的大决心。他从不要官，多少次的敦请他都拒绝了。他也不要名，他已名满天下。因此奔走接洽，在他别无他图，真是为了国家民族的利益。尤其政治协商破裂前后，他不顾朋友的劝告，不顾许多人的不谅解，继续努力，在他这样深通世故，洞悉人情的人，而还这样做，至少使深知他的人感动叹息。以他的名望地位，如果洁身引退，便毫不惹是非，然而他要傻干。

不计利害，不问成败，更不计毁誉，尤其毫无自己的利益，而一

股劲去做，这年头，有几人？

今天来纪念政之先生，伤感无用，唯有努力。我们都知道他对报馆有极高的理想，极大的计划。我们如能遵循着去做，使《大公报》更成为代表国家，服务人民的报纸，那政之先生虽死犹生！

（选自香港《大公报》，1949年4月21日）

忆胡政之二三事

徐铸成[*]

（1927年）我看到国闻社所发给各报之新闻，大率为各衙门例行之"宫门抄"，缺少新闻意味，乃不顾幼稚，写一长信给胡政之先生，认为北京政局终将递变，北京势将失其政治中心之地位，而仍将永为全国之重要文化中心。国闻社似应适应此即将来到之变化，及时改变采访之重点，逐渐注意各种文化活动。

下周胡先生来京，晚饭后，约我至其书房谈话，说："你的信很有见地，我也久有此意，苦于无从着手。"旋问我在师大功课忙否？能否抽出更多时间为国闻社工作？我答重要功课大都选在上午，且学校纪律松弛，缺课可以自己补习。胡先生说："闻晏阳初在定县搞的平民教育促进会甚有成绩，我想请你去参观一趟，为期三五天，回来

＊　著名记者、作家，曾先后任职《大公报》《文汇报》。

写一报道，以作为你设想之尝试。"我欣然愿即出发，胡先生即手书介绍信，并关照国闻社庶务曹风池，速为我印"大公报记者"名片，并预备旅费，尽可能及早出发……

我在平教会参观三日后……大体了解米氏村制之构思后，翌日即道别回京，赶写定县平教会参观记，寄呈胡先生。政之先生即分刊四五日的《大公报》，并亲撰社评介绍。大意为中国知识分子学成后多注目城市，而中国之前途，端赖知识普及，知识分子应移其目光于广大农村云云。我的参观记及胡先生之社评，并由《国闻周刊》1928年1月号转载……从此以后，胡政之先生正式聘我为国闻社记者兼天津《大公报》记者，以文教为中心，展开采访活动。……

胡先生曾早年服官东北，与张氏（张作霖、张学良）父子及所属王永江、莫德惠、韩麟春等相熟。1930年他亲自出马，赴沈探访，事先与季鸾先生约定，如张决定入关助蒋，则来电谓"请速汇款五百元"；如入关袒护阎冯，则电文为"请来款接济"。胡先生抵沈后，张接见谈话，亦未有何暗示，只约请其三日后同赴葫芦岛参加商埠奠基礼。胡同乘专车抵葫芦岛后，翌晚张即约见，对胡谓："我苦思冥想半月，觉置身事外非计，为国家人民计，决出兵入关；但只希望阎百川等速退出平津，我决不以一矢相加。"

……是日夜晚，张季鸾先生即得葫芦岛打来的"速汇款五百元"一电。张即写新闻，并赶写一简短社评，隐约透露时局真相……

沪版于4月1日（1936年）创刊，张、胡两先生全力临阵，内容充实，版面新颖。《大公报》原在南方及海外有很多读者。但《申报》

《新闻报》等老牌报纸带头抵制，出版三天，报摊不见一份，尽数由人"吃进"。真是"强龙难斗地头蛇"。于是，胡先生请友人哈瓦斯社之张翼枢先生，挽请杜月笙出面请客，杜某人"闲话一句"，《大公报》得以化险为夷，畅销无阻……

是年（1937年）4月，有一天，胡先生约我及子宽兄，偕赴爱多亚路山西路迤西察看一片旷地，有一亩有零，谓准备购下，计划在此建造一栋六层大楼作为新馆址，可见这位以"知日家"闻名的政之先生，亦不料四个月之后，上海即作为战场也。

（1938年）就在《文汇报》被炸的那天下午，政之先生忽派汽车来接我。那时他丧偶未久，有人为他介绍顾维钧先生令侄女顾俊琦女士（光华大学毕业），已结成俊侣。政之先生正在沪等待吉期。

我受到他这样的宠邀（两家相距只隔一条马斯南路），我很感意外。

入座后，胡先生含笑问我："《文汇报》的社论很像是我们自己人写的，你知道是谁写的吗？"我立即回答："是我学写的，胡先生一定看出它的肤浅、幼稚吧。"他答道："不，不，写得很有文采，构思也很深刻，就是有些地方，太激烈一些，怕出问题。"

我连忙接着说："已经出了问题了，报馆今天已被敌人投掷炸弹，并留下'警告信'……"胡先生说，这些，他已在晚报上看到了。他接着问我："严宝礼这个人靠得住吗？是一时投机，还是一心想干下去？我想，我们想投资和他合作；所以请你来商量，你看这些人会不会变卦？"

我说："我刚才打电话给储玉坤，请他问问严宝礼，社论要不要写下去？要我写，还是保持原有的态度吗？后来，储来电话，严已明确说明，社论仍照旧写下去，保证不更改一个字。这样看来，严宝礼这个人是有些魄力的。"

胡先生说："好，铸成，我相信你的判断。明天我就叫子宽找严宝礼谈合作。我们也投资一万元，唯一的条件是你进去负责编辑部，另派王文彬进去任本市编辑兼采访科主任。"

"经理部派什么人？"

他说："只要你抓紧他们言论方针就够了。经理部方面，我不准备派人，我们不计较图利。"

李子宽和严宝礼的商谈很顺利。据子宽告诉我："《文汇报》原来的资本是一万元，而实际只收到七千元，所以经营已感困难。《大公报》代印的排印费，分文未付。所有用的白报纸，全由《大公报》垫上，亦未交付代价。所以，我们不加股，他们显然难以维持下去。至于你和文彬的参加，他们更求之不得，他们正缺少干练的主持人。现在名义上的总编辑胡惠生，只在《民报》编过各地新闻，缺少掌握全局的才能（子宽几年前亦曾在《民报》兼任编辑）。"

我问："难道严宝礼会接受合作吗？"

"他们只提出一条，他们的资本要作为原始股，升值为两万元。"子宽兄答。

"胡先生同意了？"我问道。

"完全同意了。"子宽兄答。

我屈指一算，《文汇报》原来只有七千元，变成了两万。《大公报》一万算作一万，反而落得二对一的比例，我想胡先生的算盘素来是精刮的，如何愿吃此笔眼前亏？也许是他说的，只要抓住魂灵头，经济上不予计较吧？正如《三国演义》里的周瑜打黄盖，都是为了民族利益，一个愿打一个愿挨吧。

（1941年）政之先生在渝甫开完参政会（补张先生缺），因事来港，亦陷入重围。闻12月9日，重庆曾派来飞机，按名单接名人回重庆，政之先生未联系上……

是时，胡先生实躲在德辅道金城银行内，盖政之先生与周作民私交素笃，《大公报》与金城关系密切。与胡先生同在金城避难者，尚有我国化学工业奠基人范旭东夫妇（范先生甫由美来港，即遭逢太平洋大战）及何廉先生。

我向例于上班前去看胡先生。至13日，九龙已失陷，日寇与英防军隔海射击。我经胡先生同意，于是日宣告港版停刊。我写一社评，题为"暂别港九读者"。大意希望与读者互勉，在任何情况下，保持民族大义和中国人之气节。末引文天祥《过零丁洋》作结："人生自古谁无死，留取丹心照汗青！"

不几天，胡先生即冒险雇一小船，直驶广州湾，转回桂林，只有我和诚夫兄送行。

（1948年）那时，香港《大公报》早于一个月前复刊，由胡政之先生亲自主持，费彝民兄任经理，编辑部骨干则大部分为桂林版旧人……

忽接彝民兄请柬，当晚即至金龙酒店赴宴。至则政之先生亲自来参加……酒过三巡，政之先生笑谓："铸成，欢迎你来港恢复《文汇报》，大家热闹。"

政之先生并谓："我已恢复当年创业时精神，每晚亲自审阅稿件，撰写社评，上下山均步行。"我说："这种精神，殊使晚辈钦敬和效法。但上下山还是叫一辆的士好，不服老但应珍惜身体，戋戋车费何足计。"胡先生哈哈大笑，说："我要锻炼身体。"是日尽欢而散。

（选自《徐铸成回忆录》，生活·读书·新知三联书店，

1998年4月第1版）

胡社长与我

萧　乾[*]

　　我进《大公报》，一点也不偶然。1933年10月，我的第一篇小说《蚕》就是发表在《大公报·文艺》上。那时编者沈从文先生要我每月交他一篇。我写旅行通讯也是以《大公报》为起点。第一篇《平绥琐记》（1934年）发表在《大公报》所办的《国闻周报》上。然而我是从1935年7月才成为它的工作人员的。自那以后如果把在英国头五年的兼职算上，我同这家报纸的关系至少有15年。然而只在1935年至1939年以及1944年至1946年我是它的专职工作人员，其余都属兼差。

　　《大公报》是我走出校门后的第一个岗位，也是我一生工作最久的地方。它为我提供了实现种种生活理想的机会，其中最主要的是通

------

　　[*]　1935年大学毕业后即进入《大公报》，主编《大公报·文艺》，并兼任记者。后在英国作《大公报》驻英特派员、随军记者，采访第二次世界大战，著有大量战地通讯。后任《大公报》社评委员。作为著名作家、翻译家，有大量优秀著作。1989年被国务院聘为中央文史研究馆馆长。

过记者这一行当，广泛接触生活，以从事创作。

1935年初春的一个下午，杨振声老师约我去中山公园今雨轩吃茶，在座的有沈从文先生和天津《大公报》的胡霖总经理。我原是在杨、沈二位主编的"文艺"上同报馆发生关系的，他们很自然地成为我的引见人。胡总经理个子矮胖，方脸上闪着一副度数很高的近视镜。和善之外，他给我的印象是精明，表现在听人讲话时注意力十分集中，而回答时干脆果断，不拖泥带水。

……胡总经理当时想物色的是一个既编《小公园》，又兼管那11种副刊发稿工作的人。其实，这并不完全符合我的设想。但是我明白一个青年初出茅庐，不能挑肥拣瘦。同时我也估计到，倘若把雇主规定下的任务全完成后，提出额外再讨点活儿干，他只有欢迎，绝不会拒绝的。因此，我就问："要是我能预先把'小公园'编出若干期，你肯不肯临时找人替我发发旁的副刊，放我做点外出采访的工作？"老板听了，知道他收下的大概不是个懒汉，就眉开眼笑，一口答应了我这个要求，并且说定7月1日走马上任。

……

我想象中的《大公报》馆是一座高大的楼房，里面一个个房间门外都挂着什么什么版的牌子。万没想到这家大报馆竟然那么简陋！编辑部在二楼，只是个长长的统间，一排排的摆了五排三屉桌。迎门两排是由曹谷冰、许萱伯和王芸生坐镇的要闻和社评版（胡政之和张季鸾另有小办公室），然后是国际版的赵思源、马季廉和费彝民，再进去是本市版的张逊之、何毓昌和高元礼。副刊和体育等在最后一排

（所以是"报屁股"），校对和译电人员则挤在角落里。

胡老板把我作为"生力军"——介绍给各版的同事——那是下午，上白班的全在，上夜班的也来照个面儿。我同他们一边握手，一边彼此打量着。

……

接过《小公园》的编务之后，我立刻发现一个矛盾：拿起移交过来的稿子一看，才知《小公园》原来是个以传统曲艺及旧闻掌故为主的副刊，下面满是五花八门的广告：从航空彩券到性药和火车时刻表。刊物上登的有关跑马、回力球和围棋，我都外行。待用的存稿如《七夕考证》《小白玉霜的艺术观》和正连载着的《剧坛》以及探讨戏曲源流版本的文章，我都既不懂又不感兴趣。当胡老板问起我接编后的情况时，我就据实地把我面临的矛盾对他讲了，觉得由我来编这样的刊物怕不对头。

至今我仍记得胡老板那席使我大为开窍的话。他说："你觉得不对头，这就对头了。我就是嫌这个刊物编得太老气横秋。《大公报》不能只编给提笼架鸟的老头儿们看。把你请来，就是要你放手按你的理想去改造这一页。你怎么改都成，我都支持你。"我听罢着实兴奋了。可转而又想：抽屉里还有那么一大叠存稿，是给老头儿们看得呀。问他怎么办好，他眼睛滴溜转了一下说："总有个新旧交替的阶段嘛。约好的稿子当然不便于退。这么办吧，你就把那些登在刊物不起眼的位置，登完了为止。你可以在刊物上公布你的新的大政方针。这样，一看换了人，变了样，旧的也就不来了。"

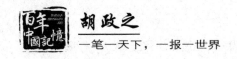

　　胡总经理真是位有魄力的事业家，又碰上我这个二十几岁愣头愣脑的小伙子，我就真的大干起来了。

　　……

　　1935年秋天，鲁西闹大水灾，报上满纸登的都是灾情。一天，胡老板把我叫到他的办公室。那里已经坐了一位瘦长脸、瘦长身子的中年人。老板介绍说，这是画家赵望云。他要我们两人合作，赵画我写，深入灾区。他问我的意见，我当然欣然同意了。他说，只要我把副刊预编出来几期，就可以成行。那11种专门性副刊，他可以安排由旁的同事发。

　　……

　　那确是一次愉快的合作。在火车上，画家首先谈起他本人的经历。他是河北束鹿县辛集人，出身寒苦，他的画主要是自学的。在学习中，他得到乡绅王西渠的资助。他认为中国画倘若囿于画花花草草、山山水水，是没有前途的。他尤其讥笑有些国画上的人物至今仍穿着古装。他说，国画如果要有前途，就必须从芥子园的框框跳出来，与现实结合。

　　我听了很受启发，并且告诉他我对文学也有同感。……

　　写国画史的人，可能多从技法方面去研究赵望云，我希望在研究时，不要忘记他的作品后面的一股动力——一颗以反映民间疾苦为己任的心。这才是他这一画派的精髓，而《大公报》最早为他提供了实现此理想的条件及场所。

　　……

有一封公函是伦敦大学东方学院寄来的。……得知该学院中文系有一讲师空额，在该校任教的于道泉推荐了我。……只是伦敦大学信中开列的待遇未免太苛刻了：年薪250英镑，而且还只先签一年合同。尤其使我裹足不前的是：旅费自备。我上哪儿筹这么一大笔款子呢？即便筹到了，万一一年后合同不续订，我又拿什么偿还呢？何况了解英国的朋友都摇头说："250英镑，还得交一大笔所得税，太狠了！"相熟的"英国通"，个个都给我泼冷水。

岂料事情很快就给当时主持香港《大公报》的胡霖（政之）社长听到了。他在编辑部里必是安了耳目，对伦敦大学邀我的经过和细节，他都一清二楚。他特意把我叫到他那间办公室去，笑吟吟地朝我眨眨眼说："这可是从天上掉卜来的好事，你还犹豫什么！当然马卜回他们一信，接下聘书。至于旅费，报馆可以替你垫上，靠你那管笔来还嘛。"

当他看到我还迟迟疑疑时，就替我分析开了："希特勒已经吞并了奥地利，如今又进占捷克。这小子胃口大着哪。他这么一点点蚕食，列强就能眼睁睁地望着？大战注定是非打起不可了。从咱们干新闻的这一行来说，这可是个千载难逢的机会。现在我就是出钱想派个记者过去，英国也未必肯让入境。如今，他们请上门来了，你还二乎什么？我通知会计科给你买船票，叫庶务科老徐给你办护照！"老板就这么拍了板。

于是，我回了伦敦大学一封信，接受了聘请。不久，英国内务部签发的入境许可证也寄到了。庶务和会计接到胡老板的亲自指示，立

刻就忙活开了。那时手续真简便啊！不几天护照、船票都到手了。老板怕到了英国月底才发薪，还为我准备了几十英镑生活费和过境时使用的法郎。

……我打点起行装……这时，显然被对面楼上一位梁上君子瞥见了。第二天早晨醒来，哎呀，护照、入境证什么的散了一地，再一看床下那只皮箱，早已被人撬开了，那些可爱的洋钞，一张也不见了踪影。

那是我生平头一遭失盗，真是身子凉了半截。当时杨刚已经从上海孤岛来到了香港，准备接我的摊子了，她也替我发愁。

可是胡老板听了，关心的只是证件丢没丢？没丢就好。他带点儿哲理味地宽慰我说："好事总是多磨的，人生哪能没点挫折！丢的钱照样给你补一份就是了，反正你勤写点通讯都有啦。"

……

1943年底，正当我动手写硕士论文时，重庆派来了个友好访英团。团中有政客王士杰和王云五，也有学者如温源宁，及报人胡霖——《大公报》的老板。没料到这个团体的到来把我推上一个十字路口：我面临当个学者还是重操旧业去当记者的选择。

事情发生在胡霖和温源宁来剑桥访问的那个周末。老板没绕弯子，坐下来就拍着我的手背说："我不是来这个大学城看风景名胜的。我就是要把你从这个古老的学院拉出来，让你脱下那身黑袍，摘下方帽，到欧洲战场上去显一显记者的身手。"

像1939年那次一样，他又眯着那对高度近视的眼睛凝视着我，一面摊开那双厚实的手说："现在墨索里尼完蛋了，纳粹给红军在斯大林格勒打得落花流水。我看西线不会沉寂多久了。盟军非反攻不可，把纳粹德国夹在中间打。"他眼睛里充满了希望的光辉。"从个人来说，你的机会来到了。第一次世界大战给我赶上了。这回，机会轮到你了。问题是：你还迷信什么学位，当个无声无息的学者呢，还是抓住这个千载难逢的良机，大干它一场。"

接着，他又具体地谈了自己的一些设想："前两三年你只是咱们报的兼任驻英特派员。因为你还在教书，随后又读起书来。现在我要求你拿出全部精力，成为咱们报正式的特派员兼伦敦办事处主任。"这对我的确是个挑战，他容我一段时间去考虑。

……

于是，我接受了胡霖的劝告，决定学期一终了，就脱去黑袍，走上战地记者的岗位。

……

回伦敦之后，才知道旧金山将要开个联合国大会。重庆报馆决定把我从莱茵前线抽回，要我马上赶到美国。电报里还说，老板胡霖也将以中国代表团一员的身份前往。……后来我明白报馆调我去旧金山的用意了：我既是记者，又要当胡老板的助手。所以除非有记者招待会，中晚两餐我们都在唐人街杏花楼碰头。代表团成员中，胡老板同董必武先生最接近。于是，我也每天跟这位中共代表同桌而食。陪同董老的是章汉夫和陈家康。可是桌面上谈论的，无非是些会场上的花絮，很少涉及国内政治。我坐在末席，不大插嘴。

……

然而一次偶然机会，由于老记者胡老板的精明机警，我们竟在一个意义不小的问题上，抢到了一件独家新闻。这大概也是我从事报业以来唯一的一遭。

一天，在杏花楼午膳时，胡霖关照我说，当晚以莫洛托夫为首的苏联代表团要宴请中国代表团，因而我无须去马克·哈布金斯旅馆找他了。换句话说，我可以有一晚的自由活动。

……

没等我睡着，电话铃忽然响了，是胡社长的声音。他用短促的四川口音说："你务必马上来一趟，一切见面再说。"

我匆匆穿上衣服，下楼喊了一辆出租车，赶到他的旅馆。刚跳下车，就看见胡社长已经焦急地等在大厅入口处了。他气喘吁吁地说："刚才莫洛托夫向宋子文碰杯敬酒的时候给我听到了。翻译出来就是：欢迎中国代表团到莫斯科来签订《中苏互不侵犯条约》。"接着他得意地告诉我："我赶紧装作解小手就溜出来给你打了那个电话。"

说罢，他挥了挥手就向电梯走去了。我一个箭步蹿上人行道，又喊了一辆出租车，就朝着大西方海底电报局疾驰而去。我给重庆《大公报》发了一个特急电。这消息就加上花边，排在次晨重庆《大公报》要闻版的头条了。……

坚定的信念

——悼念政之先生

王文彬*

政之先生去夏在香港患病，回沪疗养。与病魔搏斗经年，终于昨晨逝世了！他对《大公报》事业的推进，对全体同人的领导，都是不容抹杀的事实。我知道的很有限，谨择要写出一点，借以悼念先生。

做人方面，政之先生最注重。他性情孤傲，沉默寡言。初次同他谈话的人，很难发现他的热情。在他生气的时候，常常是一言不发。有位管图书的同人因为在本报停刊的时候把图书弃置，没有妥善保管而回家。等此人归来看他时，他们相对约半小时，他不肯说一句话，把怒气闷在肚里。但他实际很热情，也爱朋友。当然他不会滥交。他

---

* 曾任重庆《大公报》经理。中华人民共和国成立后曾任重庆市政协副主席。

和张季鸾先生性情完全不相同，但他们相交数十年，合作15年，始终都很好。因为政之先生善与人交，忠诚厚道，正大光明。对于好行小惠之徒，切齿痛恨。若有人植党营私，他也不以为然。但他没有"清一色"的用人作风。凡因公与他争辩过的同人，尽管大家面红耳赤，事后仍然和好如初，绝不记在心上。他的容忍精神，很值得赞扬。他对同人私生活，很注意考察。若有奢侈浪费情形，他必然设法纠正。他对同人情形很熟悉，谁也别想瞒过他。他因喜与中下级同人接近，同人也喜欢同他谈谈，所以上下情形自然沟通了。他可说是"胆大心细"。在抗战时期，重庆的"五三""五四"大轰炸，他正在重庆。民国二十七年六月广州日夜疲劳大轰炸，有数十万人暂时逃出广州。我当时在广州工作，也很想到香港避难几天。不料政之先生正在此时偕夫人来游广州。我们找不到能避空袭的寓所，把他们招待到爱群酒店十三层屋顶的房间。白天很热。有敌机空袭时，电梯立刻停止上下，他们夫妻要从屋顶房间一直走下来。香港被日军围攻时，他仍然到馆办公，亲自处理非常事变。后来在日军侵入港九后，他毅然步行突围来内地。自奉俭约，没有什么嗜好。对于专门讲究生活享受的同人，他常用各种方法来督责。他深信"俭能养廉，勤以补拙"的道理。

做事方面，他特别认真。对于诚心拆滥污的同人，他常常生闷气。他做事主张专心致志，反对同人乱找兼职。他精神好的时候，做事非常勤劳，时常在馆内各处巡察。记得本报桂林版创刊时，因为由香港运来的机器在韶关被日机轰炸坏了，所以临时赶修非常忙碌，许多同人忙得睡眠不足，疲劳不堪，他仍然照常督促工作，精神压倒青年人。这次大病纠缠，实际是他为事业透支的精力太多了！对事业前途他有坚定的信念，再接再厉的勇气，不屈不挠的奋斗精神。本报近年的言论，他一直很重视。在去年卧病以前，每周社评委员会开会，他必然参加发表意见。他认定的真理，决不保持缄默。去年11月间，我随本报几位负责人往广慈医院去看他，那天腹病如故，而精神特别兴奋。他对大家畅谈国际问题，他认为美苏两强都在扩张势力，但苏联一举一动很慎重，始终站在正义方面。美国到处找军事基地，实在妨害世界的和平。但美苏两国人民都厌恶战争，极力避免牺牲。预料第三次世界大战不会很快的爆发。所以国内军事政治问题还非自谋解决不可。我们一行怕他劳累，匆匆辞出。他有中国文人的傲骨，决不妄自菲薄。对于敷衍塞责的大小官僚，一向看不起，也不愿虚与委蛇，作无谓的周旋，但对社会有贡献的事业家，他却愿加强联系，尽可能予以支援。民国三十三年日军侵占湘桂两省时，许多工厂被毁于炮火，厂家逃难到重庆。他特别关切这些厂家，极愿为他们呼吁声援，促成政府的救助。他对本社事业，还有一套伟大的计划。前年12月间，他回过四川一行，在成渝两地共留12天。那时精神极好，每日虽然很忙，却能控制时间。要见的客，要访的人，决不敷衍；不愿说的话，决不开口。在成都时，我同周太玄先生与廖公诚兄陪他游武侯祠，在茶座的一角，他宣布发展事业的大计划。他认为国际局势仍然险恶，国内斗争愈演愈烈，我们不能袖手旁观，听其恶化，应该设法扩展海外新闻事业，宣传维护世界和平。但第一步要恢复本报香港版，作向海外发展的踏脚板，第二步预备扩展到南洋与美英等国。后来他对香港版的特别重视，就是这个道理。不料壮志尚未达成，他竟与同人永别了！他对事业还预备做更大的开始，当然说不上满足。他对健康本来很注意，常说："必须具有健康的体格，始能担负沉重的工作。""新闻记者虽然生活较苦，若不作无谓消耗，处处注意日常生活，相信不致影响到体质。人家说做新闻记者会糟坏身体，那是不能相信的。"可是，今天的事实怎样呢？"沉重的工作"竟把一位老报人压倒了！凡我新闻同业能不特别警惕吗？

对本报事业前途，他在去年1月间，有过重要的宣布。除对特殊劳绩的同人继续赠予荣誉股外，他说："我们应该把事业弄成民主化，大家来负责。我们不把事业当私产。若把《大公报》与胡政之合作一块，我是不愿意的。"他是想把《大公报》弄成一件很理想的事业。事业诚然需要很新很理想，可是领导人物更需要。政之先生的逝世，真是本报极大的损失！

前年12月他来重庆时，曾对本报编辑部同人谈话，有过这样的指示："本报有坚定的主张，绝不同意打内战。如果我们改变言论方针，附合自相残杀的主张，无异叫我们取消良心，我们是不干的。"这是何等明快的表示，证之今日的事实，谁能说不正确呢！

政之先生平日没有什么积蓄，多年来生活在各大都市，都是租住人家的房子。去年7月他过花甲整寿时，董事会本决定赠他一座房子。因为时局太动荡，恐怕至今还不易办到。

（原载于重庆《大公报》，1949年4月16日）

夙愿未了

——悼念胡政之先生

周太玄[*]

政之先生的病，本来已是无药可医。所以他的死，也并非突兀，不过去夏在沪听医生说也可能拖个一两年，所以虽不能完全康复，总可望多留些时候。尤其是在这最要紧的时间，如能多留两三个月岂不甚好。但他究竟去了！这是使人十分想不过的！

我与政之先生有近40年的师友关系。虽然中间共处的日子不算太长，但情谊实在十分浓厚。这是由于平时相知很深，相期许又很切的缘故。虽不常在一起，但在每次通信中，总有几句情真意切的话，补上这种缺憾。一见面总是长谈，有时如家人骨肉一样无所不谈；或特

---

[*] 我国著名生物学家，早年创建少年中国学会。曾为香港《大公报》顾问，主持社评。胡政之同乡、好友。历任第一、二、三、四届全国政协委员。1968年病逝。

定一个日子避却一切应酬，作竟日谈。所以他的人格、性情、音容笑貌，在我的脑中留下的印象，实在太深了！要从这方面写出来纪念他的话，实在太多，实不知从何说起。可是在这三四十年间有几段是不能不说。

我知道有政之先生其人，实远在40年前。那时我和他的九弟选之先生在中学是同学同班，而且很好。便不时谈起他有一位七哥，在日本留学。后来我同他到上海读书。便和政之先生在上海见面。见面的情形便给我非常深刻的印象。

这是民国二年的秋天，他已辞掉了清江浦的民庭庭长，到上海担任《大共和日报》的总编辑，我因学费无着，写了一部小说，由选之介绍到报馆去会他。他因同情一个苦学青年，作品虽然水准不够，却慨然地选用了。马上便叫人付了20元的稿费。使我当时一种惊喜激励的感情，至今想到都还感动。这是我后来四年学业，能自力完成的最初最大的鼓励！

进了中国公学，恰巧他第二年就来兼课。因为忙，只教了刑法一门。但他讲授之认真、征引之博洽、和对学生的关切，为大家所十分爱戴。他每每从犯罪透到社会的观点，重在启发听者的心思。这样增加了受教的人对于他更深刻的认识。他的报人的素养，在那时，已令人清晰的感觉得到了。民国六年，我结束了上海《民信报》，到北京从张季鸾先生编北京《华新报》。先生正在北京办中华通讯社，要我去与他帮忙。有一年多的时光随时都在一起。既得到他技术上的训练，又饱饫他人格上的熏陶。那时他已在与前期的天津《大公报》写论说，一月四五篇，笔名冷观。同时在平津政坛，至为活跃。但终谨守报人岗位，绝不介入。

民国七年，和会在巴黎开会，先生代表《大公报》到了巴黎。那时我也正在办巴黎通讯社与《旅欧周刊》。在巴黎见面，彼此非常欢幸。常常相约作竟日游。因有长谈的机会，所以对他的素养、作风、立场，更十分清楚。他更爱娓娓不倦纵谈国内政情和世界大势。对于和会的新闻采访报道，更多不厌详尽的研究和启示。虽在巴黎，但生活十分简素，决不稍涉流俗。为了健身，常常步行。因为十分有恒，不到一月，已显肥重的身体，便收了轻健的功效。这样的作风，在那时与其恰相对立的记者群中，已显得十分特出。因为悉心研究欧洲新闻事业的结果，常有回国埋头苦干树立新报风的志愿。国闻通讯社和《国闻周报》就是在巴黎订下计划，后来回去办的。

民国十九年，我携眷从西伯利亚回国过津，又见着十年阔别的政之先生。他同季鸾先生对我们的热情厚意的招待款谈，真使我们如回了家一般。不觉在津一住就是一星期，彼此天天不离。在先生的详细说明之下我已深知天津《大公报》正在逐步实现他的理想。最使我心中歉然的是，不能如他所期望，在北平教书兼顾着《大公报》。

民国二十五年，我休假重游欧陆。过上海时，又能与先生有长谈的机会。那时已是中日风云紧急的时候。他在谈话中几无时不说到日本的阴谋野心，意志沉郁而坚定。为了应变，沪馆已渐成重心。沪馆开办的经过，与中间所遭的艰难，都是这几次谈话的资料。但因了他的领导，眼见得《大公报》在上海已打下的基础。要知道这一短时间

中缔造与奋斗的艰难，才知道次年底由沪迁汉之举的壮烈与勇敢！

我是"七七事变"后半个月由欧经东北回到上海。那时看见张先生表现的是慷慨激昂；政之先生表现的是坚定，有信心。"八一三"那天，我在大世界惨炸一小时后经过那里，到爱多亚路，正是下午四五点钟光景，《大公报》的铁门已关了半面，我挤着进去看他两位。季鸾先生说民族的大祸来临了，不知将要有多少年的奋斗与苦难才能出头。政之先生十分坚定地表示他的撤退计划已有考虑随时都可以实行，同时劝我赶快回川。

后来在港馆出版时，先生有长信与我，要我写文章。信中又述及在港创刊的艰难经过。可是在看惯了土报纸的人，看到香港《大公报》，眼睛都亮了，给人留下的印象实在深。因此在胜利的时候，我曾问过他，是否要恢复香港《大公报》。他那时对局势还很乐观，曾毅然地回答说，不愿意再寄人篱下，已经胜利了，要办就在广州办。

他从旧金山归来，在国内亲历了一年多不稳定的和平时期，深深体会到《大公报》还另有更艰巨的一段奋斗时期在前面。前年冬天，他视察各地业务，顺便到了成都。特约我在武侯祠长谈了大半天。谈话中间尽是在商讨《大公报》未来的计划。他已慨叹地放弃了不在港复刊的意念，而坚决地又要计划在港从事一番客观条件几乎不可能的新奋斗。他毅然放弃了退休的夙愿，愿以六十的高龄，动员毕生的经验，以壮年时期创业的精神，重新以《大公报》来为新的中国效力。

在这个勇毅的开始，在不可能的条件之下，且遭受了各种意外的艰难阻碍。但他是坚定的、勇敢的，他精神一点未老，身体却早已老了，跟不上了！这样的距离，越来越大，于是他病了。可是去年，我在病榻侧去看他的时候，虽然神情十分委顿，但一谈到报馆，谈到他的未来计划，又精神鼓舞十分兴奋起来。他的沉疴虽然无药可医，但以港馆为出发点的一切，却是他精神上的无上妙药。但是大家都怕他过于兴奋，都避免提起，让他能宁静将养。我们都相信他，至少还可能有年多的时日，可以亲见他的愿望逐步实现。哪知……

他的夙愿虽未了，但他的事业却在大时代中，不断前进、更新。这个事业，便继续了他的生命。我们便只有从这方面来悲悼他，纪念他和认识他。

（原载于香港《大公报》，1949年4月21日）

一生是报人

——追念政之先生

费彝民*

　　八年前在上海为远在重庆病逝的张季鸾先生写悼文，今天又以同样沉重悲痛的心境，为在上海病逝的胡政之先生写悼文，时间空间纵不相同，苦痛和感触竟是一样。张先生为爱国为做报而积劳成疾，不顾病痛坚守岗位，但终于未能亲见抗战胜利而死。胡先生为国是为事业忧劳致病，病榻缠绵一年，也未能亲见新中国成立而死！两位终身尽瘁于报业的老记者，都是在时局转换的严重关头，弃志而去，这已是惨痛万分的事，何况他们有生之日，无时无刻不在艰苦中奋斗支撑，也从来没有在私生活方面有过一丝一毫的自私打算，他们都彻头

---

　　* 曾任《大公报》副经理，1948年赴香港参加香港《大公报》复刊工作，任经理。第五、六届全国人民代表大会常务委员。

彻尾地为事业负责到病，又同样公而忘私地为事业牺牲到死。凡是参加《大公报》的同人，无论他走进津沪渝港任何一馆，他们都能感到张胡二公血汗的结晶遗留在每一个角落，要说纪念，真是不胜其纪念；要说追思，真也有说不尽的追思。

胡先生致病的近因，同人皆知是去年筹备港版复刊时过分辛劳所致，这正是我个人之所以在精神上特别感到负疚的一点。胡先生不愧为一位全能报人，他从管理工厂推进业务，一直到采访翻译、编辑写评，无一不能、无一不精，尤其难得的是他所独有的那股子创业傻劲，他不畏难、不悲观，更乐于担任披荆斩棘的开辟工作，所以报馆决定恢复港版大计之后，他不顾六十高龄，亲自来港主持一切，他的创业精神，40年来如一日。记得去年3月，港版复刊前后，他老人家和同人同甘苦，在局促的编辑部内，一样熬夜，一样誊写，兴趣是那么浓厚，谁会知道，以这样一位报业巨人，还能够在去年4月，代一位病了的同人发过几天经济版稿子？谁会相信，以这样高龄的老报人，他去年还有两个多月，和许多刚进馆的练习生同食同住，过着清苦的做报生活。

以胡先生的年龄和健康而论，他患着多年的血压过高症，绝对早就应该休息，但是他不肯休息，以胡先生的地位和事业而论，他虽没有挣下半点产业，可是依照《大公报》的同人福利和服务规程，在55岁满年就可以退休，领津贴不做事，但是他不肯那样做。他忠于报馆，忠于事业，如果夹杂一点点私的企图，就决不会那样傻干，尽人皆知他老人家对名利二字非常淡泊，他的质朴爽直有时会使人感到有点冷漠，虽然他内心是最热情的。譬如他遇到他所不高兴亲近的人，可以终席不发一言，听到有他所厌恶的人同席，他根本便不去参加。他常常对我说，张先生的人缘好，是因为耐性好，他自己便最不耐烦交际敷衍，可是一谈到报馆，他可以完全换一个人，为了报馆，他不愿见的人，忍痛见了；不愿做的事，也忍痛做了。他常这样说，如果牺牲一个人而能使报馆渡过难关，为什么不做呢？这种为事业的忘我精神，足使我们后死者惭愧、落泪。胜利的第二年，国民党逐渐走向内战的路，《大公报》立即严正地指出战争不能解决问题，反对将经过八年抗战创伤未复的国家，继续推落万丈深渊，反对驱使颠沛流离的老百姓，继续吃苦受难，不断地劝告，不断地针砭，从反对内战起，进而反对征实，反对抽丁，反对屠杀，反对抓人，反对美国扶日，反对滥发通货，这一连串的反对，本来是一张报纸本着良心所必然会有的纯正主张，可是正因为如此，也就必然地要触怒当政者。在那时，胡先生的处境最困难，也就在那时，胡先生牺牲自我保全报馆的精神表现得最彻底。

胡先生深知这种局面难于继续下去，这才于一年半前，排除万难，毅然决然地拖着病躯，不顾高年，亲自跑来香港筹备复刊，准备从此创造新的基础，实现新的理想，以迎接新的局面。万万想不到就此一病，病重而致不起，新的基础还说不上有什么规模，新的理想也还没有充分实现，他老人家竟已等不及而弃同人而去！

胡先生一生是报人，40年如一日，过的是报人的生活，走的是报人的路线，他的心血精力完全尽瘁于报，甚至他的死，也是报人的死。他和他同时代的文化人不同，他决不像一般知识阶级的那样，一会儿做报，一会儿从政，一会儿又是外交官，或理财家，他一生坚守岗位，专一地干，牺牲地干，《大公报》固然说不上有什么成就，但是想到过去30年中国历史上的动荡剧变，兵连祸结，而居然今天还能继续尽一点做报的责任，这不能不归功于这样坚韧的领导者，无我为公始终如一的领导者。今天我们来追念他，第一念觉得自己的渺小，但一转念又觉得万万不能放弃责任，我们应该持续他的理想，竟其全功，我们同人之所以能够团结、刻苦、奋发、前进，相信就是凭这样一点决心，我们愿以工作成绩来告慰为报纸牺牲的政之先生！

（原载于香港《大公报》，1949年4月21日）

政之先生精神不死

杨历樵*

　　太平洋战争爆发的七周年纪念日，我赴广慈医院去探视政之先生的病，先生的面容虽然清癯，可是精神却很壮旺，当时很为喜，以为他康复有期。不料握别四个月，先生的噩耗突然传来，内心的哀悼，不知怎样表达。

　　从这最后一瞥，回想到最初往见政之先生，当中相隔已有整整的二十个年头。我那时在天津南开教书，承先生相邀入馆。记得第一次在旭街四面钟对面本社旧址趋谒时，先生朴素的服装、蔼然的风范和恳挚的言语，一见面就使我感觉到当前是一位有修养和崇高人格的报人，同时也使我增加了对于新闻工作的兴趣。因为受了政之先生的感召，所以后来虽然有几次他就的机会，可是我从未考虑到离开

*　1928年进《大公报》任翻译并兼编《国闻周报》。历任津、沪、桂、渝、港各馆翻译主任。1948年后任复刊后港版编辑主任、港馆副总编辑。

这个岗位。

政之先生的一生，是不断的坚强奋斗的。在抗战时，有一次政之先生为了外间有人称本报作"逃难报纸"，他很感慨地说："《大公报》虽然逃难，但它每一次被毁，我总有勇气去把它再建设起来。"事实上，我们看《大公报》在国难中，由津而沪，而汉，而渝；又由沪而港，而桂，以及战后各馆的次第复刊，主要的都是由政之先生事先的决策，并经过细密的筹备，而最后实现的。他那高瞻远瞩的眼光，大气磅礴的行动，在现代中国报坛，相信是很少能有人和他并比的。政之先生这种勇于牺牲和不畏艰苦的精神，多年来已浸润在本报同人之间。所以，先生的体魄虽死，但先生的精神却是永远不会死的。

除掉坚强奋斗的精神而外，政之先生成功的另一因素就是他能尽量网罗人才和吸收新血液。在政之先生主持本社的二十多年中，跄跄济济人才辈出，在同业中，这也是值得骄傲的一点。政之先生爱护青年，奖掖后进，不遗余力。他的"事业向前，个人后退"的一句名言，尤其可以反映出谦冲的襟度。

在现代社会急骤的转变中，人的因素固然不能过分地强调，但精神感召和人格领导的力量却是不容否定的。二十年来《大公报》地位的造成，无疑主要是政之先生的力量。

最后我们敢说，政之先生的精神不死，它是将和《大公报》始终存在的。因此我们对于政之先生的死，不必过于悲观和沮丧；反之，在我们哀悼之余，是应该格外奋斗团结，来完成政之先生未竟之志的。

（原载于香港《大公报》，1949年4月21日）

政之先生谈片追记

尹任先*

　　记得刚由香港逃到桂林不久，政之先生找我们去谈话，叙述他处理事情的经验，他说："遇事不能胆怯，也不能任性，有时正面碰钉子是免不了的，但要耐着性子去想方法，不能灰心，必要时，不惜兜圈子来达到目的。一件事的成功，必要具备毅力、耐性和勇气，年轻人千万不可使性子！"在桂馆刚出版时，一切事几乎全要他躬亲，是令他最感困恼的一个时期，上面的话大概是有感而谈的吧。

　　在重庆又因偶然的机会，聆听到他关于处理事务的谈话："我近来常感到常识不够用，因此遇到问题时，总是先征询人家的意见，有时会寻求到解决问题的办法来。例如，报馆里发生一件事，有人来问我该怎么办？我一时不能也不应即下决断处理它，我总是先征询来问

---

　　* 尹任先，《大公报》记者。

我的人应该怎么办；然后再加以答复，不至于误解，'集思广益'对处理问题是有帮助的。"

十年来，政之先生以办桂馆前后最为兴奋，当时港馆业务正常，香港安定，他却认为不久香港一定会有事的，他牺牲香港安定的生活冒敌机轰炸的危险，到桂林吃苦受罪，排除一切困难阻挠，桂馆出版了，不到一年，香港果然失陷，他为港馆开辟一条退路，高瞻远瞩，令人敬佩！其次是这次港馆复版，也是令他兴奋的。他常说，港馆是他退休前最后一次试验，不幸竟成谶语！港馆复刊一切从最简单着手，他标榜一个人要做几个人的工作，所以人手之少，设备之简陋，难以令人置信，他也要跟年轻同事一样工作，竟因此而累到病倒，更不料竟因此不起！政之先生请安息吧！您的精神将永远活在同事们的心灵上！

（原载于香港《大公报》，1949年4月21日）

我与大公报抗战六年在桂林（节选）

王文彬

胡政之先生精于经营管理

胡政之先生专心钻研报业经营管理，特别注意新闻界的专业人才。对报馆内部同人，要求更严。各部门负责人，几乎都有馆内的兼职，谁也没有空闲时间。馆外兼职，既不允许，也不可能。

他知道人们有面子问题，决不当众批评任何同人。凡发现谁有错误或有什么问题，总是叫到他办公室内才批评。他日夜在馆内各处、印刷厂内到处转转看看，遇到同人略谈、略问几句，实际上他不断联系群众，起到检查、监督的作用。

胡先生对我没有表扬过，也没有批评过，更没有约到他办公室去谈过。只有一次，我在上海《大公报》工作时，因为本市版刊出《上

306

海烟毒总调查》，约占一个版的80%的篇幅（因恐有人说情，故决定一次刊完），他在编辑部公开对我说：我们刊出这篇报道，上海市政府他们很不满意，但不需要更正。

胡政之先生对同人，随时都在冷眼观察，实际检查多，随时了解同人情况，坚持不轻毁誉的原则。《大公报》的工资福利，在新闻界并非最优厚，但比一般较高，所以，大家比较安心工作，团结协作好。总的来说，政之先生待人厚道。

胡政之先生教我写社评

1942年，胡政之先生和夫人顾俊琦夫妇定居重庆后，有一天，胡先生在胡公馆约我谈话，主要教导我学习写社评的重要性，并出了一个题目，让我试写"广西精神"的艰苦奋斗，加强本报和广西当局的联系，争取广西读者对本报的支持和帮助。

我试写了这篇社评，经过胡政之先生修改后发表，以后我和编辑主任蒋荫恩每周各写一二篇社评，我忙于业务发展，写得少些。大致他写科教文化方面，我写广西地方性问题。国际问题社评，系香港《大公报》寄来社评小样，蒋荫恩略加修改才发表。财经问题社评还有千家驹、秦柳方等专家写，每周还有名流学者的《星期论文》。

在桂林《大公报》的言论主张方面，胡政之先生曾写过赞同新闻检查制度的社评，大意说没有新闻检查，新闻报道如果出了问

题，本报非完全负责不可。如果经过新闻检查，本报就不会发生什么麻烦。

后来，他写的社评，新闻检查官仍然"吹毛求疵"，随便修改，他曾和新闻检查官争论过，人家仍然奉命办理。

（选自《我与大公报》，复旦大学出版社，2002年5月第1版）

长于识，长于写，尤长于做，长于管理

——悼政之先生

崔敬伯*

顷者阅报，惊悉胡政之先生病逝沪滨，为之伤恸者久之！倒悬待解，风雨凄迷，而一代报人，于多年艰苦奋斗之余，不及待云开天曙而去。应早来者，迟来；应多留者，倏逝，亦人生至憾也！

自民国十六年起，寄稿《国闻周报》，政之先生所创办也，因得以书札相识，并开始为《大公报》撰稿，尔来二十余年矣。十年教书，十年从政，今更教书，始终以局外报人之资格，致力于舆论之壤流。凡有论述，以发表于《大公报》者为最多。盖个人研学，最重"客观"，偶有论述，亦力守客观立场，丝毫不得掺杂个人爱憎，背

---

*　曾任燕京大学、北京大学等校教授。

景利害与偏好成见于其间。而政之先生办报，即力主客观态度，始终不参加实际行政，其报馆经营，亦纯粹商业性质，以保持其报人独立之风格。《大公报》所以为世人所尊重，为社会树劳绩，首赖此客观精神。读者纵不自觉，亦已深深呼吸于大客观之中，融成客观流动之一息。

所谓客观精神，亦即社会主义者之精神。真能认识社会主义者，必能认识"客观"。客观存在的最大多数的利害，最值得吾人去奋斗，去主张。报人有此胸襟，方是为大众而努力的斗士。举世碌碌，竞逐于主观小己之利害，而政之先生独能揭橥客观，此下手之所以心折也。

政之先生，不独长于识，长于写，尤长于做，长于管理。《大公报》各地报馆如是之多，同人如是之众，在管理方面，所以牢植其基，以有今日，实得力于政之先生之领导。而其成功最主要之条件，亦必得力于"客观"。天下唯最能客观者，乃能宅心公，见理明。无所偏则公，无所蔽则明。不偏不蔽，岂有不得力于客观者乎？公明兼备，何事管不好？岂独报馆乎？

如此长于思想，长于文章，而又长于组织与管理之报界巨人，仅以六十甫过之龄，遽返道山，此与张季鸾先生之逝世，同为社会文化最大损失！

"歇浦重归，天外风云暗四围！"前年所以赠心仪报友者，至今日而阴霾未霁。岂天之将曙，必经此如晦之风云，以磨难斯人乎？更那堪先生之遽逝也！

（原载于上海《大公报》，1949年4月23日）

悼胡政之先生

王宽诚[*]

　　月之十四日午后七时许，承费彝民兄由电话以沉重语气转告政之先生于本日清晨三时五十五分逝世的不幸消息，以先生奔走沪港谋《大公报》港版复兴，兹乃噩耗惊传，伤悼曷已！

　　回忆民国三十六年夏在上海与先生晤谈，先生喟然慨惜曰："今日的言论自由丧失殆尽，我人无党无派，站在人民立场，为人民谋利益，说应当说的话，始可尽报人的天职。"所谓"以铜为鉴，可以正衣冠；以古为鉴，可以知兴废"。先生语重心长，至今为之神往。

　　民国三十七年春先生亲身来港，早作夜思，无不以《大公报》港版为事，筚路蓝缕，再启山林，人力物力均欠适合，唯为争取早日复刊与新生目的，任何困难在所不问，甚至报端文字著述亦尝躬与其

　　　　　　　　　　　　　　　　　　　　　　　　　　　
　　[*]　胡政之好友。曾开设维大洋行，在《大公报》经济困难时给予过帮助。曾任第四、五届全国人大代表，第六届全国政协常委。

役，其精神毅力，固非一般所能及，而究以六十高龄，夜以继日，心力交瘁，积劳成疾，与世长辞，先生德行，询为报人模范。

先生沉默寡言，而一涉建设事业，即滔滔不绝，常曰："天下兴亡，匹夫有责。"汤之盘铭曰："苟日新，日日新，又日新。"不以个人好恶为辞，不以个人得失为念，是非皂白，判若天渊，进步与落伍难以混淆，所谓新陈代谢，"逝者如斯，不舍昼夜"云云，诚尝三复斯言。抚今追昔，感痛万分。人之云亡，邦国殄瘁，伤矣！悲哉！

诚常与先生相往还。先生学识经验造诣素深，尤以品节清明，德性坚定，为中外同钦，遐迩崇敬，岂独诚个人所能道其万一？谨表哀悼微忱云尔。

（原载于香港《大公报》，1949年4月21日）

胡总经理六十寿言

中华民国三十七年七月三日，欣逢本报总经理胡政之先生六十华诞。同人追随既久，馨欬特亲，爰集举平日所习知习闻者，不择巨细次而序之，所以志观感，存实录，溯既往，启未来也，敬以为寿。

先生籍四川成都，幼承家学，随侍尊人宦游皖省，从名师，治国学，造诣甚深。未及冠，东渡留学，专攻法律，并于各国文字同时研习，兼校受业，习为经常。矢志苦读，凡阅八年。以辛亥卒业于东京日本大学，年方二十有三。于以见植基之固，天赋之厚也。

是年归国北上，应留学生考试。迨武昌举义，襆被南行抵沪，执教鞭于中国公学、神州法政大学等校。元年受任上海《大共和日报》东文翻译，旋任总编辑，是为致力新闻事业之始。自此艰苦卓绝，勇往直前，数十年至今如一日。

先生生平离开新闻岗位之时期至暂，兼授校课而外，尝在上海与友人合组"衡平律师团"，执行律务，一度受任江苏高等法院第二分院刑庭庭长，不数月索然与辞，仍复受《大共和日报》之聘为驻京特

派员，嗣后亦尝之东省，助友人折冲中日交涉，并尝参事内部，被列政治议席。至国民政府抗战，又尝奉命参政，访英赴美，并任联合国创立会议代表，旋参与政治协商会议。则靡不以自由主义者之立场，尽瘁国事，而兢兢为新闻事业之用也。

先生专力于新闻，毋宁谓为实将全部精力，专注于本报。屈指自改组接办本报，至今已二十有二载，而在改组之十年前，即已主持天津本报，先后历时且三十年。中间虽曾主持北京新社会报，顾为时极短。民十创立国闻通信社，继复刊行《国闻周报》，固皆为本报发展以至今日之桥梁，而为本报尽力则最久。

先生最初任天津本报经理兼总编辑。适承凋敝之后，悉力经营，蜚声宇内，为北方报纸放异彩。其时张季鸾先生主持北京《中华新报》，有声于时，正相媲美。以后之合作接办本报，即基于此际之相互有深切认识也。第一次欧战告终，先生代表本报赴凡尔赛和会，为中国新闻记者仅有之一人。会毕游历英、德、瑞士诸国，所获甚富。阅年余归国，已在"五四"之后，重行规划本报改进，版面内容，崭然一新，乃以直皖战争爆发，不见容于军阀而辞职，然未来辉煌之成就，已于此奠巩固之基础矣。

民国十年，先生创立国闻通信社于上海，旋在北京汉口成立分社，更创刊《国闻周报》，风行一时。第业务虽渐发达，经济未能自给。至民国十四年而艰困越甚，几于不支。卒以事业声誉，获得旧友吴达诠先生之同情，予以援助，又为民国十五年吴先生参加接办本报之因素，抑亦艰难创业之一段重要过程也。

天津本报自先生辞职后，日形退化，至民国十四年底，终于停办。民国十五年夏，先生有事旅行至津，时张季鸾先生亦在津，每日彼此过从，常自旭街报馆门首经过，张先生辄劝先生收回老巢，恢复旧业。及商得吴达诠先生赞成，愿任筹款之责，于是决定收买，改组公司，以是年九月一日重行问世，遂开中国新闻史上之新页。二十年来所获之成绩，固昭然于世矣。然吴先生后既从政，张先生又不幸于抗战中期作古，本报之节节前进，先生之尽力为特多焉。

先生又以与本报从前之历史关系，为驾轻就熟，自改组创始，即总理社务，以至于今，始终贯彻。团体行动之精神，言论方针，内外大计，悉由会商检讨，归于一致，而后决定。此本报特有之长，唯先生行之而光大。志同道合之士，先后争乐参加，业务与日俱进，组织逐渐扩大，于今共同工作者员工凡千数百人，熙熙融融，若一大家庭焉，而先生为之长，一例亲切爱护，靡以复加。其敬礼贤能，奖掖后进，以冀共为事业发挥力量，唯恐不及。至所以致本报成为全国性之独立机构，与在国际获得无上之信誉，为国家民族争取利益，为新闻事业时代前驱，其间先生擘画力行之功勋，宁可枚举？必有待于来日修社史者之椽笔叙列。然而，先生之襟怀恢廓，识力宏远，志节坚贞，学养不息，实举世与同人所一致衷心崇敬。其刻苦精神之充溢，民主风度之发扬，尤足资同人之观摩奋励也。

先生律己以严，持躬以约，数十年来，荷艰巨之任，造斐然之绩，每令人惊异其竟能而不知其何以致。即如周旋国际，历访友邦，遇军要关键，必须演译播讲，辄尝使用数国语言，不辱使命。然其

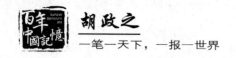
最早之修养，与平日之钻研，固从不轻为人道，其克己功夫，此特一例。而日奉俭朴，随适居处，不事家人生产，寝至室无积藏，以其人之功业，衡其人之处境，几出常人意想，先生则怡然自得。常谓：事业在前，个人在后。又谓：事业迄未成功，不求进必后退，用自惕励，埋首苦干。凡此特性美德，盖可以矫末俗昭百世矣。

先生最近观察大势，本社事业短期间将受国内社会经济限制，虑不进则退，宜向海外发展，乃主复刊港版。一经议决，躬自只身先往，积极筹备，集极少之人力，以至短之时间，达成任务。更一本当年创业之精神，艰苦奋斗，起居失常所不顾，心力劳瘁所弗恤，究因过分，遂以致疾，施术负创，犹复飞行返沪，益见体力之强，行事之勇。所患疗治兼月，已见退减，暂假休养，康复固无待祷企。适逢先生六十揽揆之辰，以先生之精神体力，远过当人，耄耋期颐，尤不劳预卜，必当更有以致本报前途无量之休，臻国家民族康乐之境，百二途柽方及半，敢进一觞以为祝。

《大公报》社代理总经理副总经理曹谷冰、总编辑王芸生、副总经理金诚夫、副总编辑张琴南、沪馆经理李子宽、津馆代理经理严仁颖、渝馆经理王文彬、港馆经理费彝民暨总处各馆处全体同人敬贺。

叶德真　拜撰

魏友棐　敬书

（原载于《大公园地》复刊第20期，1948年7月）

附 录

胡政之先生年表

胡　玫　　王　瑾

1889年1岁（以虚岁算）

6月25日（农历己丑年五月廿七日），胡政之出生于四川成都。原名嘉霖，后为霖，字政之。

1897年9岁

因父胡登崧在安徽做官，胡政之随父入皖。后入私塾，继而进安庆高等学堂。开始接触西方资产阶级文明。

1906年18岁

父病逝于五河县知县任内，胡政之即退学扶枢回四川原籍，与寡母及兄弟姐妹五人寄寓于成都大家庭中。后承家庭资助，赴日本留学，"前后六年之中，每天都要进两个学校拼命读书"，学习几种语言，并入东京的大学主修法律和科学。

1911年23岁

胡政之学成从日本回国。先在上海一个家馆每天教英文两个小时，每月可得十元作生活费用。不久即通过律师考试，曾和朋友自办律师事务所。

1912年24岁

胡政之受聘于上海《大共和日报》任新闻栏日文翻译兼写评论。4月15日发表第一篇译文《日本政客中国时局谈》，5月19日第一次以"政之"署名发表简短的《时评一》。与此同时，胡还为于右任组织的"上海民立图书公司"工作。与张季鸾第一次共事。不久，即任江苏省清江浦高等法院第二分院刑庭庭长。

1913年25岁

10月，胡政之辞去庭长职务。受聘为《大共和日报》总编辑，并在上海中国公学任法律教员。此时与教日文及外交史的张季鸾第二次共事。

和四川万县前清举人之女文英结婚。

1914年26岁

冬，胡政之长女苏容于上海出生。不久，迁家北京。

1915年27岁

胡政之在北京法律大学任教，同时任《大共和日报》驻京特派记者。胡政之从驻京外国记者及日本使馆小幡西吉等处获得日本和北洋政府谈判情况，从3月2日至31日，以"万目睽睽之日本要素"为总题目，连续报道了日本逼迫中国接受"二十一条款"幕后交易全过程，以及英美法德俄等国对此事的态度。这些消息被及时发往上海，成为《大共和日报》独家新闻。

不久，《大共和日报》停刊。胡政之北上吉林，任法院推事，后调任王揖唐（吉林巡按使）秘书长。

1916年28岁

胡政之随王揖唐调北京，任北洋政府内务部参事。

9月，胡政之迁家至天津，住宏济里。

10月，胡政之在天津与英敛之面洽后，接任《大公报》的主笔兼经理。胡接手后锐意革新，即刻对该报进行改版，后又进行过数次改版，内容更加丰富，形式更加美观、实用。

1917年29岁

1月3日，胡政之在《大公报》发表元旦寄语《本报之新希望》，集中阐述他对于新闻报道的要求和理想。

4月末至5月初，赴沪宁，发表《南游杂记》，在《大公报》连载，署名"冷观"。

在北京办中华通讯社，请周太玄协助工作。

7月，张勋复辟、倒台。胡政之在《大公报》撰文："张勋复辟之役，本报言论，记事翕合人心，销路大增，一时有辛亥年《民立报》之目。"

9月26日，因天津大水，《大公报》暂时停刊。

10月2日即在北京恢复出版。印好报纸，每日赶第一班火车运往天津。11日，又把编辑、印刷两部迁回天津。在大水中坚持出版。12日，胡政之即就此次在大水中《大公报》"勉力出版"的情况发表评论《敬告读者》。

此时，胡政之接手《大公报》一年整，特别是张勋复辟期间，由于报道中肯准确，口碑提高，销数已逾万份，印刷则仍赖人工手摇，未用电力马达，故印刷工作日夜不停，成为继1902年英敛之创办以后的又一高峰。

这一年胡政之在《大公报》发表署名文章240多篇，其中译文26篇。与此同时，胡政之还在京、津两地执行律师业务。

1918年30岁

9月，《大公报》连续发表胡政之即将赴"北满"（东北）的《本报特告》。胡政之于12日出发，一路做实地采访，特别考察了南满铁路运营情况，还采访一些政治人物。22日，访问了日本军总司令部。

10月，胡政之返回，此期间胡政之写出了东北系列报道《旅游漫

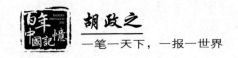

记》共十六篇，均在《大公报》刊载。此为胡政之早期的一次成功的采访，初步显现出他作为新闻记者的才华。

此外，在这一年中，胡政之审时度势，以笔名"冷观"在《大公报》上连续发表论评：《时事杂感》《又一暗流》《内外暗潮》《德皇退位与和议》《世界之新纪元》《国内永久和平之前提》等。其中2月28日《世界大势与中国》一文从对世界列强（英德为主）由于经济利益冲突而发动第一次世界大战的分析中，预见未来日本欲作"东方盟主"而可能对中国造成侵害，从而提请国人警惕。

12月，胡政之以《大公报》记者身份赴巴黎采访巴黎和会。此为中国记者采访国际会议第一次，是唯一到和会现场的中国记者。

4日，由天津出发。8日，抵日本横滨。9日，抵东京。10日，驱车访《东方时论》主笔中野耕堂。11日，访大隈老侯。12日，乘"哥伦比亚号"轮船赴美，海上航行历时12天。23日，抵檀香山。31日，抵旧金山。

27日，长子济生在天津出生。

此期间胡政之所写《欧美漫游记》首篇《北京横滨之间》及第二篇《三日间之东京》，分别于12月16—17日和18—20日在《大公报》上发表，署名"胡政之"。

这一年胡政之在《大公报》发表文章约197篇，其中译文42篇。

1919年31岁

1月7日，胡政之乘火车抵纽约；14日，乘船去法国；23日，抵巴黎；25日，以新闻记者身份领取法国外交部发放的旁听证入平和会议旁听。

4月，胡政之开始向国内发回"巴黎专电"，至7月共14封，及时报道巴黎和会情况。与此同时，《大公报》开始连载署名"胡政之"的巴黎特约通讯，至9月共4篇，分别为：《平和会议之光景》《外交人物之写真》《平和会议决定山东问题实纪》《1919年6月28日与中国》，并及时翻译了顾维钧用英文写的《中国代表为青岛问题向平和会议提出之说帖》。

4月26日，胡政之参加在巴黎举行的招待会，并发表讲话。

6月6日，胡政之乘车去比利时访问。写出《比利时游记》于8月20—26日在《大公报》上连载。9日，抵布鲁塞尔。12日，返回巴黎。

28日，胡政之作为唯一中国记者，参加凡尔赛宫协约国代表与德国代表的和平条约签字仪式。将现场一切实录，以"1919年6月28日与中国"为题的特约通讯发表于9月3日至6日的《大公报》。

29日，胡政之以中国报界名义向巴黎新闻界发表"声明"，说明中国不能在对德和约上签字的理由。

7月5日至8月1日，受意大利政府邀请，胡政之与各国记者一行22人，参观视察战线，考察国界等，历时28天。此期间，胡政之写出《意大利视察略记》于10月5日至7日在《大公报》连载。

7月9—12日，《大公报》刊登胡政之的巴黎特约通讯《平和会议决定山东问题实纪》，揭露日本勾结英法等国强夺我国山东青岛主权

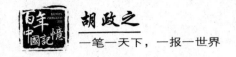
情况。

8月1日，胡政之返回巴黎。

19日，胡政之自巴黎赴瑞士访问，写出《瑞士纪行》于10月21日至11月17日在《大公报》连载。

11月19日，胡政之离开瑞士赴德国。25日，抵德国首都柏林考察。

12月27日，离德国返回瑞士。后写出《余所见之德国》，在《大公报》连载。文章对战后德国社会政治经济及中国留学生在德情况都有详细记载。

12月17—21日，胡政之在《大公报》发表译文《国际航空条约》，并专函报道该条约于10月13日在法国签字，顾维钧代表中国签字情形。

此次巴黎和会前后，胡政之绕道日本、美国，出访欧洲数国，因懂英、法、德、日等多种语言，故能广泛交流。此时期发表文章多篇，后辑为《欧美漫游记》。

在巴黎和会现场，胡政之有感于西方通讯社的先进、高效，萌生出回国创办中国自己的通讯社的念头；此次采访巴黎和会之后，胡政之还参观考察了法国、德国、意大利、英国等地著名通讯社，同时研究了美国、澳洲、日本等通讯社，从而更加坚定了回国创办通讯社的决心。

1920年32岁

3月,《大公报》连载寄自德国的通讯《余所见之德国》,署名"胡政之"。

5月28日,胡政之回国抵上海。在上海报界欢迎会上发表讲话,呼吁注重国民外交,介绍侨外工人、学生受尽艰苦的情形,要求大加改良外交腐败现象。

6月23日,《大公报》刊出《本报之改良》,文中表现出胡政之自欧洲考察西方新闻事业后提倡"世界潮流"和"新文化"的新闻思想,是一个积极进步的改革纲领。可惜随着他的不久离去而没有成功。

7月,胡政之返回《大公报》整理报务。

5日,应天津日本日华公论社之邀,胡政之在日本工会堂用日语发表演说《巴黎和会上中日问题所感》;在《大公报》上发表署名文章:《本报改造之旨趣》《资本主义欤社会主义欤》等。

8月12日,胡政之在《大公报》发表《启事》:"余自欧洲返国,仍主持大公报社务,原欲以最新智识唤醒国人迷梦,今见社会空气愈益恶浊,断非一时……将《大公报》主笔兼经理职务概行辞退……"同日,《大公报》宣布休刊。数日后"改组"出刊。

9月,胡政之参加林白水主持的《新社会报》。

1921年33岁

自6月起，胡政之在《新社会报》发表署名文章近百篇。其中，为《新社会报》创刊一百号发表文章说："改造国人是改造世界国家的根本。新闻记者的改良新闻事业，实是个人改造之一端……"

8月17日，在上海《新闻报》上开始发表署名"胡霖政之"的广告——"国闻通讯社开办预告"，文中说："国中凡百事业胥待刷新，而国民喉舌之新闻界，自亦有待于改进。""国闻通讯社搜求各地各界确实新闻，汇集发表，借供全国新闻家之取择。"26日，在上海《新闻报》上刊登"国闻通讯社出稿广告"。

胡政之发表"国闻通讯社"《缘起》一文指出："舆论之发生，根于事实之判断，而事实之判断，则系于报馆之探报。……吾人欲求新闻事业之改进，舍革新通信机关，殆无他道。同人创立兹社，志趣在此。欲本积年之经验，访真确之消息，以社会服务之微忱，助海内同志之宏业。"

国闻通讯社总社设于上海，后在北平、天津、汉口等地陆续设分社。通讯社每天发稿由最初的六七千字到后来的万余字，且有英、日文翻译稿。所发消息除被国内各报大量采用外，美联社、路透社及法国、日本等报社都订有国闻通讯社的稿件。因而，这一通讯社"一开始就是全国性的和国际性的"，成为20世纪我国最成功的民营通讯社之一。

1924年36岁

8月，胡政之在上海创刊《国闻周报》，亲自撰写发刊词，提出"新闻家之职务要以搜求事实，付之公论为主"，"秉独立之观察，发自由之意见"，创刊此周报是"本乎改造新闻事业之精神，欲于创造真正舆论上，多效一分绵力"。《国闻周报》16开本，每期平均50页，有时论、专论、通讯、一周述评、掌故、诗海、文艺等栏目。该刊发行数最多时10000余份，一时成了国内刊物中发行量最大、影响最深远的周刊。

（1926年9月1日《大公报》复刊后，《国闻周报》即为《大公报》附属事业）

12月，胡政之自天津移家北京东城喜雀胡同10号（国闻通讯社分社地址），继续经营国闻通讯社。

1925年37岁

1月，胡政之赴南京、蚌埠、杭州三地作新年旅行，共16天。见苏皖宣抚使苏永祥；见皖督兼省长王揖唐。

2月，在杭州访问孙传芳。在《国闻周报》发表《新年旅行三省记》。

3月，孙中山逝世于北京，胡政之遂将所了解先生之死详情撰写成社评，附以通讯，刊登于《国闻周报》第十期。

6月，"五卅"惨案发生后，胡政之在《国闻周报》上撰文，

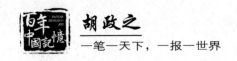

"是含泪和血之作也"。为人民主持公道，向帝国主义发出谴责，忧国忧民之心跃然纸上。

8月，胡政之作江汉之游。"留汉七日与各方有力分子晤谈"。在《国闻周报》发表文章《旅行两周中之时局观察》，文章说："以耳代目决不可恃，而亲身考察乃可洞明真相也。吾四五年来大率每三四月往返京沪一次，故于时局观察较为明确，发表新闻较免纰漏……"

年底，《大公报》停刊。

1926年38岁

1月，胡政之乘京汉铁路火车南下，取道汉口、南京到上海，处理国闻通讯社事务。

《大公报》创办人英敛之在北京病逝。

2月至3月，胡政之自上海到大连、奉天，见杨宇霆、王永江。撰文《各方面时局形势与人物》及《从北京到北京》，刊于《国闻周报》三卷七期至十一期。

5月，胡政之为4月被军阀杀害的《京报》社长、记者邵飘萍在《国闻周报》撰文《哀飘萍》，抒不平之情，表哀悼之意。后在《大公报》刚复刊、经济并不富裕的情况下，每月馈赠邵氏夫人和女儿100元，持续三年，从未间断。

6月，胡政之与张季鸾相逢于天津，并和他们共同的老友吴达诠酝酿成立了"新记公司"。共同商定接办《大公报》，用"新记公司"名义经营。吴出资五万元，胡、张均以劳力入股，由胡用一万元从王郅隆之子王景珩手中盘购了《大公报》。

7月，"国闻通讯社"迁入天津。

8月25日，参与筹备《大公报》续刊的编辑、经理两部同人集会，由胡政之、张季鸾主持，就出版事宜集思广益，胡、张二人认真听取，积极采纳。

9月1日，在天津日租界旭街原址（四面钟对面），《大公报》复刊。吴达诠任社长，胡政之任经理兼副总编辑，张季鸾任总编辑兼副经理。报纸总号续前期号8316。在简短的《〈大公报〉续刊词》之后，张季鸾以"记者"为笔名写的《本社同人之志趣》，是新记《大公报》第一篇论述办报思想的纲领性文章。文中提出了"不党""不卖""不私""不盲"的"四不"方针。第二版刊登胡政之以笔名"冷观"发表的"北京特讯"：《武汉告警中之大局写真》。

9月7日、23日、26日及10月8日，胡政之在《大公报》一版论评栏发表《比、法、日三国修订商约问题》《日美两名士之中国时局观》《从德法携手联想到广东取消罢工》《改正商约与日本》等文，署名"冷观"。

《国闻周报》迁津发行。

10月，胡政之在《大公报》发表社评《取消不平等条约与内河航权》，署名"冷观"。

胡政之在《国闻周报》三卷四十五期发表《中日不平等条约概况》，揭发条约签订内幕，剖析其不平等之处。

自9月1日起至年底，胡政之在《大公报》发表署名文章共11篇。此外，未署名发表社评多篇。

《大公报》复刊至年底销路大增，日发行量约3000份。

1927年39岁

1月，《大公报》第一个专门性副刊《白雪》创刊。此后，《家庭妇女》《电影》《戏剧》《儿童》等专门性副刊陆续创刊。

2月，胡政之南游汉、沪，亲自考察北伐军和武汉国民政府，访孙科、宋子文等。

3月6—9日，胡政之发表署名"冷观"文章《南行视察记》四篇，是《大公报》复刊后的第一篇旅行通讯。胡政之在这组通讯中详细报道旅途见闻，对北伐军和南方国民政府的成绩给予高度评价。

12日，孙中山逝世两周年之际，在军阀统治的天津不允许集会纪念孙中山的情况下，胡政之写社评《孙中山逝世二周年纪念》，是为敢言的代表作。文章热情赞扬孙中山"为后人景仰之模范……四十多年前后一贯努力于中国民族解放运动……"

5月，《大公报》日发行量达6000余份。月广告收入逾千元，报馆收支平衡，自此后即逐年有盈余。至年底复刊一周年日发行量达12000余份，广告收入达3200元，《大公报》在北方已站稳脚跟，且呈蒸蒸日上趋势。

1928年40岁

1月，《大公报》的《小公园》创刊，由何心冷主编，它成为连续出版时间最长的综合性文艺副刊。同时，由吴宓主编的《文学副刊》以及《体育周刊》《电影周刊》等陆续创刊。

6月，胡政之由津入京。

2日，访杨宇霆（张作霖部下，时任东北第四军团总司令）。

3日，《大公报》发表《张作霖出京详报》。

5日，发表《沈阳站头之大炸弹案》报道了张作霖花车遇险；同时发出"宁令阎锡山主持津京""蒋介石回南京"等消息。

10日，发"北京特讯"《北都易帜记》。

12日，胡政之在北京铁狮子胡同卫戍司令部访阎锡山；在香厂东方饭店访白崇禧。

14日，胡政之发表专访《阎白访问记》。

17日，胡政之返天津。发表《从北京到天津的印象》。

9月，胡政之出关赴东北采访，探询军事与外交情况。

16日，离开天津。

17日，抵大连。

18日，抵沈阳。历访张学良以次各要人。

9月24日至10月14日，连续在《大公报》发表《东北之游》。

25日，胡政之抵长春。

28日，胡政之抵哈尔滨。会晤行政长官张焕相将军等人，并访驻

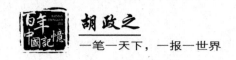

哈各国使节及我方海陆军人。

10月18日，胡政之在《大公报》发表社评《东北之游以后》。

此次游奉、吉、黑三省，胡政之以笔名"冷观"发表《东北之游》通讯9篇，揭露日本侵犯我主权，掠我东北资源的罪行，并"将中央地方瞎马盲人玩忽国事之状，描尽无遗"。这些文章的发表，引起各界人士对东北问题的关注。

1929年41岁

1月，《大公报》买进美制旧轮转机一台，印刷速度提高，出报时间提早，《大公报》日出四大张，发行量激增，至年底，日发行量20000余份。

25日，胡政之抵沈阳。

26日，抵长春、哈尔滨。会晤吉林督军张作相将军。

8月1—8日，胡政之以笔名"冷观"发表《再游东北》通讯5篇，详述中东路事件过程，并预测事态发展。同时发表社评《东北旅游所感》，充分肯定事件中各界人士维护国家主权的斗争。

此时，胡政之在北平《新闻学刊》发表《中国新闻事业》一文，文中表述了胡政之较为全面的办报思想。

1930年42岁

6月，《大公报》印刷厂换用新字排版，篇幅小了，容量未减少，销量大增。

9月，胡政之第三次游东北，17日，见张学良，19日《大公报》刊登《通电发出前与本报记者谈话》一文，披露张欲入关助蒋消息，与此同时，《大公报》即发表《东北对时局态度揭开，根据3月东电呼吁和平》。

此一时，胡政之犹如一机器人，自早至晚工作13个小时，全身心投入报馆事业中。

本年度，《大公报》日发行30000—50000余份，广告收入达八九千元。

胡政之举家迁至天津，住"黎家花园"。

年底《大公报》销量最高达30000份，广告月收入八九千元。

1931年43岁

2月，《大公报》买进德制高速轮转印刷机一部，采用铸双版付印，销量大增。

3月，《大公报》派记者曹谷冰赴苏联采访，历时三个月，写出大量旅苏通讯和游记，后由《大公报》以"苏俄视察记"为题结集出版，胡政之亲自作序。

5月22日，《大公报》发行一万号。增刊三大张刊登纪念文章，第二版刊登主办人吴达诠、胡政之、张季鸾照片，并发表社评《本报一万号纪念辞》，重申"不党、不卖、不私、不盲"的"四不"方针，表达"努力解除国家人民之痛苦与烦闷，挣扎奋斗，一扫近世以来之内忧外患，以求光明自由的新中国之成功"的决心。当天报纸刊登国内外政要、知名人士贺词、贺信、题词近100篇，读者来信200余封，足见《大公报》复刊以来享有的声誉。

与此同时，胡政之在天津国民饭店主持纪念聚餐会，200余同人参加。胡政之举杯对大家表示慰问和感谢。

8月，成立"《大公报》水灾急赈委员会"，为鄂皖等省劝募捐款，并将五周年社庆日作救灾日，捐献当天全部报纸和广告费收入。

9月18日，"事变"发生当晚，胡政之接到张学良用暗语给他的电话，胡立即派记者连夜搭车赴沈阳，第二天一早赶到现场。

9月19日，《大公报》及时报道"九一八"事变消息，为当时各报报道最早的。

胡政之在北平协和医院访问张学良，是"九一八"事变发生后第一个见张学良的记者。9月20日，《大公报》发表《本报记者谒张谈话》一文。

10月，《大公报》以"明耻教战"为题发表社评，阐明今后抗日宣传方针。

11月8日，《大公报》所在地空气紧张，日军冲出租界寻衅滋事。胡政之和张季鸾及全体内勤记者、工厂工人守在报馆内。9日，《大公报》当天报纸付印后全部滞留馆内发不出去，馆员撤离。晚，胡、张在吴寓所内商定报纸停刊数天，组织搬家。11日，报馆搬迁正式开始，胡政之亲临现场指挥，历时四昼夜，至15日结束。

16日，《大公报》在法租界30号路161号新址恢复出版。19日，《大公报》发表题为"马占山教忠！"的社评，对奋勇抗战者给予高度评价和热情赞扬。

1932年44岁

1月5—15日，《大公报》连载《国难痛史一页——日军在东三省凶残横暴之一斑》，8日，《大公报》创设"军事周刊"。11日，《大公报》在"本报特辑"专栏开始连载王芸生所辑《六十年来中国与日本》，以助国人"明耻"，后辑卷出版，反响强烈。

28日，日军轰炸上海，自29日起，《大公报》每日均用大号黑体字报道上海战况。其中有《日军毁我经济中心，上海闸北惨化灰烬》《为公理人道抗议！！！》《轰毁上海之极端的暴行！》等文章，呼吁"日军军阀已击太平洋大战之吊钟，中华民国四万万民众，唯有应此钟声，冲开血路，效土耳其战后之自拓命运耳……"

《大公报》代收慰劳上海抗日军队捐款。

中旬胡政之离津南下，作两粤之游，过香港，见胡汉民。

2月，《大公报》陆续发表社论及通讯：《全国同胞只有一条路》《淞沪固守为中国吐气》《勿忘暴力下三千万同胞》《介绍忠勇抗战的十九路军》等。

4月，胡政之在北平燕京大学新闻学系新闻讨论周作书面发言：《新闻记者最需要有责任心》。文中说："新闻事业应为国家公器，新闻记者应为社会服务。"又说，"做记者如当史官，须有才、学、识三长，而品格之修养，意志的锻炼，尤为重要……"

1933年45岁

1月，《国闻周报》创刊十年，出刊十卷。自第十卷1期至4期连续发表胡政之亲自撰写的纪念文章《如此十年！》

胡政之赴广西途中勾留于汉口。在武昌访晤张群（时为湖北省主席）。

7月，胡政之派记者陈纪滢、赵惜梦到东三省热河等地采访，了解日军侵略情况。

9月，陈返回天津后，在胡政之安排下，于17日上午奋笔疾书三万余字综合报道，连同一组东北实地拍摄的照片一并在纪念特刊发表，图片冠以岳飞名言"还我河山"，表现出的"国仇必报，失地必收"之情撼人心肺。

18日，《大公报》发表胡政撰写的社评《国丧二周纪念辞》，增发"九一八"纪念特刊，刊登陈纪滢的《沦陷二年之东北概观》，赵惜梦写的《沦陷半年热河之实况》《吊九一八死难英魂！！！》等文章，这些文章在读者中引起极大反响，以至日本向我政府提出"抗议"，但《大公报》未有丝毫退缩。

胡政之为画家赵望云《赵望云农村写生集》写序，此书由《大公报》出版。

胡政之和张季鸾联袂去北平，在东兴楼欢宴北平文化界人士数十人，为即将开辟的"星期论文"邀稿。

1934年46岁

1月，《大公报》开辟"星期论文"栏，撰稿人为社会名流学者，首篇为胡适的《报纸文字应该完全用白话》。

4月，胡政之离津赴南方五省。在汉、沪、京、杭各住四天，在南昌住八天。和蒋介石见面。

5月，胡政之在南京见汪精卫。后在《国闻周报》上发表《四十五天的五省旅行》。

这一年，胡政之在《国闻周报》发表多篇文章，报道时局情况，发表评论，坚决主张抗日，不屈不挠，"我们要吃下砒霜毒死老虎，以报国仇"。

1935年47岁

1月，胡政之在《国闻周报》发表署名文章《作报与看报》："读者鞭策记者的力量比什么力量还大"；"社会与报业的关系真是息息相通，社会需要好报，新闻记者就不敢不努力，社会各方进步，报纸也天然会随着改良，所以作报的人与看报的人，原本应该合作……"

胡政之离津经沪赴香港。在香港见李宗仁、陈济棠（广东省主席）。

2月，胡政之返回天津。

5月，胡政之支持和鼓励范长江以旅行记者名义赴川南、西北采访，在《大公报》陆续刊登署名"长江"的旅行通讯，使读者了解红军长征及到达陕北情况。此举早于美国记者斯诺对陕甘宁边区的报道。后《大公报》将范的文章结集出版，书名为《中国的西北角》，此书反响很大，曾七次再版。

5月10日，胡政之率王佩芝等人赴日本考察工作自天津塘沽出发。

13—18日，在大阪参观"朝日""每日"两大报馆，会见主笔和编辑局长。赴京都参观印刷所。18—26日，住东京，访政、军要人及大实业家。

6月，由日返回。向日本订购万能铸字机和职工上下班打卡的时钟，并提出创办"研究部"的设想。

胡政之经人介绍找到滑翔家韦超，交给他《大公报》读者捐款6000元请他托人赴德国订购最新式滑翔机一架，希望学习日本，推动国内青年人滑翔运动。

7月，萧乾正式进《大公报》任职，此前萧曾有五年时间兼职为《大公报》撰稿。

8月，胡政之、张季鸾决定开设上海《大公报》馆，并着手筹建。

9月，在胡政之支持下，萧乾将《大公报》《文艺副刊》和《小公园》合并创办《文艺》副刊。

冬，吴鼎昌接受蒋介石邀请到南京当实业部部长，即刊登启事，声明辞去《大公报》社长职务。

1936年48岁

2月，胡政之与张季鸾率大队人马赴沪，亲自指挥建馆筹备工作。

4月，《大公报》上海编辑部成立。1日，《大公报》上海版在法租界爱多亚路181号创刊出版。沪版开始发行时，受到当地报纸排挤，请友人挽请杜月笙出面请客，得以化险为夷，此后报纸畅行无阻。

6月，文氏夫人病逝于天津，胡政之奔丧自沪返津。

8月，胡政之举家搬至上海，住辣斐德路（今复兴中路）辣斐坊。

9月，上海馆在徐园举行盛大纪念会，庆祝《大公报》复刊10周年。津、沪两馆职工工作满10年者各获金质纪念章一枚，全体职工各获铜质纪念章一枚。

此时《大公报》拥有职工700人，日销量近10万份，《国闻周报》发行亦有2万份。《大公报》新记股份公司资本增至50万元（较1926年复刊时增长10倍）。作为纪念活动，倡导举办评选科学和文艺奖金活动，报馆拿出3000元，由萧乾具体实施。

《国闻周报》由津迁沪发行。

11月，《大公报》支持绥远抗战，提出"无条件抗战"论，刊登范长江自前线发回的通讯。

12月，"西安事变"发生，《大公报》力主恢复蒋介石自由，期望和平解决以维护国家统一。

1937年49岁

1月，经范长江引见，胡政之在旅馆会晤周恩来。

2月，《大公报》顶着国民党新闻检查的压力，冒着极大政治风险，发表范长江延安归来的报道《动荡中之西北大局》，及时准确地传播了中国共产党的重要主张，在当时全国报纸只此一家，引起轰动。

4月，胡政之约徐铸成、李子宽察看上海爱多亚路山西路一片空地，准备购下建一栋六层大楼作《大公报》新址，因抗战未成。

5月，《大公报》评出获文艺奖金人员：曹禺、李广田、何其芳、卞之琳。

6月，《大公报》连续发表社评，提出"国家中心"论，以此作为"建国御辱之前提条件"。

胡政之为范长江所著《塞上行》写序言。序言中给范长江以高度评价，他写道："绥远与西安两事，我们都有过比较周密的报道，和比较真切地考察，负这种重要任务的，便是我们的青年同事长江君。这本书所收集的，也就是他此类工作的记录，虽是新闻报告性质，实际是中华民国的几页活历史。"序言还指出"中国现在已不是宣传原则论和斗争观念论的时代，而当直截了当提出具体问题，以研讨实际方案，……"序言真诚地表示："我们自愧智力薄弱，够不上谈解决问题，只有尽其所能为公众搜索问题，发现事实，披露出来供社会有识者的研究……"

7月，《大公报》评出获科学奖金人员：王熙强、刘福远等。

"七七事变"发生后第二天，胡政之亲自撰写社评《卢沟桥事件》，旗帜鲜明地反对对日本妥协。

8月，《大公报》天津版停刊。

13日，上海抗战开始。《大公报》发表社评《紧张的沪局》。每天改出一大张，注重战地新闻。几天后宣布变外勤课为通讯课，由范长江为主任；《国闻周报》改出"战时特刊"；采纳王芸生建议，报社员工改发"国难薪"（只发半薪）。

14日，胡政之电命南京办事处主任曹谷冰及原津馆经理许萱伯速往武汉，参加《大公报》汉口馆工作。

17日，胡政之送张季鸾赴汉口创设《大公报》汉口馆，临行前胡政之说："我相信中国抗战免不了毁灭一下，但是毁灭之后，一定能复兴。本报亦然。我留沪料理毁灭的事，愿兄到内地努力复兴大业。"

9月18日，《大公报》汉口版发刊。张季鸾主持。与此同时，文艺性副刊《战线》在该版创刊，陈纪滢主编。

此间抗战全面爆发，胡政之坚持留守上海主持发行。派记者采访淞沪前线各军战事，及时发表战地新闻成此一时期《大公报》的特色。

12月13日，《大公报》上海版发表停刊社评《暂别上海》和《不投降论》，就日军"新闻检查"一事，说"我们是中国人，办的是中国报，一不投降，二不受辱……昨天敌人'通知'使我们决定与上海

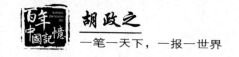
读者暂时告别"。

15日，《大公报》决定工厂暂时维持，人员分赴汉口、四川等地，部分留沪善后，部分遣散。

27日，《国闻周报》停刊。至此，胡政之独自亲手开创生存了十三年的这份时事性刊物被迫停刊。时至今日，这份曾经在旧中国发挥过重要作用的刊物仍被世界一些国家图书馆完整保存。从此，胡政之全身心投入了《大公报》的事业中。

1938年50岁

2月，为民族利益，胡政之决定将《大公报》上海版与《文汇报》合作，并投资一万元，派骨干入《文汇报》编辑部，《文汇报》销量激增。

3月，胡政之在上海与顾俊琦女士（顾维钧胞侄女）结婚。

胡政之率杨历樵、李纯青等由沪飞赴香港，亲自领导《大公报》港版筹备工作。

7月，胡政之致信并电汇旅费给萧乾，请萧到香港主持《大公报》《文艺》副刊的复刊工作。

胡政之与张季鸾受蒋介石、张群之托，与《朝日新闻》主笔绪方竹虎及该报社编辑顾问神尾茂进行会谈"以个人意见的形式向两国当局提出建议，为解决时局助一臂之力"。

8月，胡政之迁家香港，住坚道92号。

13日，《大公报》香港版创刊。馆址在皇后大道中33号。港版承续沪版发行号，并刊登胡政之亲自撰写的《本报发行港版的声明》，表示"中国民族解放的艰难大业，今后需要南华同胞努力者更非常迫切。所以我们更参加到港澳同业的队伍里来……虽然备历艰危，而一支秃笔，却始终在手不放"。

10月，汉口版停刊。

12月1日，《大公报》重庆版发刊。张季鸾主持，报号续汉口版。

1939年51岁

5月，日机滥炸重庆。《大公报》重庆馆被炸。重庆各报被迫停刊，改出各报联合版。

8月，胡政之主持重庆馆建新馆和复刊工作。

13日，《大公报》重庆版在李子坝新馆复刊。

此时的《大公报》香港版发行至国内外，世界各地凡有中国领事馆、中华会馆及中华学校的地方，几乎无一不是香港版的直接订户，此情形为国内各报所未有。

10月，胡政之鼓励记者萧乾应聘于英国伦敦大学东方学院中文系，由报馆两次发给旅费并请他任驻伦敦特派员。萧在英七年，采访西欧战场，是当时西欧战场上唯一的中国记者，他为《大公报》发回了大量独家新闻和通讯特写。

胡政之力排众议，大胆采纳萧乾提议，聘用共产党员杨刚接替萧乾编辑"文艺"副刊，并夸赞她"真是人才"。

1940年52岁

1月，《大公报》香港版刊登独家新闻：《高宗武、陶希圣携港发表汪精卫卖国条件》全文：即全文披露震惊中外的"汪日密约"；《大公报》重庆版立即发表评论：《敌汪阴谋的大暴露》，并刊登社会各界愤怒声讨汪的文章。

港馆迁至利源东街小房子内，以节约开支。

2月，胡政之回成都祭祖扫墓。

3月，滑翔专家韦超殉职。胡政之亲自撰写署名文章《敬悼韦超先生》。

7月，发行"七七"特刊两大张，重庆版发表社评《抗战三周年献词》及于右任《迎接胜利的第四年》，老舍《三年来的文艺运动》，郭沫若《三年来的文化战》等文章。

8月，胡政之冒空袭危险亲飞桂林视察，决定筹备创办桂林分馆，以作港馆退路。

重庆版发表黄炎培撰写的星期论文：《从后方轰炸声中经过第四个"八一三"的感想》。

9月，"九一八"九周年，重庆版发表社评：《九一八的教训》。

此一时期，重庆馆经历8月30日、9月15日两次被炸，搬至半山腰防空洞内继续印报，一直未停刊。

冬，胡政之自港飞桂林视察。

1941年53岁

3月15日，胡政之亲自主持的《大公报》桂林版创刊。馆址在东郊七星岩后星子岩。《大公报》发表《敬告读者》社评。与此同时，《大公报》同仁刊物《大公园地》创刊。

4月，胡政之等收到美国密苏里大学新闻学院教务长马丁信函："将本学院今年颁赠外国报纸之荣誉奖章一枚赠予贵报。"此为中国报纸获荣誉的开端，也是唯一获此奖章的中国报纸。

5月15日，重庆新闻界为《大公报》获密苏里大学荣誉奖章举行庆祝大会，张季鸾致答词。同日，胡政之和张季鸾联名向美国公众发表题为"自由与正义胜利万岁"的广播致辞。26日，桂林各界为《大公报》获奖举行庆祝会，胡政之致答词。

与此同时，《大公报》委托中央社驻美人员代领奖章。

7月，重庆馆又遭敌机轰炸，全体职工雨天露宿两夜，坚持出报。

9月6日，张季鸾在重庆中央医院病逝。

8日，胡政之从桂林赶到重庆，因交通不便，不及病榻前诀别，至为遗憾。

15日，在重庆李子坝主持全体报馆同人对张季鸾的公祭。胡政之亲送挽联："十五年协心通力，辛苦经营，报业才树始基，嗟兄早逝；二千里间关转毂，仓皇遄进，死别竟悭一面，悔我迟来。"

15日，在报馆同人举行的公祭张季鸾仪式上，胡政之宣布了《本报董事会决议案》，宣布在重庆设立董监事联合办事处，胡政之、李子宽、王芸生为董事，胡政之为主任委员。联合办事处总揽全社事务，对渝、港、桂实行集体领导。

16日，《大公报》渝、港、桂三版同时发表题为"今后之大公报"的社评，对报社内部机构重组一事予以说明。

10月，胡政之接密苏里大学新闻学院院长来函，对张季鸾逝世表示慰唁。

《大公报》开始实行董监事联合办事处制定的《职员薪给规则》。

12月7日，日本偷袭珍珠港，美国对日宣战，太平洋战争爆发。

13日，港版宣告停刊，刊登社评《暂别港九读者》，文尾以"人生自古谁无死，留取丹心照汗青"作结。

25日，港英投降。胡政之滞留香港，"无法离去，而又虑敌人的察觉，常于棉袍下襟角内，私藏圆形铜纽扣三枚，万一被敌人发现，即预备吞服，以免受辱"。

胡政之避于金城银行。

1942年54岁

1月，冒险乘舢板渡海，胡政之率同人五人步行到惠州，经老隆至韶关抵桂林星子岩报馆。

2月，桂林版发表《本报重要声明》，拒绝接受国民党贷款。

4月，发行桂林版《大公晚报》，于1日创刊。

胡政之举家自桂林迁重庆，入住市郊红岩新村，至抗战胜利。

9月，张季鸾灵榇离渝移陕，胡政之代表《大公报》亲赴西安吊唁。

1943年55岁

5月，《大公园地》在重庆复刊。

6月，在桂林星子岩，条件极其艰苦，报社同人经常在山洞里编报。胡政之鼓励大家说："本报与国家同命运，国若亡则报亦亡，可是国家前途绝对有希望，绝不会亡。所以本报前途很光明，责任很重大。"

9月，在张季鸾逝世两周年纪念会时，胡政之发表《回首壹拾柒年》，刊登在5日《大公园地》上。

胡政之在渝主持社祭纪念张季鸾逝世两周年，并宣布《大公报同人公约》五条，提出"本社以'不私不盲'四字为社训"，规定9月1日为社庆日。

胡政之在《大公园地》发表署名文章《同人公约的要义》，对《公约》作逐条说明。

胡政之选任国民参政会参政员，递补张季鸾遗缺。

10月，胡政之对重庆编辑部人员发表讲话。

报馆成立"同人福利委员会"。

11月，国家"宪政实施协进会"成立，董必武、黄炎培、孙科、张伯苓、胡政之等12人为该会成员。

胡政之以参政员身份参加中国访英团，访英后赴美游历近一个

月。18日，乘机翻越喜马拉雅山，第二天抵加尔各答；23日，换乘英国飞机续飞埃及；26日，在开罗停飞3日，换乘较小飞机数日后抵伦敦。

12月7日，胡政之等正式访问英国议会，在众议院、贵族院旁听；在国会内参加由两院议长作陪的招待午餐；参加茶会，和各党派议员会晤。后又先后参加外交次长、伦敦市长、教育部长宴会。

12月10日，胡政之在伦敦市长宴会上发表演说。

胡政之等参加工党领袖兼政府副首相主持的上千民众欢迎大会。

12月14日开始，胡政之等在英格兰威尔士各省市旅行参观九天。参观工厂，会见大企业家，受到英国人热情接待。

12月25日，胡政之在剑桥大学王家学院院长薛伯尔博士家中过圣诞节，并小住3天，参观各学院，会晤各学者。

12月29日，胡政之等在白金汉宫受到英王和王后的接见。其后分别受到首相丘吉尔、外相艾登纳接见。

胡政之到剑桥找到萧乾，劝他放弃做学者，到欧战场去一显记者身手。后萧成为西欧战场唯一中国记者，为《大公报》发回大量通讯报道。

1944年56岁

1月4日，在伦敦报人俱乐部，胡政之与英国新闻界同行会面，用英语致辞，并代表中国新闻学会向英国新闻界递交了一份函件，介绍中国抗击日本法西斯的艰苦斗争情况，其中特别介绍了《大公报》的情况。会上，胡政之还把时任《大公报》驻英机构负责人萧乾正式介绍给与会者。

胡政之等由伦敦到苏格兰首都爱丁堡，参观造船厂、钢铁厂。

2月，结束访英到美国游历，胡政之等于10日抵纽约。

在纽约、华盛顿，胡政之与同业会谈多次，作公开演讲一次，访《纽约时报》《每日新闻》合众社及《时代》《生活》《幸福》三家杂志发行人鲁斯·赛珍珠。

应邀出席纽约外籍记者协会，发表演说，谒见罗斯福总统。

经老友侯德榜联系，参观福特汽车工厂分厂。

3月4日，胡政之前往白宫参加记者协会年会晚宴后，离开华盛顿。

5日，经加拿大蒙特利尔抵首都渥太华。胡政之拜访政府当局及上下两院。

6日，出席参加总理金氏午宴，与内阁各部长会谈；并参加各大纸厂代表联合宴请，畅谈加拿大报纸生产情形，相约和平恢复后重建商业关系。

12日，乘军用飞机出发，经北非、埃及、印度回国。

27日，胡政之返抵重庆。此行历时四个月零十天，空中飞行不下两百余小时，历程28000英里，加上公路铁路共计行程10万里。

4月4—22日，重庆《大公报》连载胡政之的通讯《十万里天外归来——访英游美心影记》。

25日，胡政之在中央广播电台播讲《宪政风度》，提出实行宪政的四点主张。

26日，重庆《大公报》刊登该讲话全文。

6月，《大公报》渝版增出国外版，于次年5月停刊。

8月，桂林《大公报》停刊。

9月，桂林馆、香港馆员工先后在重庆集中。

11月，胡政之编《季鸾文存》一书并作序。

1945年57岁

春，太平洋战争逼近日本本土，胡政之派《大公报》重庆版编辑朱启平赴美国太平洋舰队采访。后来朱作为中国记者参加了密苏里舰上的日本投降签字仪式，以"落日"为题的通讯一时为人们称颂。

4月，胡政之作为中国代表团团员之一，赴美国旧金山参加联合国制宪大会。5日，抵加尔各答。21日，与董必武等同机抵纽约。

5月，在旧金山"美国之音"电台，胡政之发表广播讲话："世界是进步的，和平必须成功。"重庆《大公报》于9日全文刊登该讲话。

在旧金山杏花楼酒店，胡政之怒斥中央社和美国一些报纸记者对中国代表董必武编造的谣言，维护了中国代表团的团结。

6月27日，各国代表分别在联合国宪章上签字，在胡政之的提议下，中国代表团团员分别用中国的毛笔签下了自己的名字。

会议期间，胡政之曾题字："同言而信则信在言前，同令而行则诚在令外。"

6—8月，胡政之滞留于美，购买美轮转印报机一部和部分通讯器材、卷筒纸及办公用具。因经费不足，接受友人旅美华侨李国钦入股《大公报》美元5万元。

8月14日，重庆版《大公报》刊载寄自美国的通讯《纽约归鸿》，署名"政之"。

19日，发表星期论文《胜利中的美国动向》，署名"胡霖"。

9月20日，《大公报》以胡政之个人名义发出请柬，在李子坝总部设宴招待中共代表团，毛泽东、周恩来出席。

10月，胡政之乘飞机离华盛顿回国。

11月1日，《大公报》上海版复刊，馆址设南京东路212号。同日，胡政之返抵重庆。

5日，重庆《大公报》开始连载文章《美国归来》，署名"政之"。文章由《旧金山会议的回顾》《国际大势之发展》和《美国趋势与中美关系》三部分组成。

胡政之在重庆红岩村家中接待周恩来、王若飞、叶挺、秦邦宪来访。

12月1日，《大公报》天津版复刊。

此时期重庆版《大公报》最高销量达97000份，创大后方报纸独家销量最高纪录。

1946年58岁

1月，胡政之和王芸生等抵上海，宣布成立"大公报社总管理处"，地址在上海南京东路212号。

胡政之参加旧金山会议后，应美国《外交季刊》之约，用英语发表的文章《怎样处置日本》在《外交季刊》正式刊载，署名：

"HuLin"。

政治协商会议在重庆召开，胡政之为会议设置的军事组成员，并为召集人之一，该组其他成员有张群、邵力子、周恩来、陆定一、梁漱溟、张东荪等。胡政之在会上发言。

2月5—6日，《大公报》转载胡政之《怎样处置日本》一文。

胡政之由上海飞天津，视察津馆工作，并赴北平活动。

18日，胡政之在天津市政府讲演"内外大势"，讲话稿刊于19日《大公报》。

3月，胡政之返沪。草拟《〈大公报〉总管理处规程》，初步拟定人事安排，得到董事会通过。

6月，《大公报》副刊《大公园》创刊。随后各种专业性周刊陆续创刊。

胡政之迁家住格罗西路（今延庆路）大福里9号。

7月，董事会宣布《规程》，并宣布实施。对总管理处及各馆、直辖处负责人一一提名，作出人事安排。

11月，在蒋介石威逼下，胡政之以"社会贤达"的身份报名参加"国大"，开幕式后胡政之即由南京返回上海，心情十分郁闷。胡政之事后曾说："为了《大公报》的存在，我个人只好牺牲，没有别的办法，希望你们了解我的苦衷，参加国民大会不是我的本意，我是被迫的。"

1947年59岁

5月14日，胡政之在北平新闻学讲座会上发言。

6月，在上海编辑部会议上讲话。

7月，胡政之对天津经理部、编辑部同人发表讲话。

8月，胡政之应傅作义之邀乘傅个人火车专列从北平至张家口。同行的还有《大公报》记者吕德润、胡政之之少子冬生。在张家口停留一周时间内，胡与傅多次晤谈，后胡等又由专列送回北平。

10月，胡政之在上海馆编辑部会议上发表讲话。

11月，胡政之对重庆馆同人发表讲话。

12月，胡政之赴成都，在武侯祠与周太玄长谈，劝请周主持《大公报》海外版，希望以香港为基地，将《大公报》事业推向海外发展。

1948年60岁

元旦，投入大量人力财力筹办的《大公报纽约双周》在美创刊，不久即停刊。

1月5日，胡政之在《大公报》发表署名文章《两点说明》。

胡政之赴南京，司徒雷登派秘书傅泾波访胡，予以汽车洋房的招待请其出任行政院长，被胡政之拒绝。

24日，胡政之召开同人茶会，代表《大公报》新记公司宣布赠予卓有成绩的张琴南等13人股份各100—300股。

25日，胡政之率李侠文等报社骨干赴香港着手《大公报》香港版复刊工作。住香港赞善里八号四楼，同住者还有：经济版编辑谢润身、翻译科主任蔡锦荣和翻译查良镛（金庸）。条件艰苦，胡与同人同吃同住同劳动。

《大公报》接受港人王宽诚入股美元2万元，以解决外汇紧缺之急。

3月15日，经过近两个月连续苦战，五次试版，《大公报》香港版终于正式复刊。3月15日为1941年桂林版创刊日，此时复刊，以表纪念。胡政之亲笔撰写复刊词，文重在阐明办报宗旨时说："我们还是本着书生以文章报国的本心，恢复港版，想要利用经济比较安定的环境，加强我们为国家民族服务。"并明确表达了"我们不仅对于国内不赞成以武力解决问题，在国际，我们也不赞成大家剑拔弩张，壁垒森严，准备厮杀……所以我们愿意在中国的国门边上与世界爱好和平的有志之士共同努力。这又是我们在香港来复刊的理由"。

胡政之将香港《大公报》的复刊视为自己事业的"最后开创"。每晚亲审稿件，撰写社评，呕心沥血，废寝忘食。

此时期的《大公报》沪、津、渝、港四版同时发行，总销量为20余万份。总资产达60多万美元。

4月24日，胡政之伏案工作时忽然膀胱膨胀，小便闭塞，医生疑为肝硬化。27日，在同人的劝说下，胡政之飞沪就医，此后卧床不起。

7月，胡政之在病榻上和家人共度60岁生日。6日，在《大公报》上发表《谢启》，对报馆同人及亲友为其祝寿表示感谢。

1949年

4月14日下午3时55分,胡政之病逝于上海。医生最后诊断为肝硬变。此时胡政之离满60周岁还差80天。从此,胡政之永远离开了他视之为生命并且全身心投入的《大公报》事业,"报业祭酒,论坛权威"这颗巨星陨落了。

15日,上海版以"胡政之先生遗言"为题发表其1943年9月5日为纪念张季鸾逝世两周年写的《回收壹拾柒年》,以表同人对他的怀念之情。并开辟"胡政之先生哀荣录"专栏至5月4日。上面刊登了国内外各界、各阶层、各团体、个人的挽联、挽词、唁函、唁电,其中不乏政要、将领以及诸多知名人士,也有来自美国、日本等国外友人及外国驻华机构的唁函。

上海、重庆、香港各版《大公报》先后发表社评和同人等的文章,以示哀悼。上海《大公报》在《悼胡政之先生》的社评中说:"以先生之思想,则为一民主主义者,其毕生精神之所注,殆法制与民主二词可以尽之……近年更标揭'事业向前,个人后退'之说,不务名,不求利,而唯事业之发展是期……其嘉言懿行,殆难罄述……"